퀄리티 투자

QUALITY INVESTING

Copyright ⓒ 2016 by Lawrence A. Cunningham, Torkell T. Eide, Patrick Hargreaves.

Originally published in the UK by Harriman House Ltd in 2016, www.harriman-house.com.
Korean Translation Copyright ⓒ 2024 by The Korea Economic Daily & Business Publications, Inc.

Korean edition is published by arrangement with Harriman House Ltd through Duran Kim Agency.

이 책의 한국어판 저작권은 듀란킴 에이전시를 통한
Harriman House와의 독점 계약으로 ㈜한경BP에 있습니다.
저작권법에 의하여 한국 내에서 보호를 받는 저작물이므로 무단전재 및 복제를 금합니다.

글로벌 우량 기업을 활용한 스마트한 성공 투자 전략

퀄리티 투자

로렌스 커닝햄 · 토르켈 에이데 · 패트릭 하그리브스 지음
박영준 옮김

한국경제신문

추천의 글

국내 주식 시장에서 30년을 종사한 필자가 보기에 국장(국내 주식 시장)과 미장(미국 주식 시장)의 가장 큰 차이는 바로 '퀄리티 주식'의 비중이다. 한 마디로 미장이 국장보다 퀄리티 주식을 압도적으로 많이 보유하고 있다. 다우 30뿐만 아니라 나스닥 100, S&P 500 기업의 절반 이상이 퀄리티 주식이다. 반면, 코스피 기업에서는 10개 기업 중 1개 정도가 퀄리티 주식의 범주에 가까스로 포함된다. 코스닥 시장은 더 암담한데, 이 책에서 강조하는 퀄리티 기업의 세 가지 특징, 즉 첫째로 강력하고 예측 가능한 현금 창출 능력, 둘째로 높은 자기 자본 수익률(Return On Equity, ROE), 셋째로 매력적인 성장성이라는 요소를 하나씩 대입해 보면 20개 기업 중에서 1개 정도나 찾을까 말까 하다. 이것이 엄연한 국장의 현실이고, 불편한 진실이다.

한국에서 투자하든, 미국에서 투자하든 그리고 그동안 주식 투자로 돈을 벌었든 못 벌었든 상관없이 이 '퀄리티 투자'에 관한 개념이 정립되어 있지 않다면 당장 투자를 멈추라고 얘기하고 싶다. 왜냐하면 퀄리티 투자를 모르고 주식 투자를 한다는 것은 내가 어떤 주식을 매수해야 하고, 또 내가 투자한 주식을 언제 매도해야 하는지에 대한 성공 투자 방정식을 모른다는 뜻이기 때문이다.

이 책은 다양한 기업 사례를 통해 퀄리티 투자에 대한 개념부터 퀄리티 기업의 특징, 성향, 패턴, 그리고 잠재적 실수 요인들까지 퀄리티 투자에 관해 아주 재미있고 상세하게 알려준다. 책을 읽다 보면 독자들의 계좌 수익률을 갉아먹었던 '잘못된 투자'의 원인이 무엇이었는지 알게 될 것이고 국내 투자자들이 많이 투자한 '이차 전지', '반도체', '자동차' 산업에 대한 투자 해법도 스스로 찾게 될 것이다.

이 책을 통해 독자 여러분들의 '행복한 성공 투자의 여정'이 펼쳐지길 바란다.

—**박세익**, 체슬리투자자문 대표

처음부터 끝까지 "맞아, 맞아!"라는 감탄을 연발하며 읽었다. 내가 직접 운용하는 대표 펀드의 이름이 왜 '하이퀄리티 밸류'인지 묻는 사람들에게 이 책으로 답변을 대신하고 싶다. 다양한 비즈니스 모델 유형과 이와 연관된 종목 사례를 접하고 나면 성장주 투자와 퀄리티 투자가 어떻게 다른지에 대한 통찰을 얻을 수 있으리라 믿는다.

—**최준철**, VIP자산운용 대표

투자는 지속적인 학습의 여정이다. AKO 캐피털이 퀄리티 투자에 대해 들려주는 이야기에서 중요한 교훈을 얻지 못하는 투자자는 한 사람도 없을 것이다.

—**스티븐 블라이스**(Stephen Blyth), 하버드 매니지먼트 컴퍼니 대표 겸 CEO, 하버드대학교 통계학과 교수

AKO 캐피털의 성공을 이끈 과학적 접근법과 예술적 통찰력을 모두 담아낸 《퀄리티 투자》는 투자자들에게 꼭 필요한 안내서인 동시에 진정으로 위대한 기업들에 바치는 송가다.

—**피터 아몬**(Peter H Ammon) 펜실베이니아대학교 최고 투자 책임자

《퀄리티 투자》는 피터 린치의 《전설로 떠나는 월가의 영웅》이나 세스 클라먼(Seth Klarman)의 《안전마진(Margin of safety)》 같은 책과 마주했을 때 마음속에 밀려드는 숱한 의문점에 속 시원한 답변을 제공해준다. 이 책은 기업의 지속적 성장을 분석하는 안목을 길러주고 확률이 유리한 때를 적절히 포착해서 투자를 실행하는 기법을 알려줌으로써, 독자들에게 가장 수익성 높은 투자의 기술을 제시한다.

—**제이슨 클라인**(Jason Klein), 메모리얼 슬론 케터링 암센터 수석 부사장 겸 최고 투자 책임자

《퀄리티 투자》를 투자 원칙의 근본적 힘을 활용하기 위한 안내서로서 강력히 추천한다. 이 책은 최고의 '안전마진'이 투자의 규모가 아니라 기업의 경쟁 우위에 달려 있다는 사실을 명확히 입증한다.

—**토머스 루소**(Thomas A. Russo), 가드너 루소 앤드 퀸 유한책임회사 파트너

최고의 퀄리티 투자 팀이 저술한 《퀄리티 투자》는 성공적이고 장기적인 투자 전략에 대한 명확하고 엄격한 분석의 틀을 제공한다. 갈수록 단기화의 양상이 심해지는 투자의 세계에서 이 책의 통찰력은 대단히 가치 있는 교훈으로 남을 것이다.

—닐 오스트러(Neil Ostrer), 마라톤 애셋 매니지먼트 설립자

《퀄리티 투자》는 실제 사례와 생생한 경험을 바탕으로 투자 기회를 판단하는 독창적인 방법론을 제시한다. 이 책에 담긴 흥미로운 교훈과 통찰은 투자자들뿐 아니라 퀄리티 기업을 구축하기를 원하는 경영진에게도 큰 의미를 부여할 것이다. 《퀄리티 투자》는 투자자, 기업 경영진, 그리고 MBA 과정을 이수하는 학생들이 반드시 읽어야 할 책이다.

—헨리크 에른루트(Henrik Ehrnrooth), 코네 엘리베이터 대표 겸 CEO

견실한 투자 원칙, 통찰력 있는 교훈, 다채로운 사례 연구를 담아 깔끔하게 쓴 이 책은 진정한 독서의 즐거움을 선사한다.

—하산 엘마스리(Hasan Elmasry), 인디펜던트 프랜차이즈 파트너스 설립자 겸 수석 포트폴리오 매니저

AKO 캐피털은 라이언에어의 비밀 공식을 처음으로 알아봐준 몇몇 투자자 중 하나다. 뛰어난 외모를 자랑하는 CEO와 이 기업의 탁월한 투자 전략은 우리에게 겸손함의 문화를 심어주었다. 이들은 투자의 천재다. 더 나은 삶을 원하는 사람은 이 책을 읽어라. 그리고 라이언에어를 타라!

—마이클 올리리(Michael O'Leary), 라이언에어 CEO

퀄리티는 중요하다. 장기적인 투자자라면 최종 수익률을 결정짓는 데 퀄리티만큼 중요한 요인을 찾기가 어려울 것이다. 그러나 퀄리티는 주관적이고 정성적인 요소가 많아 정밀하게 측정하기 어려우며, 시간에 따라 변화한다. 이 책은 사례 연구, 설명, 수치화된 기준을 통해 투자자들이 퀄리티와 그 중요성을 체계적으로 이해하도록 돕는다. 즐겁게 읽기를 바란다.

—토머스 게이너(Thomas S. Gayner), 마켈 코퍼레이션 대표 겸 최고 투자 책임자

《퀄리티 투자》는 가치 투자자들의 서재에 필수적으로 추가되어야 하는 지침서이자 초심자와 전문가의 흥미를 동시에 자극하는 책이다. 퀄리티 기업을 장기적으로 소유하는 데서 오는 복리 수익의 위력을 여실히 보여주는 생생한 사례 연구들은 이 책에서 한순간도 눈을 떼지 못하게 한다.

— **존 미하일레비치**(John Mihaljevic), 《가치투자 실전 매뉴얼》 저자

명쾌하면서도 통찰력이 가득한 책이다. 《퀄리티 투자》는 기업의 가치를 정확히 평가하기를 원하는 주주들에게 핵심적인 도움을 제공한다.

— **알베르 베니**(Albert Baehny), 게버릿 의장

《퀄리티 투자》는 성공적인 투자에 필요한 지식을 향상할 기회를 찾는 투자자들을 위한 지식의 보고다. 이 책에는 퀄리티 기업들을 분석하고 평가하기 위한 주요 개념이 명쾌하게 설명되어 있으며, 그 이론은 실제 기업들의 다양하고 구체적인 사례를 통해 더욱 정교하게 다듬어진다. 초심자부터 경험자까지 미래의 투자자 모두에게 《퀄리티 투자》를 강력하게 추천한다.

— **폴 라운치스**(Paul Lountzis), 라운치스 애셋 매니지먼트 대표

저자 소개

로렌스 커닝햄(Lawrence A. Cunningham)
수십 권의 책을 펴낸 투자 전문가이자 저술가다. 대표작으로는 전설적인 투자자 워런 버핏과 공동 작업을 통해 1996년 이래로 꾸준히 개정판을 발간하는 《워런 버핏의 주주 서한》, 평단의 극찬을 받은 《버크셔 해서웨이(Berkshire Hathaway)》, 《현실 세계의 계약(Contracts in the Real World)》 등을 꼽을 수 있다. 〈파이낸셜타임즈〉, 〈뉴욕타임즈〉, 〈월스트리트저널〉 같은 전 세계의 신문에 많은 논평 기사를 기고했고, 그의 연구는 컬럼비아, 하버드, 밴더빌트 같은 유명 대학교의 학술지에 게재되기도 했다. 조지워싱턴대학교 교수를 역임했으며 학자, 기업가, 투자자를 포함한 다양한 그룹을 대상으로 연간 50회가 넘는 활발한 강연 활동을 펼치고 있다.

토르켈 에이데(Torkell T. Eide)
AKO 캐피털의 포트폴리오 매니저다. 노르웨이의 스카겐 펀드에서 약 90억 달러의 글로벌 주식 펀드를 관리하는 포트폴리오 매니저로 4년간 근무하다 2013년 AKO 캐피털에 재입사했다. 스카겐에서 일하기 전 AKO 캐피털에서 투자 애널리스트로 3년간 근무했으며, 그 전에는 맥킨지 앤드 컴퍼니에서 기업 재무 관행을 담당하는 경영 컨설턴트로 일했다. 런던정치경제대학교를 수석으로 졸업했다.

패트릭 하그리브스(Patrick Hargreaves)
AKO 캐피털의 포트폴리오 매니저다. 2011년 AKO에 입사하기 전까지 골드만삭스에서 8년간 근무하며 유럽 중소기업 시장 연구 팀의 리더와 범유럽 연구 팀의 수석 연구원으로 일했다. 골드만삭스에 입사하기 전에는 케이즈노브(Cazenove)와 프라이스 워터하우스(Pricewaterhouse)에서 근무하며 공인 회계사 자격증을 취득하기도 했다. 옥스퍼드대학교에서 영문학을 전공했다.

"퀄리티는 결코 우연히 얻을 수 없다.
언제나 지적인 노력의 결과물일 뿐이다."

— 존 러스킨(John Ruskin)

일러두기   원서의 'Quality Investing'은 가치 투자(Value Investing)에 비해 국내에서는 다소 생소한 개념으로, (고)품질에 기반을 두고 투자하는 이 책의 핵심 전략이자 투자 방식의 일종이다. 이 책에서는 제품 등에 사용하는 일반적인 품질의 뜻과 구분하고 투자 관점에서 원뜻을 명확하게 전달하고자 '퀄리티'로 직역했다.

서문

이 책은 런던에 소재한 사모펀드 기업 AKO 캐피털(AKO Capital)의 소규모 내부 프로젝트에서 처음 시작됐다. 설립 이후 10년 동안 이 기업은 지금까지 시장의 평균 성장률보다 2배 정도 높은 연평균 성장률을 기록했으며(MSCI 유럽 지수를 기준으로 유럽의 평균 성장률이 3.9%인 데 반해 AKO 캐피털의 성장률은 9.4%였다),[1] 자체 회계 장부 기준으로 연평균 8%에 가까운 초과 수익률을 달성했다.[2] 프로젝트의 초기 목표는 이 투자 기업이 '퀄리티(quality)'에 초점을 맞춘 투자 철학을 갈고 다듬는 과정에서 얻어낸 교훈을 공식 문서로 정리하는 것이었다. 그동안 우리는 모든 성공적인 투자에는 우리가 인지 가능한 일정 수준의 패턴이 존재한다는 사실을 알게 됐다. 다시 말해 산업 분야와 기업의 운영 방식은 저마다 다르고 경제 상황도 계속 바뀌지만, 투자자들에게 높은 실적을 안겨주는 기업들을 분석해보면 그곳에서 일련의 공통점을 발견할 수 있는 것이다. 따라서 이 공통점을 제대로 이해하면 강력한 투자 포트폴리오를 구축하는 데 큰 도움이 되리라는 것이 우리의 판단이었다.

우리는 AKO 팀에 새로 합류하는 신규 구성원들과 공유할 목적으로(그리고 베테랑 직원들에게 예전에 익혔던 지식을 다시 상기시켜줄 목적으로) 수많은 자료를 축적하는 과정에서, 이 프로젝트의 결과물을 우리 기업에 투자한 투자자들에게도 공유해야 한다는 사실을 깨닫게 됐다. 고객들도 펀드 기업이 어떤 원칙에 따라 자기가 맡긴 돈을 관리하는지 현실적으로 판단할 권리가 있기 때문이다. 개인적 삶뿐만 아니라 비즈니스의 세계에서도 모든 장기적 관계는 신뢰와 개방성이 바탕이 될 때 최고의 효과를 발휘하는 법이다.

프로젝트의 범위가 점점 확장되면서 AKO 캐피털은 투자와 비즈니스 관련 저서를 전문적으로 저술하는 미국의 유명 작가 로렌스 커닝햄을 고용해 이 작업에 합류시켰다. 우리는 함께 자료들을 다듬고 정리하는 과정에서 이 자료의 내용이 투자자, 비즈니스 분석가, 기업의 경영진 등을 포함한 좀 더 폭넓은 독자층에도 적합하다고 결론 내렸다. 그렇게 해서 탄생한 결과물이 여러분이 보는 이 책이다. 우리는 이 책에서 퀄리티 투자(quality investing)의 개념에 관한 상세한 설명과 함께 퀄리티 기업(quality company)의 특징을 잘 보여주는 다양한 사례 및 연구 결과를 제공하고자 한다.

우리는 '퀄리티'라는 개념에 기반을 둔 전략이 투자의 성공을 위한 유일한 길이라고 생각하지 않는다. 그러나 기업의 근본적인 특징(그 기업이 업계에서 차지하는 위치에서부터 장기적 성공의 비결에 이르기까지)을 이해하는 데 적절한 노력과 시간을 쏟는 일은 투자 스타일과 상관없이 모든 투자자에게 유용하다고 믿는다. 이 책의 집필 취지는 그동안 우리가 몇몇 훌륭한 기업(또는 훌륭하다고 착각했던 기업)에 투자하고 이들을 소유하는 과정에서 개발한 실용적 지식의 핵심을 정리하는 데 있다.

이 책이 처음 탄생하게 된 배경은 퀄리티 기업들에서 명백하게 드러나는 특정한 패턴을 파악하는 데 있지만, 우리는 그 패턴의 일관성을 논리적으로 입증할 수 있는 추가 자료도 함께 제공하고자 한다. 가령 기업의 재무·운영 차원에서 '퀄리티'의 정의가 무엇인지를 설명하고, 퀄리티를 개발하는 데 도움이 되는 특성들을 살펴보며, 이에 따르는 도전 요소들과 잠재적 실수를 줄일 수 있는 전략을 소개한다.

퀄리티 기업은 미국에서 아시아에 이르기까지 세상 어디에나 존재한다. 하지만 이 책에서는 주로 유럽 기업들의 사례를 소개한다. 이는 AKO 캐피털이 유럽의 금융 시장에서 활동하는 기업이라는 데 근본적인 이유가 있다. 하지만 우리는 한 대륙에서 얻어낸 교훈은 세계 어느 곳이든 적용될 수 있으며, 세상의 모든 투자자, 경영진, 비즈니스 분석가에게도 똑같이 유용하리라 믿는다.

냉소적인 사람들은 투자에 관한 책을 펴내는 일이 도박과 다름없는 행위이며, 금융 시장에서 활동하는 신중한 투자자들은 그런 책들을 별로 탐탁하게 여기지 않는다고 말할 것이다. 시간이라는 긴 시험 과정을 거쳐 오래도록 읽을 가치가 있는 책으로 살아남는 저서는 소수에 불과하다. 훌륭한 기업의 사례로 소개됐던 기업이 갑자기 시류에 뒤처져 경쟁력을 잃거나, 뭔가 잘못된 기업으로 판명되는 경우는 비일비재하다. 또는 책을 쓸 당시에는 중요한 통찰을 제공하는 듯이 보였던 관점이 나중에는 멍청하고 쓸모없는 개념으로 바뀌는 일도 적지 않다.

우리가 이 책에서 주장한 이론 중에서도 시간이 지나면 잘못됐거나 한물간 지식으로 드러나는 내용이 있을 것이다. 사람의 삶에서 가장 중요하고 흥미로운 일들이 다 그렇듯이, 투자라는 일 역시 지속적인 학습의 과정이다. 어떤 책이 됐든 저자가 할 수 있는 최선의 일은 책을 집필할 당시에 사회적으로 가장 지배적인 지식과 신념 체계를 적절하게 반영하는 것이다. 우리는 퀄리티 기업을 장기적으로 소유하기 위해서는 이 책에서 제시하는 기본 원칙을 따르는 일이 중요하다고 자신 있게 말할 수 있다. 하지만 시간의 흐름에 따라 새로운 교훈이나 패턴은 계속해서 등장할 것이며, 우리 역시 다른 투자자들과 마찬가지로 이것들을 꾸준히 채택해나가려 한다.

2015년 10월
런던과 뉴욕에서

들어가는 말

 퀄리티라는 개념은 우리에게 꽤 익숙하다. 사람들은 매일 이 말의 개념을 두고 뭔가 판단하거나 정의를 내린다. 하지만 퀄리티를 명료하게 정의하는 것은 꽤 어렵다. 사전을 뒤져보면 이 단어(품질)에 수십 개의 하위 뜻풀이가 달려 있다. 그러나 그중에서 기업이나 투자의 세계에서 참조할 수 있는 정의는 찾아보기 어렵다. 비록 의미를 명확하게 정의하지는 못한다 해도, 퀄리티라는 말은 여전히 매우 강력한 힘을 발휘하는 단어다. 퀄리티에 대한 의견은 제각각이다. 우리가 가장 선호하는 설명 중 하나는 미국의 작가 로버트 메이너드 피어시그(Robert Maynard Pirsig)가 쓴 책 《선과 모터사이클 관리술》에 나오는 말이다. 이 책에 등장하는 로마의 우화 작가 파이드로스(Phaedrus)는 학생들에게 이렇게 말한다. "비록 퀄리티를 정의할 수는 없어도, 우리는 퀄리티가 무엇인지 알고 있다!"[3]

 이에 반해 가치 투자(value investing)의 개념은 비교적 이해하기도 쉽고(비록 실행에 옮기기는 어렵지만) 사람들에게도 잘 알려져 있다. 전문 투자자들에게 가치 투자의 의미가 무엇인지 물으면 그들은 거의 비슷한 대답을 내놓는다. 하지만 똑같은 사람들에게 퀄리티 투자가 무엇을 뜻하느냐고 다시 질문하면 저마다 다른 대답이 돌아올 것이다. 물론 그들의 답변 내용은 훌륭한 경영진이나 매력적인 성장 같은 주제가 주를 이루겠지만, 그런 기본 요소들 이외에 이 개념의 해석은 사람마다 크게 달라지는 경향이 있다. 그 이유는 다른 분야와 마찬가지로 투자의 세계에서도 '퀄리티'라는 개념을 정의하는 데는 수많은 측정 기준이 개입되고, 궁극적으로는 관찰자의 '판단'이 작용하기 때문이다.

최고의 기업들은 종종 언어로 표현할 수 없는 독보적인 특징을 지닌 것처럼 보인다. 마치 어떤 사람들이 태어날 때부터 우월한 유전자의 혜택을 받은 듯이 보이는 것과 비슷한 맥락이다. 여러분의 주변 인물 중에서도 겉으로는 많은 면에서 여러분과 비슷해 보이는데 항상 좋은 기회를 독차지하는 사람들이 있을 것이다. 그들은 특출나게 영리하거나, 말솜씨가 좋거나, 부유하거나, 특별히 외모가 뛰어나지 않은데도 원하는 대학교에 척척 진학하고, 꿈꾸던 일자리를 얻고, 큰돈을 번다. 우리에게 없는 뭔가가 그들에게 있는지 알아내려 애써보지만, 단서를 얻기는 쉽지 않다. 결국 우리는 이를 운명의 탓으로 돌리거나 단순한 행운으로 치부해버린다.

비즈니스의 세계에서도 마찬가지다. 어떤 기업들은 그다지 뚜렷하지 않은 이유 덕분에 성공적으로 기업을 운영하고 평균적인 기업들에 비해 훨씬 좋은 성과를 거둔다. 그 기업들은 겉으로는 그다지 뛰어난 인수 거래자나 능숙한 경영자, 또는 과감한 혁신가나 선구자처럼 보이지 않는다. 그런데도 다른 기업보다 새로운 기업을 더 잘 인수하고, 제품을 성공적으로 출시하며, 새로운 시장을 순조롭게 개척해나간다. 아마도 미래의 비전, 규모 확장의 노력, 사업 철학 같은 요소들이 합쳐져서 그 기업의 놀라운 성장을 가능케 했는지도 모른다. 그 기업들은 마치 뭔가 잘될 여지가 있는 일은 반드시 잘되고 만다는 이프름의 법칙(Yhprum's Law, 머피의 법칙과 반대되는 개념으로 잘될 가능성이 있는 일은 반드시 잘된다는 법칙-옮긴이)의 축복을 받은 듯하다. 하지만 기업의 성공이 단순한 행운이나 자연의 섭리에 좌우될 가능성은 그리 크지 않다. 퀄리티 투자는 특정한 기업이 장기적으로 번창할 가능성을 높여줄(또는 낮춰줄) 구체적인 특성, 성향, 패턴 등을 짚어내는 하나의 방법론이다.

우리가 보기에 어떤 기업이 퀄리티 기업임을 시사하는 특징은 크게 세 가지로 분석할 수 있다. 첫째, 강력하고 예측 가능한 현금 창출 능력, 둘째, 높은 수준의 지속적인 자본 수익률, 셋째, 매력적인 성장의 기회. 이 재무적 특징들은 하나하나가 이미 매력적인 요소지만, 이들이 한데 합쳐졌을 때 특히 강력한 힘을 발휘한다. 다시 말해 이 특징들을 고루 갖춘 퀄리티 기업은 많은 현금을 창출하고, 그 현금을 수익성 높은 곳에 재투자하며, 그로 인해 더 많은 현금을 창출하고, 그 현금을 더 많은 돈을 버는 곳에 재투자하는 선순환의 주기를 구축할 수 있다.

간단한 예를 생각해봐도 이 특징들이 발휘하는 위력을 실감할 수 있다. 예를 들어 어떤 기업이 매년 1억 달러의 잉여 현금 흐름(free cash flow)을 창출한다고 해보자. 또 그 기업의 투하 자본 수익률(Return On Invested Capital, ROIC, 기업이 생산 및 영업 활동에 투입한 자본으로 얼마나 큰 이익을 봤는지 나타내는 지표-옮긴이)이 20%이며, 앞으로도 그 기업이 보유한 모든 현금을 사업을 확장하는 데 재투자해서 같은 비율의 이익을 얻어낼 수 있다고 가정해보자. 현금 창출 및 재투자 주기가 이런 비율로 지속된다면, 그 기업의 잉여 현금 흐름은 10년 뒤에 무려 6배 정도 증가할 것이다. 알베르트 아인슈타인(Albert Einstein)은 복리(複利) 이자가 세계 8대 불가사의 중 하나라는 유명한 말을 남겼지만, 현금 흐름의 복리 증가도 그에 못지않게 신비로운 현상이다.

여기서 우리가 깊이 생각해봐야 할 점은 기업의 성장과 가치 창출이라는 두 가지 목표를 이어주는 연결 고리가 바로 증가 자본 수익률(return on incremental capital, 기업이 새롭게 투자한 추가 자본에서 발생하는 수익의 비율-옮긴이)이라는 사실이다. 주식 가치는 기업의 장기적인 수익률에 따라 변화하는 경향이 있으므로, 어느 기업이 더 많은 자본을 더 높은 수익률로 투자해서 더 많은 수익을 올릴수록 주가는 더욱 상승한다. 세계적인 가치 투자자 워런 버핏(Warren Buffett)은 그 점을 정확하게 요약했다. "주식 가격이 얼마인지에 상관없이, 우리가 투자하기에 가장 좋은 기업은 일정 기간에 걸쳐 큰 자본을 매우 높은 수익률로 운용할 수 있는 회사다."[4] 다시 말해 가장 좋은 투자 대상은 강력한 성장력과 높은 자본 수익률을 겸비한 기업이라는 것이다.

지금 업계에서 가장 높은 수준의 자본 수익률을 기록 중이거나 강력한 성장세를 유지하는 기업들이 어디인지 파악하기는 비교적 쉽다. 그런 판단에 도움을 주는 수많은 측정 도구가 존재하기 때문이다. 하지만 그토록 매력적인 재무적 결과치를 달성 및 유지하게 해주는 복합적인 특징들이 무엇인지 분석하는 일은 그보다 훨씬 어렵다.

무엇보다 특정 기업이 속한 산업의 구조나 환경이 퀄리티 투자 대상으로서의 잠재력을 결정하는 데 중요한 요인으로 작용하기 때문이다. 만일 해당 산업에서 과도한 물량 공급으로 인해 제품 가격이 점점 하락하는 상황이라면, 비록 그 기업이 업계 최고라 해도 투자 대상으로 고려하기는 어려울 것이다. 게다가 그 기업에만 국한된 특별한 요인이나 조직의 하부 구조에서 발생하는 세부 문제들도 정확히 이해해야 한다. 요컨대 그런 복합적인 특징들이 매력적인 산업 구조와 합쳐져 기업의 장기적 운영 성과와 높은 수익률 성장을 가능케 하는 기본 구성 요소, 즉 빌딩 블록(building block)을 이루는 것이다.

우리가 이 책에서 설명할 퀄리티 기업의 특징들은 어떤 기업 전체를 인수하고자 하는 투자자들과 그 기업의 일부 지분만을 사들이려는 투자자들 모두에게 흥미로운 주제일 것이다. 사실 주식 시장에 상장된 기업의 주식을 일부 매입하는 일과 그 기업을 통째로 사들여 개인적으로 소유하는 일 사이에는 여러모로 공통점이 많다. 상장 기업이든 아니든 어떤 기업의 가치는 그들이 추가 자본을 투입해서 얼마나 높은 수익률을 달성하느냐에 따라 좌우된다. 또 해당 기업의 가격표가 매일 달라지는 것과 상관없이, 그 기업의 현금 흐름과 성장률을 얼마나 정확히 예측할 수 있는지도 투자를 결정하는 데 매우 중요한 요인이다.

주식 투자자들의 가장 큰 문제는 투자할 만한 기업을 주식 시장 안에서 찾아야 한다는 것이다. 주식 시장 이론에 따르면 퀄리티 기업들의 우월한 특성은 주가에 이미 반영되어 있으므로 그 주식을 시장에서 사들이는 방법으로는 아무런 이득을 볼 수 없다고 한다. 하지만 주식 투자자들이 치르는 그 프리미엄의 가치가 해당 기업의 진정한 장점을 충분히 반영하지 못하는 경우는 수없이 많다. 다시 말해 기업 가치 프리미엄 속에는 퀄리티 기업들의 탁월한 경영 성과에 대한 '기대치'가 어느 정도는 반영되어 있지만, 그 기업들의 실제 성과는 시간의 흐름에 따라 처음의 기대치를 훨씬 초과하는 경향이 있다. 그 말은 퀄리티 기업들의 주가가 전반적으로 과소평가되어 있다는 뜻이다.[5]

이 책의 1부에서는 퀄리티 투자의 대상으로 고려할 만한 기업들의 특징을 설명한다. 먼저 효과적인 자본 배분을 시작으로 높은 자본 수익률, 탁월한 수익 성장률 등을 다룬다. 또 여기서는 기업의 우수한 재무적 성과를 뒷받침하는 빌딩 블록들을 탐구한다. 예컨대 매력적인 산업 구조, 미래의 성장을 견인할 복수의 동력, 높은 가치의 고객 혜택, 다양한 형태의 경쟁 우위, 훌륭한 경영진 등이 이 빌딩 블록들에 포함된다.

퀄리티 투자의 성공을 위해서는 기업들이 어떻게 우수한 재무적 역량을 개발하고 이를 유지하는지 이해할 필요가 있다. 분석적 측면에서 이 책의 핵심이라고 할 수 있는 2부에서는 퀄리티 기업들의 특별한 경영 성과를 가능케 하는 10여 개의 패턴을 우리의 투자 경험을 바탕으로 정리한다. 이 패턴들은 가장 눈에 잘 띄는 패턴(낮은 생산 단가), 좀 더 내밀한 요인(우호적인 중개인), 그리고 농업, 배관 산업, 금융 산업에 이르기까지 어떤 분야든 똑같이 적용되는 보편적인 특징으로 구분된다. 이는 기업을 지속적이고 예측 가능한 높은 수준의 현금 흐름, 성장, 자본 수익률로 이끄는 지름길이라고 할 수 있다.

하지만 그렇게 매력적인 재무적 특성은 오직 일시적으로 유효하거나 외부적 충격에 취약한 요인, 다시 말해 기업의 퀄리티를 떨어뜨리는 요인에서 비롯될 수도 있다. 3부에서는 그런 잠재적 위험 요소의 몇몇 사례를 탐구한다. 특히 정부의 정책에 의해 비즈니스의 성패가 좌우되는 프랜차이즈 기업이나 소비자 취향의 변화에 따라 쉽게 구식이 되어버리는 제품 등의 사례를 살펴본다. 또 여기서는 경기의 '주기성'에 대해서도 심도 있게 이야기한다. 경기가 호황일 때는 모든 기업의 경쟁력이 실제보다 더 높아 보일 수 있지만, 퀄리티 기업들은 그 시기를 경쟁자들보다 훨씬 효과적으로 활용한다.

4부에서는 퀄리티 투자 전략을 실행에 옮기는 방안을 논의하면서 투자 시에 고려해야 할 도전 요소와 투자자들이 반복적으로 저지르는 실수를 살펴본다. 대표적인 도전 요소로는 단기적 실적 변화에 너무 민감하게 반응하거나 정성적 분석보다 수치적 분석에 더 큰 비중을 두는 투자 문화를 꼽을 수 있다. 또 투자자들이 범하는 실수에는 투자 대상 기업에 대한 상향식 분석을 간과하고 거시 경제적 지표를 바탕으로 의사 결정을 내리는 행위 등이 포함된다. 또 여기서는 퀄리티 투자 기법이 왜 수량적 가치 평가보다 정성적 특성을 더 강조하는지 설명하고, 투자 결정 과정에서 저지르기 쉬운 실수를 줄이는 유용한 기술을 소개한다.

이 책에는 20개 이상의 사례 연구가 담겨 있다. 대부분은 퀄리티 기업들에 얽힌 이야기와 그들에게 경쟁 우위를 안겨준 특징 및 패턴을 분석한 내용이지만, 그동안 우리가 저지른 몇몇 실수, 즉 퀄리티 기업이라고 생각해서 주식을 구매했으나 결과적으로 판단이 틀렸던 것으로 판명된 사례들도 함께 소개한다. 사례 연구에서 다룬 퀄리티 기업들의 목록에는 디아지오(Diageo), 에르메스(Hermès), 로레알(L'Oréal), 유니레버(Unilever) 등 앞으로 이 책에서 설명할 매력적인 특징을 소유한 세계적 대기업들이 포함되어 있다. 그리고 이들만큼 세계적인 인지도는 없지만, 엘리베이터, 잠금장치, 배관 기구 등의 제조 및 서비스 분야를 선도하는 기업들, 또 농업, 의약, 요구르트 등에 사용되는 화학 물질을 제조하는 기업, 저비용 항공사와 의류 유통 기업, 두 개의 안경 제조 및 유통 기업, 신용 정보 기업, 그리고 은행의 사례도 하나 다뤘다. 부정적인 측면을 대표하는 기업의 사례로는 두 개의 대기업[노키아(Nokia)와 테스코(Tesco)], 치아 임플란트 제조 기업, 의료 장비 제조 기업, 유전 개발 기업 등이 있다.

이 책은 오랜 시간에 걸쳐 퀄리티 투자를 추구해온 우리의 여정이 고스란히 담긴 결과물이다. 우리는 그 과정에서 많은 것을 배웠고, 그렇게 축적한 경험을 여러분과 나누게 되어 기쁘게 생각한다.

차례

추천의 글	004
저자 소개	008
서문	010
들어가는 말	014

1부   빌딩 블록

1. 자본 배분   031
   사례 연구   아사아블로이: 퀄리티 거래   037

2. 자본 수익률   045

3. 다양한 성장 동력   053
   사례 연구   유니레버: 지역 확장   056

4. 우수한 경영진   065

5. 산업 구조   072

6. 고객 혜택   088
   사례 연구   로레알: 무형의 아름다움   090
   사례 연구   SGS와 인터텍: 자신감을 판매하는 비즈니스   094

7. 경쟁 우위   101
   사례 연구   신젠타: 기술력 경쟁 우위   106

2부   패턴

1. 반복 매출   119
    사례 연구   코네: 반복 매출   128

2. 우호적인 중개자   131
    사례 연구   게버릿: 우호적인 중개자   134

3. 유료 도로   138
    사례 연구   크리스티안 한센: 마법의 재료의 위력   141

4. 저가 플러스   145
    사례 연구   라이언에어: 저비용 제공 전략   150

5. 가격 결정력   156
    사례 연구   에르메스: 가격 결정력   158

6. 브랜드의 힘   163
    사례 연구   디아지오: 브랜드의 힘   166

7. 혁신   174
    사례 연구   노보 노디스크: R&D 주도 혁신   179

8. 전방 통합   182
    사례 연구   룩소티카: 전방 통합   187

9. 시장 점유율 확보	190
사례 연구　필만: 시장 점유율의 승리자	192
10. 글로벌 역량과 리더십	196
사례 연구　인디텍스: 글로벌 역량	199
11. 기업 문화	203
사례 연구　스벤스카 한델스방켄: 기업 문화	208
12. 복제 비용	212
사례 연구　엑스피리언: 모방 거부	213

3부　함정

1. 주기성	222
사례 연구　사이펨: 끝없는 호황	230
2. 기술적 혁신	236
사례 연구　노키아: 급격한 혁신	239
3. 의존성	242
4. 고객 취향의 변화	248
사례 연구　노벨 바이오케어: 적당히 괜찮은 제품	252

4부   프로세스 구축

1. 도전 요소   261
2. 매입의 실수   270
3. 보유의 실수   278
   - **사례 연구**   테스코: 끓는 물속의 개구리   280
   - **사례 연구**   엘렉타: 회계 조작의 경고음   286
4. 기업 가치 평가와 시장의 주가   290
5. 정확한 투자 프로세스 구축 및 실수 줄이기   297

나가는 말   302
감사의 글   304
부록   306
주   308

QUALITY
INVESTING

1부

빌딩 블록

퀄리티 기업은 빌딩 블록이라는
기본 구성 요소를 갖추고 있다.

프랑스의 화장품 대기업 로레알은 지난 20년간 놀라울 정도로 꾸준히 유기적 성장(organic growth, 기업이 인수합병 등을 통해 인위적으로 몸집을 불리지 않고 자체적인 경영 능력을 바탕으로 달성한 성장–옮긴이)을 달성했다. 그들은 2009년 한 해를 제외하면 매년 6% 이상의 매출 성장을 기록했다. 이 기업의 세후 자본 수익률은 같은 기간 10% 중반대에서 10% 후반대로 점진적으로 상승했다. 또 그들의 현금 전환(cash conversion, 기업이 원재료를 구매하는 데 현금을 투입하고 이 재료를 이용해 제품을 제조한 뒤 판매해서 다시 현금을 손에 넣는 일–옮긴이) 실적 역시 매우 탁월하고 꾸준한 모습을 보였다.

물론 로레알이 그토록 괄목할 만한 유기적 성장을 거뒀다고 해서 이 기업의 주식을 성장주(growth stock, 현재의 기업 가치보다 미래 성장의 잠재력이 큰 주식. IT나 반도체 같은 기술주들이 주종을 이룬다–옮긴이)로 분류하기는 어려울 것이다. 하지만 이 기업이 보유한 수많은 매력적인 특징은 그들에게 놀라운 장기적 성과를 안겨준다. 로레알은 지난 20년간 연평균 약 11%의 수익 성장률을 달성했고, 그동안 주가도 약 1,000% 상승해서 시장 전체의 평균 실적을 5배 가까이 능가했다.

주주들이 거둔 높은 투자 수익도 로레알의 지속적인 현금 창출 능력과 효율적인 현금 활용 능력의 선순환 고리를 반영한다. 로레알은 마케팅과 판촉뿐 아니라 연구 개발(Research and Development, R&D)에도 막대한 자금을 투자했고, 수많은 브랜드를 인수했으며, 그렇게 인수한 브랜드에서 큰 수익을 올렸다. 여분의 자본은 주주들에게 더 많은 배당금을 지급하는 데 사용했고, 자사주 매입에도 앞장서서 전체 지분의 10%가 넘는 주식을 되사들였다.

로레알의 이야기는 기업의 성장을 뒷받침하는 산업 구조, 조직의 성장을 위해 기꺼이 투자하는 경영진, 차별화된 제품과 독창적인 경쟁 우위 같은 요인들이 합쳐졌을 때 어떤 혜택이 발생하는지 잘 보여주는 사례다. 그들은 이 요인들에 힘입어 장기적인 재무적 성공을 거뒀고 매력적인 성장의 기회를 포착했다. 다시 말해 이 요인들이 곧 로레알이라는 퀄리티 기업의 빌딩 블록인 셈이다. 이 기본 구성 요소들은 기업이 탁월한 재무적 특징을 달성하고 유지하는 데 핵심적인 역할을 담당한다.

1부에서는 중요한 재무적·비재무적 빌딩 블록들을 순서대로 살펴본다. 먼저 자본 수익률과 매출 성장에 대해 알아보고, 경영진의 자질이 기업의 미래에 미치는 영향을 이야기한다. 또 다양한 산업 구조, 고객 혜택, 경쟁 우위 등이 기업의 퀄리티를 평가하는 데 어떤 영향을 미치는지 탐구한다.

1

자본 배분

기업이 자본을 배분하는 방식은 다음 네 가지 중 하나다. 첫째, 성장을 위한 자본 지출에 투입하거나, 둘째, 광고 및 판촉, R&D에 소비하거나, 셋째, 인수합병(Mergers and Acquisitions, M&A)에 투자하거나, 넷째, 주주 배당금 또는 자사주 매입에 활용하는 것이다. 1부 1장에서는 이 네 가지 방식을 하나씩 살펴보고, 자본 배분에 있어서 상대적으로 저평가된 비용 항목인 운전 자본에 대해서도 알아본다. 자본 배분에 관한 선택은 기업이 내리는 가장 중요한 의사 결정의 하나이자, 기업의 가치를 창출하느냐 또는 파괴하느냐를 가르는 결정적인 분기점이기도 하다.

성장을 위한 자본 지출

기업들이 수행하는 모든 형태의 내부 투자를 자본 지출(Capital Expenditures, CAPEX), 또는 설비 투자라고 부른다. 하지만 유지 보수를 위한 자본 지출과 조직의 성장 또는 확장을 위한 자본 지출 사이에는 중요한 차이가 있다. 유지 보수를 위한 자본 지출은 기업이 현 상태를 유지하는 데 필요한 비용을 의미한다. 따라서 이런 형태의 자본 지출은 일반적인 운영 비용과 비슷할 뿐 아니라, 규모를 예측하기도 쉬운 편이다. 반면 성장을 위한 자본 지출은 그 용어에서 알 수 있듯이 기업의 유기적 성장을 창출할 목적으로 배분하는 자본이다. 생산 설비 확충을 위한 신규 공장 건설, 또는 레저나 유통 콘셉트를 표방하는 새로운 매장에 투자하는 전략 등이 이 지출 항목의 전형적인 예라고 할 수 있다.

스웨덴에서 설립된 의류 기업 H&M은 2005년 기준으로 매장 수가 1,200개에도 미치지 못했지만, 10년 후에는 전 세계에 걸쳐 약 3,500개로 늘었다. 2014년에는 매일 한 곳 이상의 매장이 문을 열었다. H&M의 동기 대비 매출 증가율이 눈에 띄게 높지는 않았어도 (2005년 이후로 10년간 연평균 1%가 조금 넘었다) 그들이 투자한 신규 매장들에서 높은 수익이 창출된 덕에 H&M 그룹의 주당 순이익(Earning Per Share, EPS, 기업이 1주당 얼마의 순이익을 냈는지를 나타내는 지표-옮긴이)은 같은 기간 동안 2배가 넘게 늘었다.

그들이 자본 배분 측면에서 이런 성과를 달성했다는 사실은 높이 평가할 만하다. 이처럼 유기적 성장을 위한 자본 지출에서 높은 수익이 발생하면 기업 전체의 연평균 성장률이 눈에 띄게 상승하는 결과로 이어진다. 이는 우리가 투자 대상 기업에서 가장 선호하는 자본 활용 방식이기도 하다.

광고 및 판촉, R&D

유니레버가 생산하는 도브(Dove) 비누가 오늘날에도 인상적인 매출 실적을 유지하는 이유는 이 기업이 지난 수십 년 동안 막대한 마케팅 자금을 투입해서 세계적인 브랜드 인지도를 구축했기 때문이다. 유니레버는 소비자의 의식에 투자함으로써 브랜드의 인지도를 넓히는 길을 택했다. 달리 말하자면 돈을 주고 심리적 진입 장벽을 사들인 것이다.

경쟁자들이 소비자의 마음에 이미 자리 잡은 브랜드를 자신들의 브랜드로 대체하기 위해서는 엄청난 돈을 쏟아부을 수밖에 없다. 유니레버는 제품의 인지도를 꾸준히 유지할 목적으로 기존의 브랜드도 열심히 광고하는 한편(유지 보수를 위한 자본 지출과 비슷하다), 동시에 광고비의 많은 부분을 새로운 세대의 소비자들에게 영향을 주는 데(성장을 위한 자본 지출과 비슷하다) 투자한다.

기업들이 광고에 투자하는 자금은 경쟁 우위 확보와 미래의 성장을 위한 중요한 토대가 되어준다. 매장 내의 전시물을 포함한 일부 광고는 기존 제품의 매출을 늘릴 목적으로 사용되기도 하지만, 광고의 진정한 가치는 강력한 브랜드 구축을 위한 지속적인 캠페인에서 나온다. 그러나 공장을 짓거나 설비를 사들이는 비용과는 달리, 브랜드 구축을 위한 광고비 지출에서는 가치 평가나 감가상각의 대상이 되는 물리적 자산이 창출되지는 않는다. 순수하게 재무적 관점에서만 보면 광고비는 임대료나 세금처럼 '문밖으로 날아가는 돈'과 다를 바가 없다. 그러나 다른 비용 항목과는 달리 광고비는 장기간 지속되는 가치를 낳는다.

기업의 재무제표에서는 광고비를 비용으로 분류하지만, 개중에는 이를 투자로 인식하는 사람도 적지 않다. 이런 새로운 분류 방식이 현실적으로 좀 더 타당한 이유는 광고비가 다른 비용보다 훨씬 유연한 지출 항목이기 때문이다.

예컨대 기업들은 경제 상황이 나빠지면 현금 흐름을 관리하기 위해 다른 비용보다 광고비부터 먼저 줄이곤 한다. 하지만 광고비를 너무 급격하게, 또는 너무 오랫동안 줄이면 기업의 장기적 가치가 훼손될지도 모른다.

그 점에서는 R&D 비용도 마찬가지다. 오늘날의 회계 규칙에 따르면 기업들이 일부 R&D 비용을 장기 자산과 비슷한 항목으로 분류할 수 있게 되어 있다. 우리는 투자자의 관점에서 이 비용의 이원적인 성격에 초점을 맞추는 편이다. 즉 어떤 종류의 R&D 비용은 기존의 비즈니스를 유지하는 데 필요한 운영 비용으로 봐야 하지만, 그보다 훨씬 비중이 큰 또 다른 형태의 R&D 비용은 미래의 성장을 위한 투자로 보는 편이 합당하다.

R&D나 광고를 통해 얼마나 많은 수익이 창출됐는지 측정하기는 쉽지 않다. 어떤 산업 분야에서는 R&D 투자가 수익으로 돌아오기까지 아주 오랜 시간이 걸리기도 한다. 이를 제대로 측정하기 위해서는 먼저 이 비용을 적절히 자본화(capitalize, 어떤 비용 지출이 여러 회계 기간에 걸쳐 기업에 혜택을 제공한다고 판단될 때 이를 장기 자산으로 분류하는 회계 방식-옮긴이)하는 작업이 필요하다. 그러나 어떤 기업이 얼마나 효율적으로 R&D에 투자했는지를 가장 일목요연하게 보여주는 지표는 그 기업의 R&D 투자에서 창출된 수익을 장기간에 걸쳐 추적한 실적이라 하겠다.

인수합병

인수합병은 기업 가치 하락의 보편적 원인 중 하나다. 인수합병에 돈을 쏟아붓기보다 기업의 유기적 성장에 자본을 지출하는 편이 훨씬 나은 투자 전략이라고 생각하는 사람이 많다. 그렇기는 해도 기업들이 인수합병을 통해 높은 주주 가치를 창출하는 일이 전혀 없는 것은 아니다. 뚜렷한 선두 기업 없이 군소 업체가 난립한 시장을 하나로 통합한다는 목표는 성장을 위한 인수합병의 가장 설득력 있는 사유가 될 수 있다. 이른바 롤업(roll-up, 같은 산업 분야의 여러 소규모 기업을 인수해서 기업의 규모를 키워나가는 전략-옮긴이)이라고 불리는 인수합병 방식이 늘 성공하는 것은 아니지만,[6] 이 전략으로 성공을 거둔 몇몇 주목할 만한 사례가 있다.

일례로 에실로(Essilor)는 오랜 기간에 걸쳐 소규모 업체들을 꾸준히 인수해온 안경 렌즈 제조 분야의 세계적 선두 기업이다. 비록 하나하나가 그렇게 대단한 거래는 아니었지만, 그렇게 인수한 업체들은 지난 10년 동안 이 기업에 연평균 약 3%의 추가 매출을 가져다줬다. 에실로가 인수하는 업체들은 주로 특정 지역에서 활동하는 렌즈 제조 업체들이다. 에실로는 이들을 인수함으로써 해당 지역의 고객들에게 접근할 수 있는 통로를 확보하고 자사의 가치 사슬(value chain)을 더 효율적으로 통제할 수 있는 여건을 마련한다. 에실로가 특정 업체를 인수하기 전 그 업체의 렌즈 매출에서 에실로의 제품이 차지하는 비율이 평균 40% 정도라면, 인수 후에는 에실로의 제품 비율이 2배 정도 늘어난다. 안경 렌즈라는 전문화된 시장과 거래의 규모를 생각해볼 때 이 인수합병 시장에는 별다른 경쟁자도 없다. 그 덕에 에실로는 매력적인 인수 조건(업체가 보유한 현금의 6~7배 정도)을 제시하며 그 업체들을 사들일 수 있다. 에실로처럼 인수한 업체의 운영을 구조적으로 개선할 능력까지 갖춘 기업은 드물지만, 그런 일이 가능하다면 커다란 가치를 창출할 수 있다.

인수합병을 통해 훌륭한 성과를 거둘 수 있는 또 하나의 전략은 이미 강력한 경쟁력을 보유한 기업을 인수하는 것이다. 2007년 안경 시장에서 벌어진 일이 이 전략을 잘 보여주는 사례다. 스포츠 안경을 포함해 다양한 제품을 시장에 공급해온 룩소티카(Luxottica)는 이미 성공적인 브랜드를 구축한 스포츠 안경 전문 기업 오클리(Oakley)를 인수했다. 인수 작업이 완료된 뒤에도 오클리의 경영은 예전처럼 자율적으로 이뤄졌지만, 룩소티카는 오클리의 유통망을 크게 확장하고 여성 의류를 포함한 프리미엄 패션 제품으로 브랜드 지평을 넓혔다.

오클리는 룩소티카에 인수된 뒤부터 매출액이 연평균 10% 정도 성장했고(이는 시장 전체 성장률의 2배가 넘는 실적이다), 수익률도 유의미하게 증가한 것으로 추정된다. 또 오클리는 인수합병 이후에 최고의 선글라스 브랜드로서 입지를 강화했고, 안경 제품의 시장을 확대했으며, 룩소티카가 프리미엄 안경 시장 분야에서 지배력을 높이는 일을 도왔다. 우리는 과도한 낙관주의나 느슨하게 정의된 시너지 효과 등으로 인수합병을 합리화하는 기업을 회의적인 시각으로 바라보지만,[7] 특정 하위 산업에서는 2개의 우수 기업을 한 지붕 아래로 합침으로써 서로에게 혜택을 제공하는 성공적인 인수합병의 기회가 존재하기도 한다.

성공적인 인수합병의 또 다른 장점 중 하나는 두 기업의 합병을 통해 발생하는 네트워크 효과(가령 더 규모가 크고 포괄적인 유통망 확보)다. 대표적인 사례가 세계적으로 유명한 주류 제품을 수없이 보유한 소비재 기업 디아지오다. 이 기업은 경영 실적이 좋으면서도 아직 세계 시장에 진출하지 못한 브랜드[가령 지금은 디아지오의 리저브 브랜드로 통합된 자카파 럼(Zacapa rum)]를 사들여 자사의 글로벌 포트폴리오에 추가할 뿐 아니라, 기존에 존재하던 브랜드를 인수해서 신규 시장에 진출함으로써 유통망을 확대하기도 한다. 이 기업이 인수한 터키의 메이 이키(Mey Icki)나 브라질의 이피오카(Ypióca) 같은 브랜드는 이제 세계 어느 곳에서나 팔려나간다. 이보다 더 중요한 사실은 디아지오의 기존 브랜드들도 터키와 브라질에서 매출이 더욱 늘어났다는 점이다.

아사아블로이: 퀄리티 거래

잠금장치와 출입문 개폐 분야의 세계적 선두 기업인 아사아블로이(ASSA ABLOY)는 400년 역사의 다양한 브랜드와 사업 부문을 보유한 유서 깊은 기업이다. 예를 들어 1818년 영국의 울버햄프턴에서 처음 설립된 처브(Chubb) 브랜드는 웰링턴 공작이나 영국은행 같은 명망 높은 고객들에게 제품과 서비스를 제공했으며, 영국 중앙우체국과 계약을 맺고 집집마다 영국의 상징인 빨간색 로열 메일(Royal Mail) 우편함에 자물쇠를 설치해주기도 했다. 아사아블로이라는 기업 자체는 1994년 인수합병의 결과로 탄생했다. 아사(ASSA)는 1881년 스웨덴의 에스킬스투나에서 설립됐고, 아블로이(ABLOY)는 1907년 핀란드의 헬싱키에서 처음 문을 열었다. 두 기업이 합쳐진 이후로 그들의 꾸준한 인수합병 전략은 아사아블로이의 지속 성장을 견인하는 원동력이 됐다. 아사아블로이는 1990년대 후반에서 2000년대 초반까지 뚜렷한 선두 기업 없이 군소 업체가 난립하던 이 시장을 하나로 통합하는 해결사 역할을 했다. 2006년 이래로 이 기업은 CEO 요한 몰린(Johan Molin)의 리더십하에 약 120건의 기업 인수를 단행했다. 인수합병 전략의 첫 번째 목적은 지역 유통망 확대였고, 두 번째 목적은 기술 역량을 강화하는 것이었다. 이 기간에 아사아블로이의 매출은 연평균 약 8% 증가했다. 오늘날 이 그룹의 총매출 중에서 절반 가까이가 몰린의 주도로 인수한 기업들에서 나온다. 인수합병이 이뤄지기 전 인수 대상 기업들의 영업 이익률은 평균 약 5% 정도로 낮은 편이었지만, 인수 거래 이후에는 전반적으로 이익이 늘어나는 양상을 보였다. 아사아블로이가 인수 전략을 실행에 옮기기 전인 2005년 기준으로 15% 정도였던 그룹 전체의 영업 이익률은 인수한 기업들의 낮은 영업 실적 탓에 상당 부분 희석된 것으로(다른 요인들이 작용하지 않았다면) 추정된다. 하지만 경영진의 뛰어난 인수 전략과 시너지를 활용한 경영 방식에 힘입어 2014년의 영업 이익률은 약 16%로 회복됐다.

아사아블로이가 단행한 가장 큰 인수 거래 중 하나는 2002년 자동문 시스템의 세계적인 선두 기업 베삼(Besam)을 인수한 것이다. 그때까지 아사아블로이는 이 분야에서 매우 취약한 모습을 보였으나 베삼을 인수한 뒤에는 자동문 시스템보다 사업 영역이 훨씬 포괄적인 출입 시스템(entrance system)이라는 사업 부문을 새로 설립하고 베삼을 이 비즈니스의 중심에 배치했다. 현재 이 분야에서 그룹 전체 매출의 약 4분의 1이 나온다. 아사아블로이는 베삼을 인수할 때도 다른 기업들을 사들일 때처럼 연 매출액의 1.5배를 지급했다. 베삼의 영업 이익은 합병 뒤에 큰 폭으로 상승했고, 지금까지 안정적인 증가세를 유지하고 있다.

하지만 아사아블로이가 인수하는 기업은 대부분 규모가 작고 단순한 업체들이다. 인수합병이라는 접근 방식이 기업의 성장에 부정적으로 작용하는 경우가 많은데도 이 기업의 '롤업' 전략이 계속 효과를 발휘하는 이유는 여기에 있다. 또 다른 이유는 아사아블로이가 주식 시장에 상장된 기업보다는 개인 회사를 인수해서 그들에게 제조의 효율성을 높이고 프로세스를 전문화할 기회를 제공하기 때문이다. 어떤 회사들은 인수 당시의 생산 가동률이 실제 생산 능력의 50%에도 미치지 못할 때도 있었다.

아사아블로이는 특유의 분산화 구조 덕분에 손쉽게 기업 통합을 달성하고 여러 건의 인수 거래도 동시에 처리한다. 새로 인수된 기업들은 그룹의 방대한 유통망에 금세 통합되고 오랫동안 축적된 노하우와 혁신의 혜택을 받는다. 오늘날 아사아블로이의 생산 구조와 제조 과정은 기업의 지속적인 성장에 발맞춰 전통적인 부품 제조 방식에서 저비용 아웃소싱과 자동 조립 방식으로 진화하는 경영 합리화 과정을 밟고 있다. 이런 조직적 역동성은 그동안 아사아블로이의 운영 방식이 진화해온 모습에서도 잘 드러난다. 이 기업은 2006년 이래로 71개의 공장과 39개의 사무실을 폐쇄했고, 84개의 공장을 조립 공장으로 전환했다.

경험은 조직의 가치를 높여준다. 아사아블로이는 지난 수십 년간 수백 개의 기업을 인수하는 과정에서 수없이 많은 노하우와 지식을 축적했으며, 그 덕에 과도한 금액으로 기업을 인수하지 않고 효과적으로 기업 통합 작업을 수행할 수 있었다. 또 경영의 예측 가능성을 높이고 실적 예측에 정확성을 기할 수 있게 됐다. 기업의 금고에서 뭉칫돈을 빼내 무분별하게 인수합병을 추진하는 일은 기업 가치를 떨어뜨리는 행위일 수도 있다. 그러나 아사아블로이는 인수합병

> 전략도 효과적으로 수행하기만 한다면 기업을 놀라운 발전으로 이끄는 데 공헌할 수 있다는 사실을 입증했다. 2006년 이래로 10년 동안 아사아블로이의 주가는 약 6배 올랐다. 게다가 이 기업이 인수합병 전략을 계속 가동함으로써 성장할 여지는 앞으로도 무궁무진하다. 아사아블로이가 업계 2위의 제조사보다 2배 정도의 규모를 자랑하기는 하지만, 전 세계 시장에서는 고작 10%의 점유율을 차지할 뿐이기 때문이다.

인수합병은 잠재 혜택이 크기는 해도 기본적으로 위험도가 높은 전략이다. 게다가 앞서 소개한 인수합병의 성공 사례가 다른 기업들에도 적용되리라고 장담할 수도 없다. 인수합병이 주주의 가치를 높여주기보다 훼손한다는 증거는 넘쳐난다. 심지어 우수한 기업들(우리가 투자한 기업들을 포함해서)조차 인수합병으로 인해 많은 어려움을 겪었다. 인수 대상 기업의 경영진이 그 인수 거래의 타당성을 객관적으로 평가할 만한 정확한 정보를 투자자들에게 항상 제공하는 것은 아니다. 오히려 그들은 매력적인 예측치를 내놓거나 언뜻 논리적으로 보이는 근거를 제시하며 투자자들을 설득하려 든다. 인수합병의 가능성이 경영진을 흥분에 빠뜨리고 그들의 낙관주의에 과도하게 불을 붙이기 때문이다. 따라서 우리는 그런 종류의 프레젠테이션을 늘 신중하게 해석하기 위해 노력한다.

실패로 이어지는 인수합병에는 무분별한 사업 다각화, 과도한 규모 확장, 의사 결정의 성급함 같은 경고 신호가 따르기 마련이다. 특히 우리는 기업이 인수합병을 통해 새로운 시장에 진입하는 일을 우려한다. 경영진의 전문성이 부족한 상태에서 어설프게 새로운 사업에 뛰어든 기업은 대개 값비싼 대가를 치르기 때문이다. [그런 의미에서 우리는 미국의 유명 투자자 피터 린치(Peter Lynch)가 한 말에 동의한다. 지나친 다각화(diversification)는 곧 다악화(diworsification)일 뿐이다.[8]] 우리는 오직 기업의 몸집을 불릴 목적으로 이뤄지는 인수합병에 반대한다. 특히 경영진의 성과 보너스가 매출액이나 수익처럼 기업의 규모와 관련된 단순 목표에 연동된 기업에는 투자를 피한다. 또 어떤 기업이 상대적으로 짧은 시간 안에 큰 규모의 인수합병 거래에 여러 차례 뛰어들 때도 이를 우려의 눈으로 바라본다. 주력 사업이 부진한 현실에 대한 대응 차원에서 인수합병에 나서지 않았는지 의심이 가기 때문이다.

배당금 및 자사주 매입

기업이 사업에 재투자하거나 매력적인 기회를 포착하는 데 투입한 돈 이외의 여분 현금은 주주들에게 배당금으로 지급하거나 자사주를 매입하는 데 사용해야 한다.

기업의 경영진에게는 자본 배분이라는 측면에서 큰 재량권이 부여되어 있다. 그러므로 우리는 자사주 매입과 배당금에 대한 정책을 외부 공시 자료에 명확하게 밝히는 기업을 높이 평가한다. 기업들은 경기가 활황세를 맞아 주가가 상승할 때는 자사주를 지나치게 많이 사들이고, 반대로 경기가 불황의 늪에 빠져 주가가 하락할 때는 자사주를 충분하게 매입하지 않는 경향이 있다. 두 경우 모두 기업의 가치를 높이기보다 추락시키는 요인이 될 수 있다. 전자는 기업이 얻을 수 있는 가치에 비해 과도한 금액을 치르는 행위고, 후자는 현금이 특히 소중한 시기에 주주들의 돈을 빼앗는 행위다.

가령 2008년부터 2009년 사이에 금융 위기가 닥쳤을 때 기업들 대부분은 주주들에게 지급하는 배당금의 수준을 종전대로 유지하면서도 자사주 매입은 대폭 줄였다. 경영진은 자사주를 되사들이는 데 자본금을 투입하기보다 그냥 금고에 쌓아놓는 길(가치는 작게 창출되지만 안전한 길)을 택했다. 왜냐하면 다른 모든 기업이 똑같이 행동했기 때문이다. 이런 현명치 못한 자사주 매입 패턴은 시장이 어려움을 겪을 때뿐만 아니라 모든 종류의 경제적 상황에서 똑같이 되풀이된다. 1984년에서 2010년까지 미국의 주식 시장을 조사한 어느 연구자는 이렇게 말했다. "기업들이 자사주 매입을 통해 실제로 달성한 투자 실적은, 이들이 시기와 상관없이 매년 균등하게 자사주 매입에 투자했을 때 얻을 수 있었던 가상의 실적과 비교했을 때 연평균 2% 정도 낮았다."[9] 우리는 주주의 이익을 높여주는 방향으로 자사주를 꾸준히 매입하는 기업들을 높이 평가하지만, 자사주 매입은 기업 가치가 낮을 때, 즉 주가가 하락할 때 이뤄져야 한다는 원칙을 지켜주기를 기대한다.

운전 자본 비용

운전 자본(working capital)이란 재고를 포함한 단기 자산이나 외상 매입금을 포함한 단기 부채처럼 매출을 일으킬 목적으로 단기간에 투입하는 자원을 뜻한다. 재고와 외상 매출금은 언젠가 현금으로 전환되지만, 그 전까지는 생산 및 영업 과정에 묶여 있게 된다. 물론 공급업체들도 외상 매입금에 대한 지급을 일정 기간 유예해주기 때문에, 기업은 외상 매입금과 외상 매출금의 상쇄 효과를 누릴 수 있다. 하지만 기업들은 대부분 순운전 자본(유동 자산에서 유동 부채를 뺀 금액으로, 기업의 재무 건전성을 나타내는 지표-옮긴이)을 플러스 상태로 유지하려고 애쓰는 편이다. 유럽 기업들의 경우에는 매출액의 16% 정도가 운전 자본이다.[10] 기업의 운전 자본에는 기업이 다른 이해관계자들을 상대로 발휘할 수 있는 협상력이 반영되어 있다. 다시 말해 이해관계자들에게 기업에 유리한 방향으로 조건을 제시할 위치에 있는 기업은 운전 자본의 구조가 더 매력적이다.

기업의 매출이 성장하면 운전 자본 비용도 증가한다. 매출이 오르면 더 많은 돈이 재고나 외상 매출금의 형태로 도중에 갇히게 된다. 만일 어느 기업이 추가로 올린 매출에서 10%가 순운전 자본으로 묶인다면, 그 말은 투자자의 주머니로 들어가야 할 현금의 상당 부분이 일정 기간 다른 곳에 머물러야 한다는 뜻이다. 따라서 매출 증가를 위해 많은 운전 자본이 필요한 비즈니스는 자칫 위험할 수 있다. 그로 인해 현금 흐름의 성장이 저해되고 기업의 가치 창출에 지장이 초래될 수 있기 때문이다. 반대로 매출이 늘어나는데도 운전 자본으로 묶이는 돈이 적은 기업은 더 매력적인 투자 대상으로 인식되는 경향이 있다.

모든 기업은 어느 정도의 운전 자본 비용을 감수해야 한다. 현금 고갈의 위험을 줄이는 데 가장 유리한 위치를 점유한 기업은 저비용으로 생산이 가능한 회사(재고로 묶이는 돈이 적은 회사), 그리고 재고와 외상 매출금을 현금으로 전환하는 주기가 짧은 회사(생산 속도가 빠르고 외상 매출금을 수금하는 기간이 짧은 회사)다. 드물기는 하지만 운전 자본이 오히려 마이너스를 기록하는 기업도 있다. 그들은 자본금을 운전 자본에 투입하지 않고 주머니에 넣어두는 방법을 택함으로써 비용 부담에서 벗어나 현금 유동성이라는 이득을 챙긴다. 대표적인 분야가 소프트웨어나 보험처럼 고객들에게 선납금을 받는 산업 분야다.

2
자본 수익률

자본 수익률(return on capital)은 기업이 자본 배분과 관련된 의사 결정을 얼마나 효율적으로 내리는지를 측정하는 수치다. 이는 업계에서 그 기업이 차지한 위치와 경쟁 우위 현황을 가장 손쉽게 판단할 수 있는 지표라고 할 수 있다.

이론적으로 말하면 자본 수익률은 그 자본의 기회비용과 같아야 한다. 어떤 산업이나 기업에서 경제적 이익이 발생하면 자연히 경쟁자들이 생겨난다. 그리고 경쟁자들의 압박으로 인해 기업의 이익은 점차 줄어든다. 따라서 완전 경쟁(perfect competition, 수많은 시장 참여자로 인해 생산자와 소비자가 시장의 가격 결정에 아무런 영향을 미칠 수 없는 이론적 시장 모형-옮긴이) 시장에서 활동하는 기업들은 결과적으로 한 푼의 이익도 얻지 못할 수 있다. 기업이 높은 수준의 자본 수익률을 꾸준히 달성하기 위해서는 경쟁자들에게 수익이 돌아가지 못하도록 차단하는 능력을 길러야 한다. 우리는 그 능력을 경쟁 우위(competitive advantage)라고 부른다. 투자 대상 기업들의 경쟁 우위를 정확히 파악하고 경쟁력의 지속

가능성을 이해하는 작업은 퀄리티 투자 과정에서 중요한 부분이다.

퀄리티 투자자들은 높은 수익률로 자본을 투자할 능력이 있는 기업, 즉 10% 후반 또는 그보다 높은 비율의 세후 수익률을 달성할 능력을 갖춘 기업에 투자의 초점을 맞춘다. 기업의 현금 투자 수익률을 견인하는 요인은 자산 회전율(asset turn), 매출 이익률(profit margin), 현금 전환율(cash conversion)의 세 가지다. 자산 회전율은 기업이 추가적인 자산을 투입해서 얼마나 효율적으로 매출을 올리는지를 측정하는 지표다. 이 수치는 해당 산업 부문의 자산 집약도에 따라 크게 달라질 수 있다. 매출 이익률은 새로 발생한 매출에서 얼마나 많은 이익이 발생했는지를 측정하는 수치이며, 현금 전환율은 특정 기업의 운전 자본 집약도가 얼마나 높은지, 그리고 그 기업의 회계 정책이 얼마나 보수적인지를 나타내는 지표라고 할 수 있다. 이 개념들을 하나씩 설명하기 전에, 먼저 수익률을 측정하는 데 따르는 도전 요소들을 살펴보기로 한다.

수익

투자자의 수익(return)을 측정하는 가장 간단하고 보편적인 도구는 주주가 보유한 주식에서 몇 퍼센트의 순이익이 발생했는지를 측정하는 자기 자본 수익률(Return On Equity, ROE, 주주들이 투자한 자본 대비 기업이 벌어들인 수익의 비율을 나타내는 수치-옮긴이)이다. 이 수치가 일반적인 측정 기준으로는 나름대로 유용하기는 해도 정확한 정보를 제공하지 못하는 이유는 두 가지다. 무엇보다 이 방정식의 '수익' 부분이 기업의 회계 측정 방식에 따라 달라질 수 있기 때문이다. 즉 감가상각이나 대손 충당금 같은 중요한 측정치를 회계적으로 어떻게 처리할지를 경영진의 재량에 따라 결정할 수 있다는 게 가장 큰 문제다. 또 자기 자본 수익률 계산은 자산의 손실이나 부채 수준의 변동처럼 주주의 지분 가치에 영향을 미치는 다른 요인들로 인해 왜곡될 수 있다. 특히 부채의 경우에는 문제의 소지가 많다. 회사가 부채를 차입하면 레버리지 효과(leverage effect, 차입금 같은 타인의 자본을 지렛대로 이용해 자기 자본 수익률을 상승시키는 효과-옮긴이)로 인해 일시적으로 자기 자본 수익률이 높아지지만, 그렇게 증가한 수치에는 부채와 관련된 위험 요소가 전혀 반영되지 않는다. 2008년의 금융 위기로 파산한 금융 기관 중에는 그 전년도까지 높은 자기 자본 수익률을 기록한 회사가 많았다.

궁극적으로 투자자의 수익 측정은 자본의 구조나 회계 방식과 관계없이 순수하게 회사가 투자한 1달러당 얼마나 많은 현금이 창출됐는지를 계산하는 데 초점을 맞춰야 한다. 투하 자본 수익률(세후 영업 이익을 투하 자본으로 나눈 수치)은 그 목적을 어느 정도 달성할 수 있게 해준다. 그보다 더 좋은 방법은 기업이 투하한 현금 자본에 대한 현금 수익률(Cash Return On Cash Capital Invested, CROCCI)을 측정하는 것이다.[11] 이 수치는 생산 및 영업에 투하한 현금 자본을 세후 현금 이익으로 나누고, 여기에 영업권 상각(amortization of goodwill, 영업 노하우, 고객 기반, 브랜드 인지도처럼 장부에 반영되지 않는 무형 자산의 가치를 매년 일정 부분 상각 처리하는 회계 방식-옮긴이) 같은 해당 기업의 회계 관행을 반영해서 계산한다. 요컨대 CROCCI는 기업이 투입한 '모든 자본'의 세후 현금 수익률을 측정한 지표라고 할 수 있다.

이런 수익률 지표는 측정이 이뤄진 당시의 순간만을 반영하는 '스냅숏'에 가까우므로, 경기의 주기성이나 인수합병 당시의 시대적 상황에 따라 왜곡될 여지가 있다. 글로벌 투자 은행 크레디트 스위스(Credit Suisse)가 개발한 현금 흐름 투자 수익률(Cash Flow Return On Investment, CFROI)[12] 같은 내부 수익률(Internal Rate of Return, IRR, 투자액의 현재 가치가 그 투자로부터 기대되는 현금 수입액의 현재 가치와 같아지는 할인율-옮긴이) 측정 방식은 그런 문제를 어느 정도 해결해주지만, 계산이 너무 복잡해진다는 단점이 있다. 따라서 우리는 앞서 설명한 도구들과 CFROI를 함께 사용해서 수익률을 측정한다.

투자자들이 어떤 수익률 측정 방식을 선택한다 해도 여전히 남아 있는 문제는 투자 대상 기업의 미래 자본 수익률이 과거의 자본 수익률과 다를 수 있다는 것이다. 회사의 단기적인 수익률을 측정해서 전체를 대표하는 기준으로 삼고 싶은 사람도 있겠지만, 이는 사안의 본질을 왜곡할 수 있는 측정 방식이다. 오늘 투입한 자본이 오랜 시간이 지난 뒤에야 의미 있는 수익으로 되돌아오는 경우는 수없이 많다. 마찬가지로 어떤 기업이 오늘 달성한 수익은 몇 년 전에 투입한 자본의 결과물이거나, 일시적인 경기 호황으로 인해 발생했을 수도 있다. 물론 과거를 연구하는 작업으로 미래에 대한 분석을 완전히 대체하지는 못하겠지만, 우리는 높은 자본 수익률을 오랫동안 안정적으로 유지하는 기업에 투자의 초점을 맞추는 편이다. 많은 연구에 따르면 어느 기업이 이례적으로 높은 수익률을 거뒀다고 해도, 그 실적은 시간의 흐름에 따라 점차 시들해지는 경향이 있다고 한다. 그러나 이 경향을 거스르는 기업들도 분명히 존재한다. 이 예외자들은 '평균 회귀'라

는 통계적 법칙을 무시하고 장기간 동안 높은 수익률을 달성한다.[13]

자산 회전율

자산 회전율이란 한마디로 기업의 자산 집약도(asset intensity)를 측정하는 수치라고 할 수 있다. 즉 기업이 매출을 올리기까지 얼마나 많은 자본이 비즈니스 과정에 남아 있어야 하는지를 나타내는 지표로 이해하면 될 듯하다. 이른바 '자산 경량화(asset-light)' 산업이 투자자들에게 매력적인 투자 대상인 이유는, 이 업계에 속한 기업들이 매출액 증가라는 목표를 달성하는 데 필요한 자본이 다른 기업보다 훨씬 적기 때문이다. 일례로 도미노피자(Domino's Pizza) 같은 프랜차이즈 기업이 자산 경량화 산업의 전형이라고 할 수 있다. 프랜차이즈 산업에서는 가맹점들의 매출 성장을 위해 자본을 투자하는 주체가 본사가 아니라 각 가맹점이다. 또 유럽의 디자인 소프트웨어 기업 다쏘시스템(Dassault Systèmes) 같은 곳도 자산 경량화 산업을 대표하는 기업이다.

자산 집약도가 낮은 산업의 위험 요소 중 하나는 경쟁자를 끌어들이기가 쉽다는 것이다. 유럽의 온라인 도박 시장을 보면 그런 현상을 분명히 관찰할 수 있다. 이렇게 경쟁이 치열한 분야에서 활동하는 기업들은 신규 경쟁자들이 시장에 진입할 위험을 낮춰줄 경쟁 우위를 추가로 확보해야 한다. 도미노피자는 높은 브랜드 인지도, 다쏘시스템은 풍부한 지식재산권이 그들의 경쟁 우위라고 할 수 있다. 그러나 자산 집약도가 높은 기업이 오히려 매력적인 투자 대상이 되는 경우도 있다. 특히 새로운 참여자들이 해당 산업에 뛰어들기 위해 막대한 자본이 필요한 환경에서는 경쟁자들의 진입이 제한되고 기존 기업들의 운영에 안정감이 생길 수 있다.

매출 이익률

코카콜라(Coca-Cola)나 펩시(Pepsi) 같은 탄산음료 기업들은 자사 브랜드를 대체하고자 하는 경쟁자들과 오래전부터 치열한 싸움을 벌였다. 생산 원가의 관점으로만 바라봤을 때, 탄산음료 기업의 직접비(direct cost, 제품 생산에 직접적으로 부과되는 원가 요소-옮긴이) 구조는 어떤 기업이든 크게 다르지 않다. 물, 탄산, 향신료, 설탕, 그리고 음료를 담는 용기가 전부다. 제품을 저장하는 비용이나 운송 비용도 거의 비슷하다. 만일 소비자들이 특정한 브랜드나 맛을 따지지 않는다면, 그들은 단순히 가장 저렴한 제품을 구매하려 할 것이다. 하지만 소비자 대부분은 자기가 가장 선호하는 브랜드의 음료를 추가 비용을 치르고 구매한다.

이런 가격 차이는 탄산음료 브랜드들이 높은 수준의 매출 총이익률(gross margin, 매출에서 원가를 제외한 총이익의 비율-옮긴이)을 달성할 수 있는 근본 원인이다. 음료 기업이 마케팅이나 브랜드 관리를 위해 막대한 자금을 투자할 수 있는 이유는 소비자들이 해당 제품의 가치를 그만큼 인정하기 때문이다. 이는 그 기업이 소유한 '미다스의 손'이라고 부를 만하다. 매출 총이익률은 기업의 경쟁 우위를 나타낸다. 고객이 제품의 가치를 얼마나 높이 평가하는지 보여주는 가장 순수한 지표이기 때문이다. 구매자들이 특정 제품에 추가 비용을 치렀다는 말은, 요즘 유행하는 원자재를 완제품으로 만들고 그곳에 브랜드를 붙여

달라고 판매자에게 요청했다는 의미일 수 있다.

　기업의 매출 총이익률은 그 기업이 속한 업계의 특성에 따라 달라진다. 가령 기업의 매출 총이익률이 높다는 말은 해당 산업의 자산 집약도가 낮다는 뜻이기도 하다. 그러나 어느 기업이 같은 업계에서 활동하는 기업들보다 훨씬 높은 수준의 매출 총이익률을 꾸준히 달성한다면, 그 기업이 장기간 지속될 특별한 경쟁 우위를 확보했다는 증거로 봐도 무방하다. 또 당기 순이익(net income, 총수익에서 세금을 포함한 모든 비용을 제외한 후 최종적으로 남은 이익-옮긴이)보다 매출 총이익률에 초점을 맞춰 경영 성과를 바라보면, 기업의 진정한 경쟁 우위와 경영진의 관리적 역량을 구분하는 데도 도움이 된다. 가령 일시적인 고비용 구조로 인해 장부상의 당기 순이익이 줄어드는 순간 기업의 진정한 경쟁 우위가 가려질 수 있다. 매출 총이익률이 높으면 다른 이점도 따라온다. 영업 레버리지(operating leverage, 총비용에서 고정비가 차지하는 비율-옮긴이)의 범위를 더 확장할 수 있고, 원자재 가격이 상승해도 완충 장치를 세워둘 수 있으며, 광고 및 판촉과 R&D를 통해 성장을 추진하는 전략적 유연성을 발휘할 수도 있다.

　매출이 추가로 증가해 더 많은 순이익이 발생할수록 기업에 더 유리하다. 가령 두 경쟁 기업의 매출이 똑같이 1달러만큼 올랐다고 가정해보자. 한 기업은 1달러 매출 성장을 위해 10센트의 비용을 지출했고 다른 기업은 80센트를 지출했다면, 앞의 기업이 거둔 성장이 뒤의 기업에 비해 훨씬 가치가 높다는 사실은 두말할 나위도 없다. 영업 이익률(operating margin, 매출액에서 판매 및 관리 비용을 뺀 영업 이익을 매출액 대비 백분율로 나타낸 수치-옮긴이)이 높은 기업은 영업 이익률이 낮은 기업보다 대체로 경쟁력이 강하다.

  수익률이 꾸준히 증가하는 현상도 기업의 경쟁력을 보여주는 중요한 지표다. 영업 이익률이 널을 뛰듯 큰 폭으로 오르락내리락한다는 말은 조직의 주요 비용 요소가 관리자들의 통제를 벗어났다는 뜻이다. 이런 기업에 투자할 때는 각별한 주의가 필요하다. 반면 어느 기업이 높은 수준의 매출 총이익률과 영업 이익률을 꾸준히 유지한다면, 이는 그 조직이 적절한 원가 구조하에서 강력한 경쟁 우위를 지켜나간다는 의미일 수 있다.

3

다양한 성장 동력

기업을 분석할 때 가장 어려운 일 중 하나가 장기 성장 능력을 판단하는 것이다. 분석가들은 특정 기업이 다음 분기나 다음 해에 얼마나 성장할지를 예측하는 데 많은 시간을 쏟지만, 그 기업이 장기간에 걸쳐 얼마나 높은 비율로 성장할지를 판단하기는 쉽지 않다. 성장 투자(growth investing, 기업의 성장 가능성을 고려해 주식을 선택하는 투자 방법-옮긴이)에 전념하는 투자자들은 향후 높은 수준의 매출 성장률(가령 연평균 15% 이상의 성장률)을 달성할 기업들을 찾는 데 열중하는 반면, 우리는 성장률이 그 절반이나 3분의 2에 그치더라도 이 실적을 장기간 이어갈 수 있는 기업에 투자의 초점을 맞춘다.

당연한 말이지만 투자하기에 가장 적당한 기업은 제품 및 서비스의 최종 사용자 시장이 줄어들지 않고 계속 확대되는 회사다. 시장의 성장이 지체되면 경쟁자들은 무분별한 가격 할인이나 판촉 정책처럼 산업 전체를 망가뜨릴 수 있는 수단을 동원해서라도 시장 점유율을 확보해야 한다는 압박감을 느낀다.

성장의 기회는 높은 자본 수익률이 제공하는 혜택을 극대화한다. 그런 형태의 기회는 시장의 구조적·주기적 성장에서 비롯될 수도 있고, 경쟁자들의 시장 점유율을 빼앗거나 새로운 지역으로 시장을 확대하는 데서 생겨날 수도 있다. 가장 우수한 기업은 제품 디자인, 가격 책정, 제품 조합 등에서 독창적인 능력을 발휘함으로써 다양한 성장 동력을 활용한다.

시장 점유율 확보

기업이 시장 점유율 확보를 통해 성장하는 데는 두 가지 이점이 따른다. 첫째, 경기의 변동과 상관없이 독립적으로 성장할 수 있다. 시장 점유율은 경기가 좋든 나쁘든 시기를 가리지 않고 확보할 수 있다. 둘째, 기업은 자사의 시장 점유율에 어느 정도 통제력을 발휘할 수 있다. 어떤 기업은 설득력 있는 광고 캠페인, 성공적인 매장 확대 전략(H&M처럼), 유통망에 대한 지속 투자 등을 통해 꾸준히 시장 점유율을 늘려나간다. 지속적인 시장 점유율 확보 실적을 갖춘 기업은 매력적인 투자 대상이 될 수 있다.

 기업이 확보한 시장 점유율을 분석할 때는 점유율 상승의 원인을 제대로 이해하는 작업이 무엇보다 중요하다. 어떤 업계의 시장 점유율은 참여 기업들의 가격 전략이나 제품 혁신에 따라 큰 폭으로 오르내린다. 기업이 시장 점유율을 일관된 방식으로 꾸준히 확보한다면 성공을 향한 최고의 지름길이 될 수 있다. 게다가 투자자들이 점유율의 상승 요인을 분명히 파악할 수 있다면 더 이상적이다. 하지만 시장 점유율이 오를수록 그 원인을 파악하기는 점점 어려워진다. 기업이 가장 유치하기 쉬운 고객들은 이미 가장 먼저 움직였음이 분명하기 때문이다. 시장 점유율이 오르면 상승분에 대한 중요도는 점점 낮아진다. 가령 시장 점유율이 1%인 기업이 1%의 점유율을 추가로 확보했다면 그 기업의 시장 점유율은 2배로 늘어난 셈이다. 반면 시장 점유율이 10%인 기업이 추가로 1%의 점유율을 획득했다면(전체의 10% 상승) 그렇게 큰 성과로 느껴지지 않을 것이다. 더구나 시장의 선두 기업이 1%의 점유율을 추가로 확보했다면(시장 점유율 50%인 기업에 1%의 추가 점유율은 전체의 2%에 불과하다) 기업은 이를 무시해버릴 것이다.

지역 확장

국내에서 성공적으로 활동하는 기업이 기존 시장의 점유율을 더 늘리기 어려운 현실을 타개하고자 다른 지역이나 국가로 눈을 돌리는 경우가 종종 있다. 하지만 지역 확장은 실행하기가 가장 어려운 전략 중 하나다. 그동안 수많은 기업이 다른 지역으로 확장을 시도하다 실패했고 그로 인해 기존의 사업에도 부정적인 영향을 미쳤다. 그러나 어느 기업이 일부 시장에서 문제의 해법을 찾아내는 데 성공한다면, 다른 곳에서도 반복해서 성공을 거둘 확률이 높아진다. 영국과 네덜란드의 기업들이 합병해서 세워진 소비재 기업 유니레버는 100년이 넘는 시간 동안 수많은 신규 시장에서 성공적인 프랜차이즈를 구축했다. 유니레버의 사례에서도 볼 수 있듯이, 기업이 과거에 달성한 지역 확장의 성공은 미래의 성공을 예측할 수 있는 좋은 지표가 된다.

유니레버: 지역 확장

유니레버는 개인 생활용품, 가정용품, 식품, 음료 같은 광범위한 브랜드와 약 190개 국가에 걸친 유통망을 보유한 대기업이다. 전체 매출의 약 60%를 신흥 시장에서 거둬들이는 이 기업의 유구한 전통은 해당 지역의 문화에 깊이 스며들어 있다. 과거 지구 곳곳에 커다란 발자취를 남긴 영국인들의 역사적 행보에 힘입어 유니레버의 지역 확장은 지금도 계속되는 중이다.

대표적인 사례가 인도 시장이다. 유니레버의 인도 자회사 힌두스탄 유니레버(Hindustan Unilever, HUL)의 주식은 1956년부터 인도 증권 시장에서 거래되기 시작됐다. 1888년 유니레버의 선라이트(Sunlight) 비누가 인도 시장에 상륙한 이후로 20년 동안 HUL에 의해 다양한 브랜드가 출시됐다. HUL이 인도 시장에서 오랫동안 기업 활동을 영위하고 경영도 현지인들에 의해 이뤄진다는 말은, 인도의 소비자들이 그 회사의 제품을 토종 브랜드로 인식한다는 뜻이다. 고객들이 유니레버의 제품에 대해 느끼는 친숙함 덕분에 이 회사는 인도 시장에 새로 진입하는 다른 다국적 기업들과 비교해서 매우 큰 경쟁 우위를 누리고 있다.

유니레버는 인도 시장에서 오랫동안 활동하며 높은 시장 점유율을 확보했을 뿐 아니라 자사에 유리한 방식으로 유통 시스템을 개발했다. 이는 지역의 경쟁자들도 인정하는 사실이다. HUL은 인도 전역에 걸쳐 '300만 개'가 넘는 직판장을 자체적으로 운영한다. 또 자사 제품의 3분의 2가량을 도매상을 거치지 않고 소매업체들을 상대로 직접 공급함으로써 경쟁자들을 훨씬 추월한다. 2001년 유니레버는 HUL의 유통망을 확대하고 인도의 시골 지역에 유니레버 제품을 판촉할 목적으로 샥티(Shakti) 프로그램(인도 시골 지역 거주자들을 직판 사업자로 채용한 전략-옮긴이)을 발표했다. 현재 이 회사에는 약 7만 명의 샥티 아마(Shakti Amma, 여성)와 약 4만 8,000명의 샥티만(Shaktimaan, 남성)이 시골 마을 곳곳에 유니레버의 제품을 판매하는 방대한 영업 네트워크를 형성하고 있다. 이는 인도라는 나라의 대륙적 규모를 고려해도 엄청난 규모의 영업 조직이다. 그토록 강력한 유통망이 유니레버에 안겨주는 혜택은 수없이 많다. 무엇보다 개발이 미비한 시골 지역에서도 높은 시장 점유율을 확보할 수 있을 뿐 아니라, 고객들의 수요나 취향도 신속하게 파악할 수 있다. 게다가 경쟁자들보다 신제품을 더 빠르고 다양하게 출시할 수 있으며, 기존에 투자한 비용 기반을 더 효과적으로 활용할 수 있다. 유니레버가 이곳에서 얼마나 큰 성공을 거두는지는 HUL이 오늘날까지 인도 시장에서 꾸준히 시장 점유율을 늘려가고 있다는 사실만 봐도 알 수 있다.

유니레버는 인도를 넘어 1891년 남아프리카공화국에 상륙했고, 1892년 아르헨티나, 1908년 태국, 그리고 1930년 이후에는 그 밖의 수많은 국가에서 영업을 시작했다. 1910년에는 해외 원자재 구매의 범위를 태평양과 서아프리카 지역까지 넓혔다. 유니레버는 유통망 부분에서도 인도에서 축적한 경험을 인도네시아나 사하라 사막 이남의 아프리카 같은 다른 시장에 복제해서 활용한다. 이 신흥 시장에서도 그들의 네트워크가 계속 확장되는 모습을 보면 유니레버의 파급력이 얼마나 대단한지 새삼 깨닫게 된다. 인도네시아의 유니레버 유통망은 국가 전체의 우편 시스템보다 더 크다.

자국 시장에 특화된 비즈니스 구조에 의존해서 경쟁 우위를 누리던 기업들은 다른 지역으로 사업을 확장할 때 필연적으로 어려움을 겪게 된다. 특수한 형태의 유통망, 지역에 국한된 사업 확장 전략, 자국 기업에 유리한 정부의 정책 같은 이점들은 해외 시장에서 통하지 않는다. 식료품 소매업체, 병원, 항공사 등이 해외 시장에 진출해서 성공한 사례가 별로 없다는 사실이 그 점을 입증한다.

이에 반해 특정한 종류의 경쟁 우위는 해외에서 오히려 더 큰 효과를 발휘하기도 한다. 여행과 미디어의 세계화 추세 덕분에 고가의 프리미엄 브랜드들은 신규 시장에 비교적 쉽게 진입한다. 루이 비통(Louis Vuitton)이나 나이키(Nike) 같은 고급 브랜드는 전 세계 어느 곳에서나 잘 알려져 있다. 심지어 아직 공식적으로 상품 판매가 이뤄지지 않는 나라에서도 마찬가지다. 해외에서 매장을 직접 운영하는 제조 기업들은 그 점에서 큰 이점을 누릴 수 있다. 해당 국가의 사회 기반 시설에 대한 의존도를 대폭 줄인 상태에서 수직적 통합(vertical integration, 기업이 제품 및 서비스를 시장에 제공하기 위해 생산 및 영업에 필요한 모든 업무를 직접 수행하는 전략-옮긴이)을 달성할 수 있기 때문이다.

지역 확장의 성공 확률이 이처럼 불확실한 상황에서, 우리는 자사의 경쟁 우위를 새로운 지역에 성공적으로 이식한 경험이 있는 기업을 투자 대상으로 선호할 수밖에 없다.

가격 책정, 제품 조합, 판매량

순수하게 재무적 관점으로만 바라봤을 때 매출 성장을 이끄는 요인은 가격 인상, 새로운 제품 조합(product mix), 판매량 증가의 세 가지라고 할 수 있다. 물가가 오른 경우를 제외하고 어느 기업이 원가가 상승하지 않았는데도 제품의 가격을 임의로 올릴 수 있다면, 이는 그 기업이 높은 수준의 가격 결정력(pricing power)을 소유했다는 의미일 수 있다. 기업들이 그 정도의 가격 결정력을 보유하는 일이 흔치는 않지만, 그 가치는 매우 높다. 가격을 올리는 데는 원가가 들지 않는다. 가격 인상으로 인해 추가로 발생하는 매출은 모두 세전 순이익으로 남는다. 기업에 가격 결정력이 부여되는 이유는 소비자들이 제품의 가격 인상에 그다지 민감하게 반응하지 않기 때문이다. 가령 높은 가격을 주고 물건을 사들이는 행위가 소비자의 사회적 지위나 자격을 상징한다고 여겨지는 제품(사치품), 또는 소비자들의 높은 평판으로 인해 대체재와의 비교가 어려운 제품('산지 직송'이나 '유기농' 같은 상표가 붙은 제품) 등이 여기에 해당한다.

이보다 더 보편적인 매출 성장 요인은 제품 조합의 최적화다. 예를 들어 포장된 초콜릿 제품을 제조하는 기업은 자사의 표준 제품 라인에 프리미엄 제품군을 새로 추가해서 여기에 들어간 비용 이상으로 제품 가격을 인상할 수 있을 것이다. 그로 인해 매출이 상승하면 순이익도 늘어난다. 제품을 새로운 방식으로 조합하는 전략은 기업에 큰 가치를 안겨주지만, 그러면서도 막대한 설비 투자나 운전 자본의 대대적인 증가를 요구하지 않는다. 그러나 제품 조합을 변경하는 데도 일정 수준의 생산비 증가가 필요하다는 점에서 오직 가격 인상만을 통해 매출을 늘리는 것보다는 가치가 낮다고 할 수 있다.

순수하게 재무적 관점에서만 생각하면 판매량 증가를 통한 매출 확대는 가장 가치가 낮은 형태의 성장이다. 원래의 가격표를 부착한 상품의 판매량만 계속 늘어난다는 뜻이기 때문이다. 제품의 판매량 증가로 인해 매출이 추가로 발생해도 매출 총이익률에는 그다지 큰 영향을 미치지 않는다. 반면 운전 자본과 기타 자본 지출을 포함한 총 비용은 늘어날 수밖에 없다. 따라서 판매량 증가 전략은 제약 회사나 소프트웨어 기업처럼 수익률이 높고 영업 레버리지가 큰 자본 경량화 산업에서 특히 가치가 높다.

주기적 시장 성장

경기의 주기성은 양날의 칼과도 같다. 어떤 기업들은 경기가 활황일 때 유달리 높은 성장률을 보인다. 경기의 주기성과 기업의 성장 사이의 상관관계는 산업의 특성에 따라 천차만별이다. 석유 산업의 주기는 길게 지속되는 경향이 있다. 농업의 주기는 위아래로 변동 폭이 크고, 소비재 산업의 주기는 변동 폭이 좁다. 어느 산업을 막론하고 기업들의 성장 잠재력은 호황기에 크게 상승한다. 하지만 경기가 주기적으로 하락할 때는 그 반대의 현상이 나타난다.

지난 몇 년 동안 미국의 호텔 업계가 경험한 경기의 주기를 예로 들어보자. 2008년 금융 위기가 발발했을 때는 경기가 눈에 띄게 위축됐다. 하지만 2010년 들어 경기가 반등을 시작하더니 그 뒤로 활황세가 이어졌고 오늘날까지도 그 흐름이 지속되고 있다. 이 업계에서 가장 보편적으로 사용되는 실적 지표인 '객실당 매출액'은 호텔들이 지난번에 경험했던 활황기의 최고점을 이미 넘어섰다. 주요 호텔 기업들의 수익도 덩달아 성장했다. 2015년 메리어트(Marriott) 호텔의 주당 순이익은 2009년 경기가 바닥을 쳤을 때와 비교해서 약 3배가 뛰었다.

메리어트의 주가는 2009년의 최저점에서 출발해 2015년도에는 약 6배가 올랐다. 메리어트에 투자한 사람들은 경기가 호전된 틈을 타 큰 수익을 올렸다.

하지만 이런 주기적 성장을 분석하는 데는 문제가 따른다. 과도한 공급이나 낮은 시장 수요로 인해 주기적 활황기가 예상치 못한 시점에 갑자기 불황으로 돌아서는 경우도 적지 않기 때문이다. 우리는 그런 관점을 바탕으로 다음 두 가지 전략에 초점을 맞춘다. 첫째, 경기의 호황을 틈타 진정으로 수익을 성장시킬 수 있는 기업을 투자 대상으로 찾는다. 메리어트나 인터컨티넨탈(InterContinental) 같은 유명 호텔 그룹이 바로 그런 기업들이다. 이들은 호황기가 닥칠 때마다 성장에 최대한 박차를 가하기 위해 객실을 늘리고, 고객 혜택을 추가하며, 시장 점유율을 확보한다. 둘째, 특정한 기업에 닥치는 성장과 하락의 주기를 정확히 이해함으로써 호황기에는 성장세를 활용하고 불황기에는 위험을 회피하는 능력을 쌓는다.

최종 사용자 시장의 구조적 성장

경기의 등락에 따른 주기적 성장이 일시적인 실적 증가를 뜻한다면, 구조적 성장이란 좀 더 지속적인 트렌드에 의해 뒷받침되는 영구적인 실적 향상을 의미한다. 하지만 두 가지 형태의 성장을 명확히 구분하기는 쉽지 않다. 어떤 기업이 보여준 구조적 성장의 패턴이 사실상 주기적이고 일시적인 성장에 불과한 것으로 드러나는 일은 종종 있다. 신규 시장에서 발생한 다양한 트렌드가 처음에는 시장의 구조적인 특징으로 여겨졌으나 나중에는 주기적 성향을 띠는 트렌드로 판명된 사례도 적지 않다.

그렇기는 해도 질병 예방, 도시화, 선진국의 인구통계학적 고령화 추세처럼 다른 트렌드에 비해 좀 더 오래 지속되는 장기 트렌드는 분명히 존재한다. 하지만 지구상에서 살아가는 모든 사람이 일정 대수의 자동차를 소유하고 싶어 한다거나, 수입의 몇 퍼센트를 맥주를 마시는 데 소비할 것이라는 추정은 안전하지 않다.

이런 식의 잘못된 예측은 수도 없이 많다. 미국의 골프 산업에서 일어난 일도 그중 하나다. 인구가 늘어나고, 인구통계학적 구조가 골프 산업에 유리하게 바뀌고, 국민의 소득이 증가하는 등 시대적 상황이 변하면서 많은 사람이 골프 산업의 성장을 예측했다. 하지만 그 예측은 틀린 것으로 판명됐다. 2006년부터 2013년 사이에 미국의 인구는 약 6% 증가했지만, 골프를 즐기는 사람은 오히려 약 13% 줄었다. 중국에서도 비슷한 일이 생겼다. 한때 수많은 사람이 코냑을 마시고 도박 같은 여가 문화를 즐기던 사회적 풍조가 어느 순간부터 역전되기 시작했다. 이런 현상이 일시적인지, 영구적인지는 오직 시간이 말해 줄 수 있다.

성장 지속성

지난 50년에 걸쳐 기업들의 실적을 조사한 연구에 따르면, 전통적으로 높은 수익을 올린 기업이 앞으로도 계속 그 실적을 이어가리라고 판단하는 것은 위험하다고 한다. 영국의 경제학자 이언 리틀(Ian Little)

은 1960년대에 수행한 연구에서, 어떤 기업이 지난 5년 동안 달성한 성장률과 다음 5년간의 성장률 사이에는 아무런 관련이 없다는 사실을 밝혀냈다.[14] 2015년에는 크레디트 스위스의 홀트(HOLT) 연구진이 기업의 매출 및 자산 성장률도 지속성이 낮지만, 수익 성장률은 더 무작위적이고 과거의 실적과도 관련성이 떨어진다고 발표했다.[15] 연구자들은 어느 기업이 한 해에 높은 수익률을 달성한 뒤에 그다음 해에도 같은 비율의 성장을 지속할 확률은 무시해도 좋을 만큼 낮다고 결론 내렸다.

하지만 우리가 지금까지 이야기한 투자 철학을 바탕으로 생각해보면 그런 주장에는 분명히 문제의 소지가 있다. 우리가 가치 창출이라는 방정식에서 '성장' 부분에 대한 통찰을 얻었다는 말은 모두 헛소리인가? 어쩌다 제대로 된 통찰을 얻었다고 해도 그건 순전히 우연이라는 말인가? 우리는 그렇게 생각하지 않는다.

물론 기업의 수익 성장률을 정확히 예측하는 일은 쉽지 않다. 주식 애널리스트들이 수익률 예측에서 줄곧 형편없는 성적표를 받았다는 사실도 그 점을 입증하는 증거다. 예를 들어 주식 전문가들이 2009년부터 2014년 사이에 유럽의 여러 시장(Stoxx600 지수 소속 기업들)을 대상으로 수익 성장률을 예측한 결과를 보면, 그들이 예상한 수익률은 실제 수익률보다 평균 10% 이상 높았던 것으로 드러났다.[16]

이런 사정에도 불구하고, 특정 기업이 시장 전체의 성장률과 비교해서 더 지속적인 성장을 달성하리라고 신뢰도 있게 예측할 방법은 분명히 있다.[17] 크레디트 스위스가 진행한 연구에서도 소수의 기업이 오랜 시간에 걸쳐 높은 수익률을 올리는 모습이 관찰됐다. 특히 연간 수익률이 10%에서 15%에 걸쳐 있는 기업들이 지속적인 성장을 달성할 확률이 가장 높았으며, 그보다 높은 수익률을 기록한 기업들은 지속성이 떨어졌다.

이런 현상의 핵심 원인은 자본 수익률과 관련이 있다. 기업의 자본 수익률은 지속성이 강한 수치이므로, 미래의 성장을 진단하기에 좀 더 신뢰성 높은 지표가 된다. 크레디트 스위스는 골드만삭스(Goldman Sachs)가 자체적으로 수행한 연구[18]의 결과와 일치하는 결론을 내린다. 높은 수준의 현금 흐름 투자 수익률과 미래의 수익률 사이에는 분명한 연관성이 존재한다는 것이다. 우리도 그 의견에 동의한다. 다시 말해 현재의 안정적이고 높은 자본 수익률은 미래의 수익률 성장을 예견하기에 좋은 토대가 되어준다고 믿는다.

우리는 어떤 종류의 예측에서도 우연이 한몫을 담당한다는 사실을 안다. 하지만 미래의 성장을 예측하는 일을 순전히 운명의 손에 맡겨야 한다는 주장에는 동의하지 않는다. 우리의 투자 포트폴리오에 속한 많은 기업이 안정적이고 예측 가능한 중기적 성장을 이뤄냈기 때문이다. 이들은 강력한 경쟁력을 갖춘 기업이 일반적인 통계의 패턴을 거슬러 높은 수준의 수익을 꾸준히 달성할 수 있다는 우리의 관점을 뒷받침해준다.

4
우수한 경영진

사람들은 기업의 우수한 성과와 우수한 경영진을 연관 지어 생각하고자 하는 유혹을 느낀다. 하지만 퀄리티 기업이라고 해서 꼭 뛰어난 경영진을 보유한 것은 아니다. 물론 능력이 뛰어난 경영진과 시장에서 유리한 위치를 점하는 기업의 장점이 잘 맞아떨어지면 강력한 경쟁력이 발휘될 수 있다. 경영진을 주제로 너무 광범위한 이야기를 늘어놓는 것은 이 책이 의도한 범위를 넘어서는 일이지만, 몇몇 핵심 사항은 다룰 만한 가치가 있다. 훌륭한 경영진은 무엇보다 주주들이 맡긴 돈을 지켜주는 엄격한 관리인으로서 제 역할을 다한다. 여기서는 먼저 이 말의 의미가 무엇인지 살펴보고, 끈기와 정직성을 포함해서 훌륭한 경영진이 갖춰야 할 몇몇 자질을 이야기한다.

엄격한 관리인

훌륭한 경영진은 '회사를 뒤집어엎을 만한(때로는 가치 파괴적인)' 인수합병의 유혹을 거부하고 조직의 유기적 성장에 전념한다. 자만심에 빠진 경영진이 무차별적인 인수합병을 남발하면 투자자들을 위해 아무런 가치도 창출하지 못한다. 경영진의 현명한 장기적 사고를 드러내는 또 하나의 신호는 신중한 대차대조표 관리와 경기의 주기를 거스르는 과감한 투자 전략이다. 훌륭한 경영진은 부채 차입을 최소화하고 경기 침체기를 기업에 유리한 방향으로 활용한다. 일례로 H&M은 지난번 경기가 하락했을 때 건물 임대료가 낮아지고 매장 입지 조건이 개선된 틈을 타 오히려 매장 확대 전략에 박차를 가했다. 스웨덴의 스벤스카 한델스방켄(Svenska Handelsbanken) 은행도 2008년의 금융 위기 이후 경쟁자들이 힘이 빠진 시기를 이용해서 영국의 지점망을 빠르게 확장했다.

독립성, 장기적 비전, 끈기

한델스방켄의 이야기는 훌륭한 경영진이 얼마나 독립적으로 사고하는지, 다시 말해 시대 흐름이나 집단 정서에 휘둘리지 않고 얼마나 신중하게 판단하고 행동하는지 잘 보여주는 사례다. 이 스웨덴 은행은 동종 업계에 속한 금융 기관들의 일반적 관행과는 달리 분산화된 경영 구조를 확립하고, 직원들에게 보너스를 지급하는 대신 이윤 분배 계획을 세웠으며, 자기 자본 거래(proprietary trading, 금융 기관이 고객의 돈이 아닌 회사의 돈으로 각종 투자 상품에 투자함으로써 이익을 추구하는 행위-옮긴이)를 지양하는 위험 회피 전략을 도입했다. 한델스방켄은 이런 독자적인 행보 덕분에 2008년의 금융 위기를 무사히 극복했을 뿐 아니라 이 시기에 다른 금융 기관들을 위해 자금을 공급하는 역할을 담당할 수 있었다. 이런 독립적 사고와 행동은 회사가 지배 주주의 위치에 있거나 설립자의 가족 구성원이 회사를 운영하는 가족 기업의 경우 달성하기가 더욱 수월하다.

훌륭한 경영진은 회사를 위해 장기적인 비전을 수립하고 이를 현실화하기 위해 노력한다. 롤스로이스(Rolls-Royce's)의 민간 항공 사업 부문(civil aerospace division)이 거쳐온 역사가 그 사실을 증명한다. 롤스로이스는 1987년 민영화된 뒤에 광폭 동체 항공기용 엔진 트렌트(Trent)를 개발하는 데 막대한 자금을 투입했다. 1990년대에 이 회사를 연속으로 이끈 2명의 CEO는 첫 번째로 고객들에게 더 많은 엔진을 판매할 방안을 모색했고, 두 번째로 고객이 엔진을 가동한 시간에 따라 비용을 청구하는 토털 케어(Total Care) 유지 보수 서비스를 통해 반복 매출 확보 전략을 세웠다.

단기 투자자들은 이 전략을 실행하는 데 막대한 비용이 들 것이라고 반발했지만, 이 회사에 장기적으로 자금을 투자한 주주들은 경영진의 비전과 꾸준함 덕분에 큰 이익을 챙겼다. 롤스로이스는 트렌트 엔진과 토털 케어 서비스를 기반으로 제조 기업에서 서비스 기업으로 성공적으로 변모했으며, 그 덕에 엄청난 수익을 거둬들이고 커다란 미래 가치를 창출했다.

훌륭한 경영진은 현 상태에 만족하지 않고 지칠 줄 모르는 열정으로 회사를 개선할 방안을 찾아 나선다. 또 회사의 앞길을 가로막는 잠재적 위협 요소를 찾아내고 이를 제거하는 데 헌신적으로 에너지를 쏟는다. 전 세계 180개국에 산업용 압축기와 지하 채굴 장비를 공급하는 업계의 선두 주자 아트라스콥코(Atlas Copco)는 자사의 압축기 사업 분야에서 중국의 제조 기업들이 저가형 장비로 시장을 공략할 기미를 보인다는 잠재적 위협을 포착했다. 이 기업은 도전자들의 공격을 사전에 방지하고자 저가형 압축기를 판매하는 자회사를 중국에 직접 설립했다. 그로 인해 회사의 이익을 늘렸을 뿐 아니라 시장에 새로 진입한 기업들에 대해 직접적이고 정확한 정보를 얻고, 그들에게 선제공격을 가할 수 있었다.

스포트라이트 피하기

주주들은 회사의 CEO가 유명 인사가 되어 미디어에 오르내리는 장면을 우려의 시선으로 바라본다. 경제학자 울리케 말멘디어(Ulrike Malmendier)와 제프리 테이트(Geoffrey Tate)는 〈슈퍼스타 CEO(Superstar CEOs)〉라는 논문에서 기업의 CEO가 유명 인사로서 명성을 얻었을 때(특히 각종 비즈니스 관련 상을 받았을 때) 기업의 실적에 어떤 영향을 미치는지를 조사했다. "상을 받은 CEO들이 수상 후에 거둔 경영 성과는 그들이 상을 받기 이전에 올린 실적, 그리고 다른 CEO들이 거둔 실적에 미치지 못한다. 그들은 공적·사적 활동에 더 많은 시간을 쏟는다. CEO들이 상을 받은 뒤에는 수익률 관리(경영 성과를 임의로 조작한다는 뜻-옮긴이)의 발생 빈도가 부쩍 늘어난다."[19] 우리는 사람들 앞에 잘 나서지 않는 경영진을 대체로 선호한다. 하지만 때로는 경영진의 유명세가 기업에 혜택을 안겨주기도 한다. 일례로 유럽의 저비용 항공사 라이언에어(Ryanair)의 CEO 마이클 올리리(Michael O'Leary)가 언론 매체에 자주 모습을 드러내는 일은 무료 광고 효과를 노리는 치밀하게 계산된 행동이라고 볼 수 있다.

사람을 중요시하는 경영진

훌륭한 경영진은 기업 운영의 최우선 순위가 인재들을 육성하고 그들을 적재적소에 배치함으로써 조직의 목표를 달성하는 것이라는 사실을 잘 알고 있다. 어떤 기업들은 훌륭한 경영자를 배출하는 조직 문화로 유명하다. 미국에서는 제너럴 일렉트릭(General Electric) 출신의 임원 중 최소 26명이 다른 대기업의 CEO가 됐다. IBM 출신의 임원 중 18명도 다른 대기업의 수장 자리에 올랐다.[20] 유럽에서는 아트라스콥코 출신의 임원 4명이 알파라발(Alfa Laval), 아사아블로이, 문터스(Munters), 바르질라(Wärtsilä) 같은 주요 기업들의 CEO로 자리를 옮겼다. 기업마다 직원들을 훈련하고 길러내는 방법은 각기 다르지만, 아트라스콥코는 3년 주기로 임원들에게 여러 가지 역할을 맡김으로써 그들이 비즈니스의 다양한 측면을 경험할 수 있게 해준다.

솔직함

훌륭한 경영진은 내부 전략을 수행하는 데 역점을 기울일 뿐 아니라 외부의 관련자들과도 적극적으로 교류한다. 투자자의 관점에서 생각해보면 이는 경영진이 투자자들을 상대로 무엇이 중요하고 왜 중요한지에 대해 효과적으로 소통한다는 뜻이다. 또 정치적인 어조로 주제를 빙빙 돌려 말하기보다 솔직하고 직설적으로 털어놓는 전문가적 태도를 보인다는 의미이기도 하다. 좋은 경영진은 어떤 사건이 발생했을 때 홍보부에서 작성한 두루뭉술한 표현에 의존하지 않고 해당 사안을 투명하고 직접적으로 언급한다. 이런 태도는 정기 보고서 발표부터 개인 면담이나 주기적인 실적 관련 회의에 이르기까지 어떤 상황에서든 한결같이 유지된다.

경고 사항

훌륭한 경영진이 퀄리티 기업의 성과를 높이는 데 한몫을 담당할 수는 있지만, 기업의 성공이나 실패가 오롯이 경영진의 행위에 따라 좌우되는 것은 아니다. 다시 말해 조직의 뛰어난 성과가 꼭 뛰어난 경영진의 작품인 것은 아니다. 필 로젠츠바이크(Phil Rosenzweig)는《헤일로 이펙트》라는 책에서 비즈니스의 세계에서는 투자자나 이해관계자들이 경영자들의 리더십 스타일이나 경영 관행을 실제보다 훨씬 과장해서 받아들이는 경향이 있다고 말했다.

"우리가 기업의 성과를 인식하는 관점 중 상당 부분은 '후광 효과(halo effect)'의 영향을 받는다. 이는 사람들이 일반적인 느낌을 바탕으로 구체적인 대상을 평가하는 경향을 말한다. 어떤 기업이 괄목할 만한 성장을 달성하고 높은 수익을 올리면, 우리는 그런 성과 뒤에 훌륭한 전략, 선견지명을 지닌 CEO, 동기부여가 잘된 직원들, 활기찬 기업 문화 등이 있을 것이라고 넘겨짚는다. 반대로 성과가 추락했을 때는 기업의 전략이 잘못됐고, CEO가 자만심에 빠졌으며, 직원들이 안일해졌고, 기업 문화가 정체된 탓이라고 손가락질하기에 바쁘다."[21]

기업의 성과는 하나씩 따로 떼어 생각할 수 없는 수많은 요인에 의해 결정된다. 물론 훌륭한 경영진과 퀄리티 기업 사이의 연관성은 분명히 존재하며 경영진의 자질을 평가하는 일도 충분히 가치가 있다. 하지만 기업의 실적에 더 큰 영향을 미치는 것은 해당 산업의 구조를 포함한 다른 요인들일 수 있다. 이제 그 주제에 관해 이야기를 나눠보겠다.

5

산업 구조

산업 구조는 퀄리티 기업의 잠재력을 판가름하는 중요한 결정 요인이다. 경쟁자들은 늘 다른 기업이 벌어들이는 여분의 수익을 빼앗기 위해 노력한다. 따라서 업계에서 활동하는 경쟁자들이 누구고, 그들이 어떤 식으로 행동하는지를 이해하는 일은 경쟁 우위의 지속성을 가늠하기 위한 중요한 과정이라고 할 수 있다.

하지만 그보다 좀 더 주의 깊게 눈여겨봐야 할 점은 어떤 업계에서는 해당 업계에 속한 모든 기업이 치열하게 경쟁하는 와중에도 모든 시장 참여자에게 꾸준히 높은 수익이 돌아간다는 사실이다. 이는 그 산업과 시장의 구조가 경제학 이론을 무색하게 하는 특수한 상황을 만들어내는 데 원인이 있다.

대표적인 사례가 '미니 독점'과 '부분 독점'이다. 1부 5장에서는 먼저 독점과 관련된 두 가지 현상을 이야기하고, 다음으로는 '진입 장벽'을 포함해서 산업 구조의 매력도에 영향을 미치는 여러 요인을 살펴보려고 한다.

미니 독점

경제적 매력도의 관점에서만 생각한다면 누구에게도 규제받지 않는 독점 기업의 위치야말로 한 기업이 시장에서 도달할 수 있는 최고의 자리라고 할 수 있다. 그런 위치에 오른 기업은 수익성과 경쟁력을 극도로 강화할 수 있을 것이다. 우리는 독점이라는 말을 들으면 20세기에 컴퓨터 운영 체제를 개발했던 마이크로소프트(Microsoft)나 19세기에 에너지 분야에서 활동했던 스탠더드 오일(Standard Oil)처럼 거대한 시장을 쥐락펴락하는 대기업들을 떠올린다. 아닌 게 아니라 진정한 의미의 독점 기업은 규모가 크고, 드물며, 정부에 의해 각종 제재를 받는다. 따라서 투자자가 시장에서 독점 위치를 누리는 기업만을 투자 대상으로 선택한다면, 포트폴리오에는 아주 소수의 기업만이 남게 될 것이다. 게다가 그 기업들은 전 세계 어느 곳에서든 독점 금지법(antitrust law) 같은 각종 법적 규제의 공세에 놓일 각오도 해야 한다.

우리는 독점이라는 개념을 생각할 때 사고의 범위를 줄여 미니 독점(mini-monopoly)이라고 불리는 시장 상황을 떠올린다. 미니 독점은 특정 제품이나 서비스를 구매하고자 하는 고객이 이론적 선택이 아닌 실제적인 의사 결정을 내리는 순간에 발생한다. 즉 어떤 기업의 제품이 경쟁자가 제공하지 못하는 높은 가치를 고객들에게 안겨줄 때 미니 독점의 상황이 생겨난다고 할 수 있다. 미니 독점이 경제적 모델이라기보다 소비자들 마음속에 존재하는 하나의 현상에 가깝다는 말은, 그 상황이 사람들 눈에 잘 띄지 않는다는 뜻이다. 하지만 이 상황으로 인해 기업이 얻게 될 재무적 혜택은 대단히 크다.

가령 담배 산업을 생각해보라. 우리는 윤리적 이유로 담배 회사에는 투자하지 않지만, 이곳이야말로 미니 독점이라는 시장 상황을 가장 전형적으로 보여주는 산업 분야다. 담배 산업을 독점 시장이라고 말하면 반론을 제기하는 사람이 많을 것이다. 참여자가 몇몇으로 압축되어 있기는 해도 이곳에서도 치열한 경쟁이 벌어지기 때문이다. 하지만 흡연자들의 관점에서 생각하면, 그들의 마음속에서는 자신이 선호하는 담배 브랜드만 특별한 위치를 차지하고 있다. 흡연자들 대부분은 자신이 처음 담배를 배웠을 때부터 익숙해진 브랜드의 담배만 찾는다. 만일 담배를 사러 들어간 가게에 그 브랜드의 제품이 없다면, 그들은 대체품을 찾기보다(심지어 대체품의 가격이 훨씬 싸다고 해도) 십중팔구 다른 가게로 가는 길을 택할 것이다.[22] 시장의 독점 상황은 그런 충실한 고객 기반을 바탕으로 형성된다. 담배 산업에 속한 기업들이 벌이는 가장 치열한 경쟁은 새로 흡연자가 된 고객들을 끌어들일 만한 제품을 개발하는 것이다. 담배 회사들은 미니 독점이라는 시장 상황이 이 산업에 제공하는 높은 가치 덕분에 전 세계 각국의 정부가 갈수록 규제를 강화하는데도 불구하고, 이 순간에도 엄청난 돈을 벌어들인다.

담배 산업만큼 극단적이지는 않더라도 미니 독점에 해당하는 다른 분야의 사례는 적지 않다. 가령 기계 장비가 고장을 일으켜 수리가 필요해지면, 예비 부품을 제조하는 기업은 종종 독점 지위를 누리게 된다. 그들이 부품값을 높게 책정할 수 있는 것도 그런 이유에서다. 소프트웨어 업그레이드나 기계 설비의 유지 보수 가격은 원래의 제품을 생산하는 데 들어가는 비용과 비교해 상당히 높은 수준이다. 요컨대 어떤 기업이 고객들에게 특별한 혜택을 안겨주는 제품을 내놓는 순간 일종의 미니 독점 상태가 생겨날 수 있다. 독점의 정도가 얼마나 강한가는 고객의 충성도가 얼마나 높은가에 따라 결정된다. 가령 특정한 브랜드의 담배 맛에 사로잡힌 흡연자들은 그 제품에 대한 충성도가 대단히 높다. 그 이외의 산업 분야에서도 시장의 상황에 따라 충성도의 수준이 달라진다. 또 어떤 기업이 보유한 독점력의 수준은 고객들 사이에서도 서로 차이가 날 수 있다. 오래된 고객들은 대체로 충성도가 높지만, 새로운 고객들을 유인하려면 훨씬 큰 규모의 투자를 집중적으로 쏟아부어야 한다. 마지막으로 어떤 기업이 특정 제품 라인에서는 독점적 위치를 누려도 다른 제품군에서는 그렇지 못할 수도 있다. 그런 제품 그룹은 추가적인 분석이 필요하다. 그 제품 속에 아직 제대로 빛을 보지 못한 장점이나 혜택이 담겨 있을 수 있기 때문이다.

부분 독점

시장 전체가 아니라 일부에서 벌어지는 경쟁을 부분 경쟁(broken competition)이라고 부른다. 부분 경쟁의 가장 보편적인 형태는 이른바 '지역적 패권'이다. 이는 어느 기업이 특정 지역에서만 압도적인 시장 점유율을 차지하고 다른 지역에서는 그렇지 못한 상황을 뜻한다. 그런 기업들은 글로벌 시장의 점유율을 종합적으로 계산하기보다 국가별로 분석하는 편이 기업의 경쟁력을 이해하는 데 도움이 된다. 맥주 산업을 예로 들어보자. 브라질 최대의 맥주 기업 암베브(Ambev)는 브라질 맥주 시장에서 50% 이상의 높은 EBITDA(Earnings Before Interest,

Taxes, Depreciation and Amortization, 법인세, 금융 이자, 감가상각비를 차감하기 전의 영업 이익-옮긴이)를 기록하며 이곳에서 독보적인 강자의 위치를 차지하고 있다.23 이를 네덜란드의 대표적 맥주 브랜드 하이네켄(Heineken)의 상황과 비교해본다면 큰 차이가 있다. 이 기업은 서유럽 전역에서 맥주 업계의 선두 주자 중 하나로 꼽히면서도 지역마다 하나 이상의 강력한 경쟁자와 치열한 싸움을 벌인다. 그로 인해 하이네켄의 영업 이익은 암베브보다 훨씬 낮아지는 결과가 빚어졌다.

또 다른 형태의 부분 경쟁은 전환 비용(switching cost, 소비자가 특정 제품을 사용하다가 다른 제품으로 바꿀 때 치러야 하는 비용-옮긴이)과 관련이 있다. 이런 경쟁 상황은 면도기나 소프트웨어 패키지 같은 선판매 제품(upfront product)을 먼저 구매한 소비자가 나중에 면도날이나 소프트웨어 업그레이드 등의 추가 제품을 구매해야 할 때 제조사에 독점과 유사한 시장 환경을 제공하면서 만들어진다. 어떤 기업들은 부분 독점에서 창출되는 수익이 너무 크다 보니 고객들에게 선판매 제품보다 추가 제품을 판매해서 더 큰 이득을 보기도 한다.

부분 독점의 상황이 기업에 얼마나 매력적인지는 선판매 제품의 판매 경쟁이 얼마나 치열한지에 따라 좌우된다. 만일 선판매 제품 시장이 수많은 경쟁자로 넘쳐난다면, 참여자들은 추가 제품의 독점 판매에서 올린 수익금을 역으로 투자해서 선판매 제품을 구매하는 고객들에게 할인 공세를 펼치려 할 것이다. 휴대 전화 서비스 업계를 생각해보라. 선판매 제품 시장의 경쟁이 너무 치열하다 보니 수많은 업체가 소비자들에게 단말기를 공짜로 제공한다. 말하자면 소비자들이 치러야 하는 제품 가격의 100%를 고객 유치 비용으로 투자하는 것이다. 우리는 휴대 전화 시장을 압축기(compressor) 시장과 비교해서 생각할 필요가 있다. 이 시장의 선두 주자 아트라스콥코는 유지 보수 서비스 부문에서도 높은 수익을 올리지만, 원래의 장비를 판매하는 사업 분야에서도 높은 영업 이익을 자랑한다. 그들은 두 가지 형태의 비즈니스에서 모두 좋은 실적을 거두는 덕분에 최종 사용자 시장의 주기성과 관계없이 높은 수준의 자본 수익률과 영업 이익률을 꾸준히 달성하고 있다. 우리는 부분 독점 시장에서 창출되는 다양한 형태의 경영 성과를 서로 비교하고 평가함으로써, 어떤 산업은 왜 휴대 전화 모델을 개발해야 하고, 어떤 산업은 왜 압축기 모델을 따라야 하는지 그 이유를 구체적으로 밝혀내고자 노력한다.

과점

경제학 원론 수업에서는 시장에 경쟁자가 적을수록 제품 생산자에게 더 유리하다고 학생들에게 가르친다. 물론 어느 정도까지는 그 말이 옳을 수 있다. 통계적으로 분석했을 때 참여자들의 밀집도가 낮은 산업일수록 수익성이 높은 게 사실이다. 하지만 그런 두루뭉술한 일반론은 현실을 왜곡할 수 있다. 수많은 산업 분야에서 그 이론을 거스르는 예외자들이 속속 등장하기 때문이다. 다시 말해 여러 명의 경쟁자가 시장에서 활동한다고 해서 꼭 서로의 실적에 부정적인 영향을 미치는 것은 아니다. 우리 생각에 경쟁자가 많은 것이 참여자들에게 유리한지, 아닌지는 시장의 상황에 따라 다른 것 같다.[24]

예를 들어 세계에서 가장 유명한 복점(duopoly, 2개 기업에 의한 시장 독점-

옮긴이) 기업들을 생각해보라. 탄산음료 업계에서는 코카콜라와 펩시, 그리고 항공기 제조 분야에서는 에어버스(Airbus)와 보잉(Boeing)이 있다. 이 두 산업의 비즈니스 형태는 매우 다르다. 코카콜라와 펩시는 철저히 브랜드화되고 생산과 판매가 순식간에 이뤄지는 소비재 상품을 판매한다. 에어버스와 보잉은 고도의 기술을 탑재한 첨단 장비를 오랜 시간에 걸쳐 개발한다. 심지어 시장 점유율의 양상도 두 분야의 기업들이 각각 다르다. 코카콜라는 시장 점유율에서 펩시보다 확실하게 한발 앞서 있는 데 반해 에어버스와 보잉은 거의 비슷한 비율로 시장을 점유하고 있다. 항공기 제조 산업에서는 비행기 가격을 책정하는 방식이 복잡하고 불투명하지만, 탄산음료 업계에서는 제품의 가격이 훨씬 투명하다. 꼭 그런 이유 때문만은 아니더라도 탄산음료 기업의 이익은 항공기 제조 기업의 이익보다 월등히 높다.

이 두 가지 산업의 상대적 매력도를 측정하기 위해서는 그들의 고객이 누구이고 제품의 판매가 어떤 과정을 거쳐 이뤄지는지 살펴볼 필요가 있다. 항공기 제조 산업의 고객 기반은 탄산음료 업계와는 달리 해당 산업 분야에 집중되어 있으며, 비행기 한 대를 판매할 때마다 매우 힘겨운 협상의 노력이 수반된다. 이 때문에 제품의 가격 책정 과정에도 심한 압박이 가해지고 수익성도 낮아진다. 어떤 산업 분야든 사람들이 거시적 수준에서 생각하는 것만큼 미시적 차원에서도 정말 심한 경쟁이 발생하는지를 판단하는 일은 매우 중요하다. 겉으로는 경쟁이 극심한 듯이 보이지만, 모든 참여자가 구획을 나누어 각자 높은 수익을 올리는 소규모의 독점 구조로 이뤄진 시장도 있기 때문이다.

복점과 과점의 차이점도 세심히 따져봐야 한다. 어떤 기업의 경쟁자가 오직 하나뿐이라면, 그 경쟁 기업은 조만간 상대방의 강력한 공세에 시달리게 될 것이 분명하다. 한 기업의 경영진이 또 다른 기업과의 경쟁에서 승리하는 데 편집광적으로 집착하게 될 것이기 때문이다. 에어버스와 보잉의 치열한 경쟁 구도를 생각해보면 이 업계의 수익성이 상대적으로 낮은 이유를 짐작할 수 있다.

하지만 오직 두 기업만이 활동하던 산업 분야에 몇몇 경쟁자가 추가로 등장해서 시장이 과점의 형태로 바뀐다면 시장 참여자들의 생각은 달라질 수 있다. 모든 경쟁자와의 싸움에서 늘 승리할 수는 없는 노릇이다. 따라서 참여자들은 강한 경쟁자는 그냥 놓아둔 채로 가장 약한 기업들을 무너뜨리는 데 집중하게 될 것이다. 지난 몇 년 사이 청각 보조 장치 시장에서 바로 그런 일이 생겼다. 그 결과 소노바(Sonova)와 윌리엄 디만트 홀딩스(William Demant Holding, WDH)의 두 기업이 시장을 대부분 장악하고 약한 경쟁자들로부터 꾸준히 시장 점유율을 빼앗는 상황이 벌어졌다.

투자자의 관점에서는 여러 시장 참여자가 난립해서 시장이 조각조각 나뉘거나 경쟁자들의 행보를 예측하기 어려운 난해한 시장보다는 과점 시장이 더 바람직하다. 우리는 산업 구조가 비교적 안정적이고, 그런 안정적인 시장 논리를 꾸준히 지켜내는 과점 기업들을 투자 적합 대상으로 고려한다.

또 과점 시장의 선두에서 활약하는 기업들, 특히 강력한 시장 리더십을 바탕으로 광고 및 판촉 분야와 R&D 분야에서 경쟁 우위를 높여나가는 기업들을 투자 대상으로 선호한다.

진입 장벽과 합리성

어떤 업계의 제품들은 경쟁자들의 공세에 노출되기가 유달리 쉽다. 만일 특정 산업에 항상 수많은 신규 참여자가 유입된다면, 그 말은 그 분야의 진입 장벽이 낮으니 주의해야 한다는 뜻이다. 반면 최초의 진입 장벽은 낮아도 성공이나 규모 확장을 위한 장벽은 높은 산업 분야도 있다. 레스토랑 산업이 그런 경우다.

소규모 업체들이 주기적으로 시장에 진입하면 산업 전체의 수익성은 타격을 받을 수 있다. 새로운 참여자들이 시장에 빈번하게 출입하다 보면 대수(大數)의 법칙에 따라 그중 하나가 크게 성공해서 업계의 판도를 바꿔놓게 된다. 의료나 IT처럼 혁신의 비율이 높은 산업 분야에서는 그런 상황이 흔히 발생한다. 그 결과 현재의 경쟁력을 유지하고자 하는 큰 기업들이 새로 출범한 작은 기업들을 큰돈을 들여 인수하는 일이 벌어진다.

어떤 산업에 새로 유입되는 참여자의 수가 적거나 아예 없다면 투자자의 관점에서는 대체로 좋은 신호일 수 있다. 시장의 진입 장벽이 높고 경쟁 양상도 합리적이라는 뜻이기 때문이다. 또 설립된 지 오래된 기업들이 시장에서 활동하는 것도 그 분야에서 오래 살아남기가 가능하다는 의미이므로 바람직한 신호라고 할 수 있다.

드물기는 하지만 역사가 오래된 대기업 중에는 아직도 창업자의 가족들에 의해 운영되는 기업도 있다. 이는 그 업계가 오랜 생명력을 지닌 산업 분야일 뿐 아니라, 기업들이 신주 발행을 남발하면서 주주의 지분을 희석하기보다 유보 이익을 통해 조직의 유기적 성장을 도모한다는 긍정적인 표시일 수 있다. 대표적인 사례가 글로벌 제과 산업이다. 6개의 주요 기업 중 2개 기업[마즈(Mars)와 페레로(Ferrero)]은 여전히 개인 기업으로 남아 있고, 2개 기업[린트(Lindt)와 허시(Hershey)]은 창업자나 창업자의 가족이 경영권을 보유하고 있으며, 2개 기업[네슬레(Nestlé)와 몬델리즈(Mondelez)]은 대형 복합 기업에 편입됐다.

합리성 메커니즘

특정 업계가 예기치 않은 일로 혼란에 빠졌을 때, 그로 인해 어떤 잠재적 결과가 발생할 가능성이 있는지 이해하는 일은 산업의 매력도를 측정하는 과정에서 반드시 거쳐야 하는 중요한 단계다. 많은 산업 분야에서 소규모의 가격 전쟁이나 시장 점유율 싸움은 언제든 벌어질 수 있다. 우리는 투자자의 관점에서 이런 전투들이 전면전으로 확산되어 산업 전체의 수익성을 파괴할지, 아니면 시장의 갈등이 우호적으로 해결될지 예측하기 위해 노력한다. 어떤 산업 분야든 그곳에 속한 기업이 시장의 질서를 파괴하는 방식으로 무분별하게 행동할 위험성은 존재한다. 따라서 우리는 그런 상황이 벌어져도 원래의 궤도로 복귀할 능력을 지닌 합리적이고 안정적인 산업 분야의 기업들을 투자 대상으로 선호한다.

　우리가 생각하기에 최고의 투자 대상은 소속 기업들이 모두 장기적으로 생각할 여유를 갖춘 산업이다. 기술, 고객 수요, 참여자 같은 산업의 구성 요소들이 시류에 흔들리지 않고 한결같이 유지된다면, 굳이 장기적 가치를 훼손해서 단기적 수익 향상을 도모해야 할 동기가 줄어들 것이다. 특히 그 산업의 핵심 참여자가 가족들이 소유한 기업인 경우, 이런 장기적 사고의 효과는 더욱 강력해진다. 전문 경영인들은 3년에서 5년 정도의 미래를 내다보지만, 가족들은 몇 세대 뒤를 생각한다. 그렇다고 해서 가족이 운영하는 기업에서 비합리적인 사고나 부실한 의사 결정이 나타나지 않는 것은 아니지만, 그들은 대개 좀 더 침착하고 냉정한 편이다(가족이 소유한 기업의 장점에 대해서는 2부의 기업 문화 편에서 좀 더 자세히 다룬다).

또 경쟁자들이 공격적인 전략을 통해 수익을 올리는 시점이 뒤로 오랫동안 미뤄지는 산업 구조도 업계의 혼란을 방지하는 데 도움이 된다. 부분 독점이라는 시장 상황을 생각해보라. 기업들이 오늘 선판매 제품을 팔아서 미래의 독점적 이익을 확보하려면 오랜 시간이 걸린다. 다시 말해 이 순간 저렴한 가격으로 물건을 판매하는 데 따르는 비용을 미래의 독점적 수익으로 만회하려면 몇 년이 걸릴 수도 있다는 뜻이다. 그런 상황에서 경쟁자들이 섣불리 선판매 제품의 가격 할인을 시도한다면 득보다 실이 클 것이다. 이와 비슷한 맥락에서, 신규 경쟁자의 공세에 다른 기업들이 즉시 맞대응 전략으로 반격할 수 있는 시장 환경도 무분별한 가격 경쟁을 방지하는 데 도움이 된다. 가정용품 분야의 수많은 제품에 여전히 합리적인 가격표가 붙어 있는 이유도 그 때문이다.

기업들이 정의하는 '성공'의 의미가 특정 수준의 시장 점유율 달성을 뜻한다면, 시장에 닥친 혼란은 더 오래 지속되고 피해도 커질 수 있다. 특히 사업의 규모를 확장하는 일이 기업의 성공에 중대한 영향을 미치는 업계에서는 그런 점이 더욱 큰 문제로 작용한다. 시장 점유율을 조금이라도 잃는 상황을 총체적인 위험으로 받아들이는 참여자들은 산업 전체의 수익성에 피해가 가든 말든 공격적인 가격 정책을 펼치는 일이 가장 합리적인 선택이라고 판단할 것이다.

소비자들은 가격 할인은 기꺼이 수용해도 가격 인상에는 격렬하게 반발한다. 가격 전쟁의 충격이 가라앉는 데는 몇 년이 걸릴 수도 있다. 부실한 가격 정책의 진정한 위험성은 그로 인해 고객들의 행동이나 기대치가 변한다는 것이다. 브랜드화된 제품들을 판매하는 기업들이 이런 시장 상황을 초래하는 가장 흔한 이유는 바로 무분별한 가격 할인이다.

단기적 관점에서는 가격 할인 전략이야말로 경영진의 마음을 사로잡는 접근 방식일 수 있다. 매출을 늘리고, 수익 목표를 맞추고, 시장 점유율을 확보하는 데 도움이 되기 때문이다. 하지만 가격 할인 정책에 중독되면 위험하다. 한 번 이 전략으로 재미를 본 기업은 계속 이 전략을 사용하고 싶다는 유혹을 느낀다. 어느 기업이 제품 가격을 내리면 경쟁자들도 시장 점유율을 지키기 위해 같은 행동을 따라 하게 되고, 소비자들은 이 산업 분야에서 지속적인 가격 할인을 기대하게 된다. 이런 일이 벌어지면 참여자 모두가 제 살 깎아 먹기 경쟁에 돌입할 수밖에 없다.

세탁용 세제 분야에서도 참여자들의 무분별한 경쟁으로 인해 산업 전체의 수익성에 큰 지장이 초래됐다. 코카콜라가 북미 시장에서 수익성 하락에 시달리는 이유 중 하나도 할인 행사에서 대용량 제품을 구매하는 편이 낫다고 소비자들을 스스로 유도해왔기 때문이다. 우리는 가격 할인 정책을 피하는 기업을 높이 평가한다. 그것은 해당 기업의 경영진이 장기적 성과를 희생해서 단기적 실적을 높이는 대신 조직의 앞날을 내다보는 진정한 장기적 안목을 소유했다는 신호이기 때문이다. 일례로 세계 최대의 럭셔리 그룹 루이 비통 모엣 헤네시(Louis Vuitton Moët Henessy, LVMH) 산하의 포도주 회사 모엣 & 샹동(Moët & Chandon)은 2008년에 발발한 글로벌 금융 위기로 인해 제품의 시장 수요가 급격히 감소했을 때도 자사의 샴페인 제품 가격을 인하하지 않았다. 대신 이 회사는 그 제품들을 재고로 보관하는 길을 택했으며, 나중에 경기가 회복됐을 때 이들을 모두 제값을 받고 판매했다.

점유율 기부자 활용

어떤 업계에서 활동하는 기업들을 검토하다 보면 유독 경쟁력이 약한 시장 참여자들이 눈에 띌 때가 있다. 우리는 그들을 가리켜 '점유율 기부자(share donator)'라고 부른다. 말하자면 경쟁자들에게 시장 점유율과 수익을 꾸준히 넘겨주는 역할을 맡은 기업이라는 뜻이다. 어떤 산업 분야든 시간이 흐르면서 수많은 기업이 나타나고 사라지는 법이지만, 우리는 점유율 기부자들의 행보에서 반복적으로 드러나는 패턴을 파악하기 위해 노력한다. 가장 자주 눈에 띄는 문제는 경영진의 부족한 역량과 시장에 적합하지 않은 제품 조합이다. 하지만 그런 문제들은 대부분 짧은 시간 안에 바로잡을 수 있다. 다시 말해 그 기업들이 그런 문제를 해결한다고 해서 업계를 선도하는 선두 주자들에게 시장 점유율을 빼앗아올 수 있다고는 생각되지 않는다.

점유율 기부자들을 더 큰 곤경으로 몰아넣은 요인은 해당 기업의 구조적인 문제다. 특히 대기업의 일부 사업부가 경영진의 관심에서 벗어나 본사의 지원도 제대로 받지 못하고 능력이 떨어지는 관리자들에 의해 운영된다면, 경쟁자들 손에 속절없이 시장 점유율을 헌납할 수밖에 없다. 독일에 본사를 둔 다국적 기술 기업 지멘스(Siemens)의 보청기 사업부가 바로 그런 경우다(지금은 어느 사모펀드의 손에 넘어갔다).[25] 또 산업 전체가 통합과 세계화의 흐름에 휩싸여 있는데도 사업의 규모를 키우기가 불가능한 소규모 기업들도 전형적인 점유율 기부자다. 물론 작은 기업들이라고 해서 모두 경쟁자들에게 시장 점유율을 무기력하게 내주는 것은 아니다. 가령 페인트 산업부터 맥주 산업에 이르기까지 전 세계의 다양한 분야에서 인수합병과 통합의 움직임이 나타나지만, 독일만큼은 가족들이 운영하는 중간 규모 기업들의 활약 덕분에 수많은 참여자가 경쟁하는 파편화된 시장이 여전히 대세를 이룬다.

또 다른 형태의 점유율 기부자는 경직된 비용 및 경영 구조 탓에 조직적 유연성이 떨어지는 기업이다. 항공 산업이 전형적인 예다. 구태의연한 비용 구조, 노후화된 비행기, 대도시 거점 운항 방식(hub-and-spoke)의 낡아빠진 비즈니스 모델에서 벗어나지 못하는 오래된 대형 항공사들은 자신들보다 훨씬 싼 가격으로 승객들을 원하는 곳까지 데려다주는 저비용 항공사들의 먹잇감으로 전락했다. 물론 점유율 기부자들이 시장에 존재한다고 해서 누구나 훌륭한 기업이 되는 것은 아니지만, 그런 상황의 이점을 잘 따져볼 가치는 충분하다. 이를 적절히 활용할 능력을 지닌 퀄리티 기업들은 큰 가치를 확보할 수 있을 것이다.

우리는 특정 산업이 미래에도 얼마나 안정적인 모습으로 유지될지 판단하기 위해 항상 과거를 돌아본다. 오랜 시간이 흘러도 시장의 역동성에 큰 변화가 없고 경쟁도 합리적으로 이뤄지는 산업은 앞으로도 계속 비슷한 모습을 유지할 가능성이 크다. 다소 주관적이기는 해도, 우리가 특정 산업 분야를 들여다보는 또 다른 관점은 시장 참여자들이 어떤 수사법을 사용해서 경쟁자들을 평가하느냐는 것이다. 기업들이 같은 업계의 동료들을 존중하는 표현을 주로 사용하는 산업 분야에서는 참여자들의 경쟁 행보에도 그런 분위기가 반영되는 경향이 있다. 반면 경쟁자들을 무시하고 공격하는 언어가 난무하는 산업 분야에서는 참여자들이 서로를 파괴할 만한 행동을 일삼을 위험성이 크다.

무관심에서 비롯되는 안전

비즈니스의 세계에서는 잠재적 포식자들의 눈에서 벗어나는 능력을 기르는 편이 유리할 때가 있다. 자물쇠, 안경 렌즈, 인공항문,[26] 욕실용 가구 같은 물건은 우리 일상에서 중요한 역할을 담당하지만, 이런 제품을 만드는 기업들은 남들의 눈에 크게 띄지 않는 틈새시장을 차지하고 있을 뿐이다. 이 산업들은 상대적으로 규모가 작고, 큰 성장도 이뤄지지 않으며, 별다른 기술 혁신의 여지도 없다. 우리는 이런 업계에서 활동하는 참여자들이 상대적 '무관심(obscurity)' 덕분에 경쟁자의 공세에서 안전하다고 믿는다.

  금융 자본과 지적 자본은 세상을 바꾸고 어마어마한 돈을 끌어모을 아이디어에만 쏠린다. 세간의 관심도 재생 에너지, 로봇 공학, 전기 자동차, 질병 예방 같은 첨단 분야에만 집중되는 추세다. 인공항문의 기능을 개선하거나 욕실용 가구 시장의 점유율을 늘리기 위해 막대한 자본을 쏟아붓는 사람은 별로 없을 것이다. 이런 틈새시장에서 활동한다고 해서 꼭 훌륭한 기업이 되는 것은 아니겠지만, 기업의 성장에는 이런 점이 어느 정도 도움이 될 수 있다. 사람들이 별로 관심을 두지 않는 산업 분야는 경쟁자들이 시장을 혼란스럽게 할 위험성이 낮으므로 매력적인 구조가 장기간 지속되는 경향이 있다.

6

고객 혜택

퀄리티 기업이 생산한 제품은 고객에게 큰 혜택을 안겨준다. 따라서 그 혜택의 상대적 가치를 정확히 이해하는 일은 비즈니스 분석의 중요한 단계 중 하나다. 1부 6장에서는 기업에 높은 재무적 이익을 안겨주는 차별화된 제품 및 서비스의 혜택을 집중적으로 조명한다. 먼저 무형의 혜택, 보증의 혜택, 편리함의 혜택을 차례로 살펴보고, 다양한 형태의 고객들은 이런 혜택에 어떻게 반응하는지 함께 생각해보고자 한다.

무형의 혜택

소비자들이 구매 결정을 내릴 때 고려하는 혜택의 내용을 남들이 쉽게 측정하기 어렵다면, 우리는 이를 무형의 혜택(intangible benefit)이라 부른다. 사람들이 저마다 특정 브랜드의 탄산음료를 찾는 이유는 각자 특별한 맛을 즐기기 때문이다. 또 소비자들이 고가의 핸드백을 구매하는 이유는 실용적 용도로 사용하기 위해서가 아니라 그 제품에 내포된 브랜드 이미지 때문이다.

이렇듯 맛이나 브랜드 이미지는 객관적으로 측정하기가 어렵지만, 소비자들에게는 대단히 중요한 무형의 혜택을 제공한다. 무형의 혜택을 바탕으로 이뤄지는 구매 행위에서 가격은 대체로 두 번째 고려 사항으로 밀려난다.

무형의 고객 혜택은 사소한 제품이나 사치품을 구매할 때 특히 중요한 의사 결정 요인으로 작용하는 경향이 있다. 밸런타인데이에 여자친구에게 선물할 초콜릿을 구매하는 사람이 어떻게 의사 결정을 내리는지 생각해보라. 아마도 가격은 가장 중요한 결정 요인이 아닐 것이다. 하지만 물건의 가격이 높아질수록 실질적이고 합리적인 고객 혜택이 의사 결정의 핵심 요인으로 작용하게 된다. 사람들이 자기가 좋아하는 사탕을 살 때는 가격을 별로 따지지 않지만, 자동차를 구매할 때는 인터넷을 몇 시간씩 뒤져서 가격 조건이 가장 좋은 제품을 고르는 이유도 여기에 있다.

무형의 혜택은 소비자들이 제품을 몸 가까이에 두고 사용할수록 구매를 결정하는 데 더 큰 요인으로 작용한다. 입으로 들어가거나 피부에 바르는 제품들은 테이블 위에 올려놓거나 기계 안에 장착하는 제품보다 무형의 혜택에 더 민감하다. 소비자들이 주방용 세제를 구매할 때는 브랜드와 가격을 꼼꼼히 살펴보지만, 자기가 선호하는 치약을 고를 때는 가격을 크게 따지지 않는 것도 그런 이유에서다. 이 무형의 혜택은 식품부터 화장품에 이르기까지 특정 소비재 기업들이 시장에서 오랫동안 강력한 경쟁력을 유지해온 이유이기도 하다.

로레알: 무형의 아름다움

허영심은 오래된 미덕이다. 이집트, 중국, 인도, 일본, 그리스, 로마를 포함한 고대의 다양한 문명권에서 살아가던 사람들은 향유, 광물 페이스트, 천연 염색제 등으로 체취를 가리고, 피부를 칠했으며, 머리를 물들였다. 현대의 화장품 산업은 인류의 역사에 깊이 뿌리박힌 아름다워지려는 여성들의 욕구를 이용해서 연간 약 2,500억 달러의 매출을 쓸어 담는다. 화장품 기업 레브론(Revlon)의 창업자 찰스 레브슨(Charles Revson)은 화장품 판매업자들이 '병 안에 든 희망'을 판매한다고 했지만, 그 제품들의 가격은 그렇게 만만치가 않다. 에스티 로더(Estée Lauder)가 내놓은 크렘 드 라 메르(Crème de la Mer) 모이스처라이저 제품에는 무려 약 2,000달러 정도의 가격표가 붙어 있다.

이 시장의 선두 주자는 로레알이다. 이 기업은 1909년 파리에서 외젠 슈엘러(Eugène Schueller)라는 화학자에 의해 설립됐다. 로레알의 브랜드들은 아름다움을 향한 소비자들의 취향과 기호에 힘입어 매우 높은 수준의 가격 결정력을 행사한다. 소비자들이 화장품의 가격과 효과, 또는 화장품의 가격과 원가의 관계를 직접 연결해서 생각하기가 어렵다는 점도 이 기업의 성공 비결 중 하나다. 예를 들어 작은 튜브에 든 랑콤 비지오네르(Lancôme Visionnaire) 주름 방지 크림의 소매 가격은 90달러에 달한다. 대중적인 제품들을 주로 판매하는 니베아(Nivea) 같은 경쟁 기업의 제품보다 약 5배 비싸다.

소비자들이 두 기업의 제품들을 직접 사용해보고 효과를 서로 비교할 가능성은 그리 크지 않다. 게다가 자신이 특정 제품을 사용했을 때와 사용하지 않았을 때를 비교해서 결과가 어떻게 달라질지 판단할 수 있는 소비자는 더욱더 드물다. 따라서 소비자들이 인식하는 제품의 사소한 장점도 이를 판매하는 기업에는 큰 가치를 안겨줄 수 있다. 로레알은 자사의 브랜드에 대한 소비자들의 높은 신뢰도를 구축했고, 눈이나 입술처럼 민감한 부위에 바르는 제품들에 대한 정서적 유대감을 키워냈다. 일반적인 상공업 제품들과는 달리, 로레알의 가격 결정력은 수량화할 수 없고 눈에 보이지도 않는 무형의 요인들에서 나온다.

자동차부터 과자 같은 식품에 이르기까지 고객들이 제품을 소비하는 양에는 어느 정도 한계가 있다. 하지만 여성들이 화장품을 소비하는 범위는 거의 무한정이다. 2015년에 발표된 연구에 따르면 한국의 여성들은 자신의 외모를 가다듬는 데 매일 40분 정도의 시간을 보내고 평균 11종류의 미용 제품을 사용한다고 한다. 기존의 고객들에게 이처럼 폭넓은 범위의 제품을 다량으로 판매할 수 있는 산업 분야도 드물다. 수많은 소비자 설문 조사에 참여한 응답자들은 경제적으로 어려운 시기가 닥쳐도 화장품 소비를 줄일 의사가 없다고 답했다.[27] 화장품 산업이 우리 생각보다 재량 지출(discretionary spending, 소비자의 판단에 따라 임의로 줄이거나 늘릴 수 있는 지출. 원래는 정부의 정책적 의지에 따라 대상과 규모를 일정 수준 통제할 수 있는 예산을 말한다-옮긴이)의 성격이 훨씬 약한 시장으로 판명된 이유도 여기에 있다. 경기가 좋을 때는 화장품 수요가 더욱 늘어나지만, 경기가 하락해도 수요는 꾸준히 유지된다.

로레알은 광범위한 제품 라인을 바탕으로 고객들을 유혹하며, 유통 채널, 가격대, 제품군, 지역, 브랜드 등 모든 영역에서 시장을 지배한다. 이 기업이 고객들의 지속적인 신뢰를 바탕으로 시장 점유율을 확보할 수 있는 이유는 두 가지 중요한 강점 때문이다. 첫째는 자사 제품의 효용성에 과학적 근거를 제공하는 방대하고 효과적인 R&D 프로그램이다. 그동안 로레알은 화장품 업계에 수많은 화학 물질을 새로 소개했고 그중 상당 부분이 이 기업 제품들의 주요 성분으로 여전히 사용된다. 둘째는 소비자들에게 정보를 전달하는 능력이다. 이 기업은 세계에서 세 번째로 큰 광고주다. 그 사실이 큰 의미가 있는 이유는 로레알보다 큰 광고주 두 곳이 모두 셀 수도 없이 많은 제품을 보유한 소비재 기업(P&G와 유니레버)이기 때문이다.

로레알의 가격 결정력이 얼마나 강력한지는 70%가 넘는 이 기업의 매출 총이익률을 보면 알 수 있다. 여기에 강력한 현금 창출 능력, 높은 자본 수익률, 꾸준한 매출 성장이 합쳐져서 매력적인 수익성을 달성하며, 그로 인해 이 기업이 시장에서 줄곧 선두 자리를 유지할 수 있는 선순환의 주기가 완성된다. 그들의 지속적인 성공은 주주들에게도 넉넉히 공유된다. 로레알은 50년이 넘도록 주기적으로 배당금을 인상해왔고 2000년대 초반부터는 연평균 약 16%씩 배당금을 늘렸다.

보증의 혜택

우리가 낙하산을 구매해야 할 일이 생긴다면 신경을 쓸 일은 오직 하나다. 즉 낙하산이 잘 펴지느냐, 아니냐의 문제 이외에는 고려할 게 없다. 누군가가 아주 싼 가격에 낙하산을 판매한다 해도 그 제품이 제대로 작동하지 않을 가능성이 조금이라도 있다면 아무도 사려고 하지 않을 것이다. 잘못된 제품을 구매함으로써 생겨날 수 있는 결과가 너무 치명적이다 보니 그런 위험을 감수할 가치가 없기 때문이다.

많은 소비재 상품이 낙하산 시나리오와 비슷한 상황에 놓여 있다. 다른 기업이 더 저렴한 선택의 여지를 제공한다고 해도 그 제품이 잘못됐을 때 사용자가 치러야 할 대가가 매우 크다면 소비자들은 훨씬 더 많은 돈을 들여서라도 더 안전한 유아용 보호 장비, 구명조끼, 자전거 헬멧, 화재 경보 장치 등을 구매하려 할 것이다. 소비자들은 자신이 가장 신뢰할 수 있고 가장 품질이 우수한 제품을 발견했다는 사실을 알게 되는 순간(또는 그렇게 믿는 순간), 그 제품을 손에 넣기 위해 기꺼이 추가 비용을 지불한다.

'보증의 혜택'을 제조 기업의 관점에서 생각해보자. 생산 현장에서는 작은 기계나 부품 하나만 문제를 일으켜도 공장 전체가 가동을 멈출 수도 있다. 따라서 기업은 설비 공급업체 한두 곳을 정해서 그들과 배타적으로 거래하는 길을 택한다. 고객들은 그런 구매 방식에 높은 비용이 동반된다는 사실을 잘 알지만, 신뢰성이라는 가치를 얻기 위해 기꺼이 추가 비용을 치르는 것이다. 산소, 수소, 이산화탄소 같은 산업용 가스를 공급하는 업체들이 바로 그런 경우다. 그런 가스가 특정 업체의 전유물은 아니지만, 이를 상품화해서 고객들에게 공급하는 기업들은 저마다 독특한 경쟁 우위를 보유하고 있다. 제조 과정에서 산업용 가스를 구매하는 데 들어가는 비용은 전체 생산비에서 아주 작은 부분에 불과하지만, 이를 대용량으로 저장하려면 꽤 비싼 가격을 치러야 한다. 만일 공급업체들이 가스를 공급하는 데 차질을 빚는다면 화학 공장이나 정유 공장 전체가 문을 닫아야 하는 상황이 생길 수 있고, 이로 인해 막대한 경제적 손실이 발생할 수 있다. 따라서 이름 없는 공급업체들이 아무리 낮은 가격에 제품을 공급한다 해도, 가격이 높으면서 실적이 우수한 업체들과의 경쟁에서 패할 수밖에 없다.

보증의 혜택은 제조업 이외의 다양한 분야에도 영향을 미친다. 아기가 먹을 음식을 구매하는 부모들이 네슬레의 거버(Gerber) 같은 유명 브랜드 제품을 선택하는 이유는 그 음식이 안전하고 건강하다는 믿음을 소비자들에게 제공하기 때문이다. 또 기업들이 높은 가격을 감수하면서 명망 높은 테스트 및 감사(監査) 기관[이른바 빅 포(Big Four)라고 불리는 인증 기업들]을 이용하는 이유는 그 기업들이 내부적으로 보증의 혜택을 제공할 뿐 아니라 주주들에게도 신뢰를 주기 때문이다. 그리고 농부들이 추가 비용을 치르고 존 디어(John Deere) 같은 대기업의 트랙터를 구매하는 이유는 그 기업이 오랜 시간 검증 과정을 거친 품질 좋은 제품들을 공급하기 때문이다. 농산물을 수확할 철에 농기계가 말썽을 일으키면 한 해 농사를 망쳐버릴 수도 있다.

보증의 혜택은 기업의 평판을 바탕으로 형성된다. 어떤 기업이든 제품의 품질이나 신뢰도에 대한 명성을 쌓는 데는 오랜 시간이 걸린다. 신생 기업이 이미 높은 평판을 구축한 기업과 경쟁하기는(그 평판에 아무리 많은 돈을 쏟아부어도) 거의 불가능하다.

SGS와 인터텍: 자신감을 판매하는 비즈니스

소비자들은 제품을 구매할 때 그 물건이 일정한 품질 기준을 충족하기를 기대한다. 소고기를 매입하는 식당 주인은 고객들에게 잘 팔려나갈 질 좋은 고기를 원하고, 가전제품을 사는 소비자는 제품이 제대로 성능을 발휘하기를 바란다. 판매자의 가격 결정력, 즉 소비자들이 치르려는 가격의 수준은 제품의 품질에 대한 기대치와 직접적으로 연결되어 있다. 기업들이 기존의 가격 결정력을 계속 지켜나가기 위해서는 소비자의 기대치를 계속 충족해야 한다.

하지만 현대의 기업들은 그 점에서 두 가지 문제에 직면해 있다. 첫째, 공급망이 점점 길어지고 복잡해진다. 예전에는 제조 기업들이 제품의 생산 과정을 처음부터 끝까지 직접 통제했지만, 지금은 제조 과정의 많은 부분을 다른 외부 업체들에 맡긴다. 더구나 그중 많은 업체가 해외에 거점을 둔 회사다. 생산자들은 여전히 자사 제품의 품질을 보증해야 할 의무가 있지만, 생산 과정에 투입되는 요소들에 대한 통제력은 예전보다 훨씬 약해진 상태다. 둘째, 그런 상황에서도 소비자들과 규제 기관들은 예전보다 더욱 신중한 태도를 보이며 기업에 더 많은 책임을 묻는다. 요즘처럼 기술이 발전한 세상에서는 특정 제품이 말썽을 일으키면 그 소식이 순식간에 전 세계 곳곳으로 퍼져나간다. 따라서 제품의 문제는 더 이상 특정 지역에만 국한되는 논란거리가 아니다.

생산자들은 생산 과정에 투입되는 요소들에 대한 정보가 점점 부족해지고 제품이 품질 기준에서 벗어났을 때 치러야 하는 비용이 커지는 문제를 해결하기 위해, 외부의 테스트 및 인증 기업에 대한 의존도를 점점 늘리는 추세다. 이 기업들은 적절한 자격을 지닌 공정한 심판의 역할을 맡아 검사를 의뢰받은 제품의 품질을 보증하고 소비자들이 안심하도록 그곳에 '인증' 도장을 찍어준다. 뷰로베리타스(Bureau Veritas), 인터텍(Intertek), SGS 같은 인증 기업들은 다양한 업계에서 활동하는 고객들의 제품, 원자재, 자산, 생산 및 경영 프로세스 등을 인증하는 비즈니스를 수행하며 100년 이상 명성을 구축해왔다. 경험이 풍부하고 명망 높은 인증 기업은 고객 기업에 높은 비용을 요구할 수 있다. 말하자면 기업들은 인증 기관에 돈을 내고 자신들이 생산한 제품에 대한 자신감을 사들이는 것이다. 물론 그들이 아무리 큰돈을 치른다 해도 제품의 품질 보증에 들어가는 비용은 전체 생산비와 비교했을 때 무시해도 될 만큼 소액에 불과하다.

세계적인 테스트 및 인증 역량을 갖춘 기업들은 고객들 사이에서 평판이 높고 가격 결정력도 크기 때문에, 이 분야의 진입 장벽은 높을 수밖에 없다. 또 인증 기업의 규모가 클수록 집단 지식이 증가하고, 업무 처리 시간이 단축되며, 테스트에 따르는 비용도 줄어든다. 따라서 이 인증 기업들은 제품의 테스트 및 인증 업무를 생산자가 직접 수행해야 하는 부담을 줄여주는 매력적인 대안이다. 때에 따라서는 고객들이 원활한 인증 업무를 위해 자사의 전산망을 인증 기업의 전산망과 직접 연결해줘야 하는 상황도 생긴다. 이런 높은 수준의 선지급 비용으로 인해 생산자들이 시험이나 인증 업무를 의뢰할 만한 후보자는 늘 2~3개 업체로 압축되기 마련이다. 즉 이 분야에서 수많은 군소 업체를 서로 경쟁시키기는 불가능하다. 그런 사실은 세계적 명성을 지닌 인증 기업들의 탁월한 재무 실적에서 그대로 드러난다. 어떤 기업은 30%가 넘는 영업 이익률을 기록할 뿐 아니라 소비재 상품 테스트 사업을 통해서도 높은 자본 수익률을 달성한다.

편리함의 혜택

소비자들이 필요한 물건을 가까운 데서 쉽게 구매할 수 있게 해주는 것은 고객에게 분명한 혜택을 안겨주는 방법이다. 이런 '편리함의 혜택'을 가장 원초적인 형태로 제공하는 곳이 동네의 식품점이나 식당이다. 비록 그곳에서 최고로 저렴한 물건을 구매하거나 가장 맛있는 음식을 즐길 수는 없다 하더라도 동네 주민들은 그들이 제공하는 근접성에 대해 기꺼이 비용을 치른다. 하지만 오직 지리적 위치만을 기반으로 한 고객 혜택은 경쟁에 취약하다. 새로운 경쟁자들이 근처로 진입하는 일을 막을 수 없기 때문이다. 마찬가지로 어느 업체가 특정 국가나 지역에서 하나뿐인 유통업체가 된다면 그 점을 경쟁 우위로 활용할 수도 있겠지만, 그 업체의 유일한 가치 제안이 고객들에게 피치 못할 선택을 강요하는 데서 생겨난다면 이 또한 언제라도 변할 수 있는 일시적인 경쟁 우위에 그칠 것이다.

편리함의 혜택에서 조금 변화된 형태의 혜택이 '고객 친화력(customer intimacy)의 혜택'이다. 이는 소비자들에게 편리함과 효율성을 제공함으로써 고객의 욕구를 효과적으로 충족할 수 있는 영업 모델을 의미한다. 고객 친화력의 가장 주요한 원천은 기존 고객들과 친밀하고 직접적인 관계를 구축하는 데 있다. 강력한 영업 조직을 보유한 기업은 고객들에게 그런 혜택을 제공할 수 있다. 특히 제품이 복잡하거나 사용이 어려운 경우에는 영업 직원들이 고객을 위한 조언자의 역할을 맡아줄 수 있기에 이들이 제공하는 '고객 친화력의 혜택'은 가치가 높고 유용하다. 또 고객이 사적으로 처리해야 하는 업무와 기업의 제품을 서로 연결해주는 전략도 도움이 된다. 은행이 고객의 급여 계좌와 청구서 납부 계좌를 연동하거나, 통신 회사가 케이블 TV, 인터넷, 휴대 전화 등을 한꺼번에 묶어서 고객에게 판매하고 비용을 청구하는 경우가 그런 사례다.

고객 유형

고객의 종류와 형태는 천차만별이지만, 크게 나누면 소매 고객과 기업 고객이라는 두 가지 그룹으로 구분할 수 있다. 소매 고객들은 변덕이 심하다. 어떤 제품에는 가격에 민감하게 반응하면서도 또 다른 제품에는 아낌없이 돈을 쓴다. 마케팅 전문가들은 고객들의 변화무쌍한 소비 성향을 연구하는 데 끊임없이 시간을 쏟지만, 한 가지 사실만은 분명하다. 소매 고객들은 무형의 혜택을 제공하는 제품에는 가격을 따지지 않고 돈을 쓴다. 특히 상대적으로 가격이 저렴하고 사소한 제품의 경우에 그런 현상이 더욱 두드러진다.

기업 고객은 저마다 규모가 다르다. 작은 기업들은 개인 소비자에 가까운 행동 방식을 보이는 경향이 있다. 즉 비용에 대체로 민감하면서도 무형의 혜택이나 편리함의 혜택을 위해서는 기꺼이 지갑을 열기도 한다. 대개 규모가 큰 기업일수록 좀 더 객관적으로 구매 결정을 내리는 편이다. 다시 말해 조직의 규모가 클수록 비용 절감에 직접 초점을 맞추는 경향이 증가하고, 무형의 혜택이나 편리함의 혜택을 위해 돈을 치르는 일은 줄어든다. 게다가 점점 많은 대기업이 구매 부서를 통해 필요한 제품이나 서비스를 사들이고 있으므로, 기업 고객들의 합리적인 구매 행위가 갈수록 강화되는 추세다.

물론 기업 고객도 충분히 매력적인 소비자가 될 수 있지만, 공급업체들은 기업 고객과의 거래에서 어떤 가치를 얻을 수 있는지 잘 따져 봐야 한다. 이 분석 작업을 위한 몇 가지 주요 원칙은 다음과 같다. 첫째, 기업 고객들은 조직의 고위 경영진이 계약서에 직접 도장을 찍어야 하는 고가의 제품이나 서비스를 구매할 때 가장 많이 신경을 쓴다. 반면 담당자가 알아서 주문서를 보내는 저가의 제품은 고위층 임원이나 법률 부서의 승인 없이도 대량으로 구매할 수 있다. 둘째, 기업 고객들이 입찰 절차를 밟거나 여러 공급업체를 비교하는 체계적인 협상 과정을 통해 물건을 사들인다면, 업체들 사이의 치열한 가격 경쟁으로 인해 판매자의 수익은 낮아진다. 또 고객의 구매 결정이 다른 요인들보다 '가격'을 중심으로 이뤄질수록 판매자의 관점에서는 거래의 매력도가 떨어질 수밖에 없다.

기업 고객은 '총 소유 비용(total cost of ownership)'이라는 개념을 소매 고객보다 훨씬 익숙하게 받아들인다. 가령 어떤 업체가 기업 고객들에게 공급하는 기계가 신뢰성이 높고 생산 비용을 줄여주는 효과가 있다면, 공급업체는 그런 혜택을 반영해서 제품 가격을 책정한다. 게다가 기업 고객들은 특정 공급업체로부터 구매한 제품을 자사의 제조 과정에 통합해서 사용하는 경우가 많다. 따라서 대기업의 거대한 규모와 복잡한 생산 과정을 생각했을 때, 그들이 공급업체를 교체하면서 치러야 하는 비용은 제품을 저렴하게 구매해서 절약하는 비용보다 오히려 훨씬 클 수 있다. 대표적인 제품이 기업용 소프트웨어다. SAP 기업의 제품보다 값이 싼 전사적 자원 관리(Enterprise Resource Planning, ERP) 소프트웨어가 시중에 넘쳐나는데도 이 기업이 여전히 기업 시장을 장악하는 이유는, 어떤 조직이든 ERP를 교체하기 위해서는 비용도 비용이지만 업무의 단절이라는 매우 고통스러운 대가를 치러야 하기 때문이다.

대기업의 위험 회피(risk aversion) 성향도 판매자들이 효과적으로 활용할 수 있는 도구 중 하나다. 규모가 큰 기업일수록 제품의 구매 과정에서 실수가 빚어지면 직원 개인이나 조직 전체가 심각한 곤경에 빠질 수 있다. 1980년대에 유행했던 "IBM을 선택해서 해고당한 사람은 없다"라는 말이 그 사실을 입증한다. 소매 고객들도 마찬가지지만, 특히 기업 고객의 구매 담당자들에게 품질이 우수한 제품을 공급하는 업체는 거래에서 확실한 이점을 누릴 수 있다.

7

경쟁 우위

어느 해변에 아이스크림을 판매하는 가판대가 하나밖에 없다면, 이 가게를 운영하는 사람은 그곳에서 독보적인 경쟁 우위를 손에 넣은 셈이다. 다시 말해 그 판매자는 이 시장에서 아이스크림이라는 제품을 공급하는 사람이 오직 한 명뿐이라는 기능적 독점(functional monopoly)의 지위를 누리고 있다. 하지만 이런 형태의 경쟁 우위는 더 큰 성장으로 이어지기가 어렵다. 판매자가 아이스크림 가격을 올리거나 제품 조합을 개선하는 방식으로 좀 더 많은 매상을 올릴 수는 있겠지만, 그런 식의 경쟁 우위는 획기적인 사업 성장으로 이어지지 못한다. 그 사람이 다른 해변에서도 아이스크림 가판대를 혼자서만 운영할 수 있다는 보장이 없기 때문이다.

우리는 기업 주위에 아이스크림 판매자의 독점 지위 같은 경제적 방어막을 설치하는 한편 이를 언제든 복제함으로써 추가적인 혜택을 얻어낼 수 있는 강력한 경쟁 우위를 갖춘 기업을 투자 대상으로 선호한다. 경쟁 우위는 매우 방대한 주제일 뿐 아니라 우리가 이 책에서 계속 논의할 퀄리티 기업들의 행동 패턴에서도 중요한 위치를 차지한다. 여기서는 기술력, 네트워크 효과, 유통 등 경쟁 우위의 세 가지 주요 측면을 집중적으로 살펴본다.

기술력

기술력을 기반으로 한 경쟁 우위에서 가장 중요한 요건은 지속 가능성이다. 고객들에게 우월한 혜택을 제공하는 제품을 새로 내놓은 기업은 일정 수준의 경쟁 우위를 구축함으로써 평균 이상의 재무적 이익을 얻을 수 있다. 하지만 그런 기술력을 보유한 제품이 단 하나뿐이라면 경쟁 우위를 유지하기가 어렵다. 경쟁자들이 그 제품을 금세 모방할 게 뻔하기 때문이다. 어느 기업이 휴대 전화 단말기 모델을 새로 출시하면, 1~2분기 뒤에는 모든 시장 참여자가 이를 흉내 내서 더 매력적이고 혁신적인 제품을 내놓는다. 물론 특허라는 제도가 경쟁자들의 모방 압력으로부터 기업을 어느 정도는 지켜주겠지만, 이는 부분적이고 임시적인 방어 수단에 불과하다. 제약 산업에서 늘 벌어지는 일이 그 사실을 입증한다. 의약품에 부여된 특허가 만료되는 순간 해당 제품의 가격은 순식간에 80~90%가량 떨어진다.

　기술력을 경쟁 우위로 삼으려는 기업을 향해 던져야 할 첫 번째 질문은 '혁신의 내용이 얼마나 중대한가?'라는 것이다. 어떤 기업이 보유한 기술적 강점은 너무 사소하거나 일시적이라서 이를 지속적인 경쟁 우위로 활용하기에는 충분치가 않다. 만일 기술적 경쟁 우위가 충분하게 유의미한 수준이라면, 다음으로는 '기업이 어떤 방법으로 경쟁자들보다 우월한 기술을 꾸준히 개발해나갈 것인가?'를 질문해야 한다. 오랜 시간에 걸쳐 고객들에게 우월한 혜택을 안겨주는 기술만이 지속적인 경쟁 우위로 자리 잡을 수 있다.

이 목표를 달성하는 가장 간단한 방법은 경쟁자들보다 더 많은 돈을 R&D에 투자하는 것이다. R&D의 규모가 크면 그 자체만으로도 소규모 경쟁자들을 막아주는 진입 장벽이 될 수 있다. 가령 해당 산업의 기술이 원래부터 복잡하다거나, 여러 산업 분야를 망라한 종합적인 연구 조사 능력이 필요하다거나, 연구 장비를 도입하는 데 막대한 비용이 들어간다면 경쟁자들이 시장에 쉽게 진입할 엄두를 내지 못할 것이다. 하지만 혁신이란 단지 누가 더 많은 돈을 R&D에 쏟아붓느냐 하는 게임만은 아니다. 여러 분야에 걸쳐 다양한 혁신의 기회를 고루 추구하는 전략도 제품 라인 전체를 혼란과 붕괴의 위험에서 건져내는 방법이 될 수 있다. 한 차례의 경주를 놓친다 해도 다른 경주에서 승리함으로써 패배를 만회할 수 있기 때문이다. 또 세간의 이목을 끄는 행위를 피함으로써 산업 외부에서 활동하는 기업들이나 정부 및 학술 단체 같은 비(非)전통적 경쟁자들의 관심을 끌지 않는 전략도 경쟁 우위를 유지하는 데 도움이 된다.

많은 사람이 R&D를 가장 신속하게 제품을 개발해야만 보상을 얻는 게임이라고 생각해서 정신을 차리지 못할 만큼 빠른 속도로 R&D를 진행한다. 하지만 가장 지속성이 강한 경쟁 우위는 기술의 '수명'이다. R&D라는 경주의 승리자는 가장 빠르게 기술을 개발하는 기업이 아니라 가장 확실한 기술을 개발하는 기업이다. R&D의 속도가 좀 더 중요하게 대두되는 순간은 기업이 상대적으로 복잡한 개발 과정을 거쳐 점진적으로 제품을 개선해야 할 때다. 그런 기업들은 기존에 존재하는 다양한 변수를 이리저리 바꿈으로써 제품의 기능이나 성능을 조금씩 높여나간다. 점진적 혁신이 좀 더 복잡한 이유는 해당 제품에 대해 기본적인 지식을 넘어서는 심오한 지식이 필요하기 때문이다. 따라서 그것만으로도 해당 산업에서 오래 활동한 기업들을 지켜주고 선두 주자들을 경쟁에서 계속 앞서 나가게 해주는 또 다른 보호막이 될 수 있다.

예를 들어 제트 항공기의 엔진을 생각해보자. 제2차 세계대전의 혼란 속에서 발명된 이 엔진은 1960년대 말까지 급격한 혁신이 이뤄지면서 기본적인 디자인은 오늘날과 같은 모습으로 대부분 최적화되기에 이르렀다. 그때 이후로 이 기계의 혁신은 주로 소재, 코팅, 디자인 같은 세부적인 부분에서 일어난다. 항공기 엔진은 엄청나게 복잡한 기계다. 이 제품을 점진적으로 개선하기 위해서는 대규모 연구 팀이 동시다발적으로 테스트를 수행하며 혹시라도 발생할 수 있는 부작용이나 고장을 사전에 방지해야 한다. 엔진의 한 부품을 바꾸면 다른 부품에 좋지 않은 영향을 미칠지도 모른다. 이렇듯 수십 년 동안 지속된 집중적인 연구 활동 덕에 개발자들은 엔진의 연료 효율성을 상당한 수준까지 끌어올릴 수 있게 됐다.[28] 이를 혁명적인 발전이라고 부를 수는 없겠지만, 최종 사용자들의 관점에서는 큰 혜택일 수도 있다. 항공기 운영 비용 중에 3분의 1가량을 연료비가 차지하기 때문이다.

시장을 이끄는 선두 주자들은 R&D에 오랜 시간이 필요한 제품을 점진적으로 혁신함으로써 새로운 경쟁자가 시장에 진입하는 일을 막을 수 있다. 가령 기술력도 뛰어나고 투자도 넉넉하게 받은 어느 신생 업체가 연료 효율을 10%가량 높인 혁신적인 엔진을 새로 개발했다고 가정해보자. 그래도 그들이 이 엔진을 상품화해서 시장에 출시하려면 몇 년의 시간이 필요하다. 기존 업체들은 그때까지 기술적 격차를 조금씩 줄여나가며 신생 업체의 경쟁 우위를 잠식할 것이다. 게다가 제트 항공기 엔진 제조업체들은 유지 보수 매출 확보를 위해 엔진 자체는 어느 정도 손해를 보고 판매하는 경우가 많다. 시장에 새로 진입한 업체가 이 손해 비용을 만회하려면 심지어 몇 년이 걸릴 수도 있다.

데이터를 모으고 이를 다루는 기술도 종종 강력한 경쟁 우위의 원천이 된다. 구글(Google)은 전사 차원에서 끊임없이 수집 중인 사용자 데이터를 제품의 알고리즘을 가다듬는 데 활용함으로써 인터넷 검색 성능을 개선한다. 신용 평가 기업 엑스피리언(Experian)도 새로운 데이터가 입수될 때마다 이를 이용해서 자사의 신용 평가 모델을 갱신하고 경쟁자들보다 우월한 서비스를 제공한다.

소비자들이 특정 기술의 가치를 인정하는 동안에는 그 기술이 강력하고 수익성 높은 경쟁 우위로 작용할 수 있겠지만, 기술 우위를 오랫동안 유지하기는 쉽지 않다. 코닥 필름, 폴라로이드 사진기, 전화 자동 응답 장치, 팩시밀리 등 한 시대를 풍미한 제품들의 역사를 들여다봐도 그 말이 사실임을 알 수 있다.

제품 출시 후에 오랜 시간이 흐른 뒤에도 기술 우위를 지키는 기업은 전체 기업 중에서도 손가락으로 꼽을 수 있을 만큼 적다. 나머지는 경쟁자들에게 따라잡히거나 기술 개발의 흐름이 바뀌면서 역사 속으로 사라져버렸다.

신젠타: 기술력 경쟁 우위

신젠타(Syngenta)는 2000년 노바티스(Norvatis)와 아스트라제네카(AstraZeneca)의 농산물 사업 부문이 합병되면서 설립된 기업이지만, 그 뿌리는 1930년대로 거슬러 올라간다. 오늘날 이 기업은 농산물 병충해 방지 분야에서 세계 시장을 선도하고 있으며, 농산물 종자 사업 분야에서도 세 손가락 안에 들어가는 최고의 기업으로 손꼽힌다. 신젠타의 경쟁 기업은 바이엘(Bayer), 바스프(BASF), 다우(Dow), 듀폰(DuPont), 몬산토(Monsanto) 등이다. 이렇게 강력한 경쟁자들 가운데서도 신젠타는 옥수수, 콩, 특용 작물, 곡류 등을 망라해 농작물 산업 분야에서 가장 폭넓은 행보를 펼치고 있다. 농작물 생산의 효율성에 대한 시대적 요구가 날이 갈수록 거세지는 상황에서, 신젠타는 시장의 매력적인 역동성을 장기적으로 누릴 수 있는 능력을 강화하고 있다.

농업 비즈니스의 핵심은 지속적인 혁신이다. 새로운 화학 제품 개발에 꾸준히 투자하지 않는 기업은 경쟁자들에게 금방 따라잡힌다. 이 사업에 필요한 R&D의 규모나 복잡성은 군소 경쟁자들이 시장에 들어오지 못하게 막아주는 진입 장벽의 역할을 한다. 게다가 농업 제품을 개발하고 이를 상업적으로 혁신하는 데 필요한 기나긴 시간으로 인해 그 장벽은 더욱 견고해진다.

농업 분야에서 활동하는 기업이 단 하나의 새로운 성분을 연구하고, 개발하고, 출시하는 데만 해도 때로 3억 달러가 훌쩍 넘는 비용과 10년 이상의 시간이 소요되기도 한다. R&D의 규모, 제품의 범위, 전문성, 성공에 도달하는 데 필요한 인내력 등을 고려하면, 새로운 기업들은 이보다 훨씬 더 많은 자금과 노력을 쏟아붓고도 투자의 대가를 오랫동안 회수하지 못할 수도 있다.

신젠타는 이 업계에서 활동하는 기업 중에 가장 많은 돈을 R&D에 투자하는 기업이다. 2011년부터 2014년까지 R&D에 들어간 돈만 해도 40억 달러가 넘어간다. 그 대가는 어마어마하다. 해당 기간 동안 출시된 제품들은 신젠타에 최대 27억 달러 정도의 매출을 가져다준 것으로 추정되며, 그 뒤로도 약 40억 달러의 추가 매출을 올릴 것으로 예상된다. 혁신적인 제품 하나가 기업의 매출 성장에 얼마나 큰 긍정적인 영향을 미칠 수 있는지 잘 보여주는 사례라고 할 수 있다.

이 기업은 농부들의 필요성을 충족하는 방식으로 제품을 혁신한다. 가령 라틴 아메리카의 농부들은 2013년에 녹병(rust disease, 곰팡이의 일종인 녹균류가 식물에 기생해 생기는 병의 총칭-옮긴이) 같은 농작물 질병으로 큰 곤경을 치렀다. 이 시장에서 오랫동안 선두 자리를 지켜온 신젠타는 막대한 자금을 투자해서 2014년에 솔라테놀(Solatenol)이라는 새로운 곰팡이 살균제를 개발했다. 농부들은 두 팔을 벌려 이 제품을 환영했고, 솔라테놀은 출시 첫해에만 브라질에서 약 3억 달러의 매출을 올렸다. 이는 신젠타가 설립된 이래 신제품 매출액으로는 최고 기록이다. 게다가 앞으로도 이 제품에서 최대 10억 달러의 추가 매출이 예상된다. 제품의 획기적 혁신으로 인해 기업이 얼마나 큰 투자 수익률을 거둘 수 있는지 잘 보여주는 숫자라고 하겠다.

신젠타는 새로운 도전 요소가 등장하면 신규 제품을 개발해서 문제를 해결하기도 하지만, 기존의 자원들을 새로운 형태로 조합해서 제품을 개선하는 방식으로 고객의 욕구를 충족하기도 한다. 예를 들어 이 기업은 솔라테놀과 아미스타(Amistar)라는 기존 제품을 결합해서 콩 작물 전용 제품인 엘라투스(Elatus)를 내놓았다.

신젠타는 경기의 주기성에 노출된 기업이라 해도 불황의 와중에서 훌륭한 실적을 유지할 수 있음을 입증하는 기업이다. 농가의 소득은 작물 가격이 오르내리는 데 따라 달라지지만, 농부들은 경제 상황과 상관없이 여전히 밭을 갈고 작물을 보호한다. 그들은 경기가 좋지 않을 때면 트랙터 같은 장비를 사들이는 일을 줄여도, 농작물을 병충해로부터 보호하는 약품에는 돈을 아끼지 않는다. 이렇듯 상대적으로 안정적인 기업 환경은 신젠타가 오랫동안 혁신을 지속할 수 있는 경쟁력의 기반이 되어준다.

인구가 늘어나고 사람들이 부유해지면서 전 세계의 식량 수요는 날이 갈수록 증가하는 추세다. 새로운 수요는 경작지를 늘리기보다 기존의 경작지에서 수확량을 늘리는 방식으로 충족해야 한다. 그 말은 농업의 효율성을 개선할 여지가 아직 무궁무진하다는 뜻이다. 신젠타는 이 필수적이고 가치 있는 혁신의 여정에 앞장서서 공헌한다. 농작물 방재 분야에서 약 20%의 시장 점유율과 종자 기술 분야에서도 강력한 경쟁력을 보유한 신젠타는 독특한 자산 포트폴리오와 함께 강력한 혁신의 문화를 바탕으로 매력적이고 장기적인 자본 수익률을 유지하고 있다.

네트워크 효과

사용자가 늘어날수록 시스템의 가치가 높아지는 현상을 네트워크 효과(network effect)라고 부른다. 네트워크 효과는 소셜 미디어 사이트처럼 소비자들에게 확실한 '유형의 혜택'을 안겨준다. 네트워크 효과의 덕을 가장 크게 보는 기업 중 하나가 인터넷 경매 사이트다. 더 많은 판매자가 사이트에서 물건을 팔수록 더 많은 소비자가 유입되고, 소비자가 늘어날수록 더 많은 판매자가 물건을 팔면서 사이트의 규모가 커진다. 또 다른 예로는 온라인 광고 플랫폼과 온라인 주식 거래소를 꼽을 수 있다. 성격이 조금 다르기는 해도 인터넷 검색 사이트 역시 네트워크 효과의 덕을 톡톡히 보는 곳 중 하나다. 사용자가 사이트에서 검색을 수행하면 데이터가 생성되고, 이 데이터는 검색 알고리즘을 개선하는 데 활용됨으로써 더 많은 사용자를 끌어들인다. 그렇게 유인된 사용자들은 더 많은 데이터를 남기고, 이 데이터는 다시 수집되어 사이트를 개선하는 데 활용된다.

아이러니한 점은 네트워크 효과가 너무 강력하면 역효과가 날 수도 있다는 점이다. 지나치게 강력한 네트워크는 독점적인 권력을 낳음으로써 정부의 개입을 불러올 위험성을 키운다. 소비자의 관점에서도 네트워크 효과는 분명한 혜택을 안겨주지만, 독점이 발생하면 오히려 소비자에게 불리한 상황이 벌어진다. 다른 이해관계자나 사용자들도 시장을 과도하게 지배한다고 생각되는 기업에 등을 돌릴 수 있다. 영국의 온라인 부동산 포털 업계에서도 그런 일이 생겼다. 기존 시장을 장악하는 라이트무브(Rightmove)와 주플라(Zoopla)에 대항해서, 몇몇 부동산 에이전트가 온더마켓닷컴(onthemarket.com)이라는 경쟁 사이트를 새로 개설한 것이다. 물론 이 신규 참여자들이 시장에 어떤 영향을 미칠지는 아직 미지수다.

네트워크 효과가 지배하는 산업 분야에서는 숨 가쁜 속도로 혁신이 벌어진다는 사실도 또 다른 문제다. 네트워크 효과의 장점은 수없이 많지만, 갑자기 등장한 신규 참여자들에 의해 기존의 네트워크가 순식간에 무너지는 일이 심심치 않게 벌어진다. 소셜 미디어 업계에 혜성처럼 등장한 페이스북은 마이스페이스(MySpace)나 MSN 챗(MSN Chat) 같은 수많은 네트워크 기업을 일방적으로 몰락시켰다.

유통

경쟁 우위 요소로서의 유통(distribution)이란 경쟁자들보다 더 효과적으로 고객들에게 제품과 서비스를 전달하는 능력을 뜻한다. 고객에게 제품을 직접 판매하지 않고 중간 상인들을 통해 유통하는 제조 기업은 유통업체들과의 관계를 잘 구축하는 일이 무엇보다 중요하다. 최고의 제조 기업은 양측에 모두 유리한 방향으로 비즈니스 관계를 키워나가며, 그렇게 구축된 관계는 제조 기업을 보호해주는 든든한 방어막이 될 수 있다.

어느 매장의 운영자가 특정 제조 기업이 자신을 잘 대우하고, 고객들도 그 기업의 제품을 좋아하는 데다, 그 제품의 매출이 매장의 수익에도 도움이 된다고 생각하는 시나리오를 생각해보자. 경쟁사가 그 운영자를 설득해서 매장의 제품 조합을 바꾸려면 단지 가격을 낮추는 것만으로는 충분치 않을 것이다. 제품 가격을 훨씬 낮게 제시할 수도 있겠지만, 매장 주인 관점에서는 몇 가지 중대한 위험 요소를 감수해야 한다. 예를 들어 새로운 거래처와의 관계가 나빠질 수도 있고, 고객들이 대체 제품을 좋아하리라고 확신할 수도 없다.

제품의 구매가 좀 더 합리적인 방식으로 이뤄지는 대규모 유통 체인과 거래할 때는 경쟁 우위의 형태가 바뀐다. 제조 기업이 유통업체와의 관계를 잘 구축하는 일도 여전히 중요하지만, 이 경우에 유통의 경쟁 우위를 판가름하는 것은 수익성의 법칙이다. 자신들의 규모와 가치를 잘 인식하는 대형 유통업체들은 제조 기업과 치열하게 가격 협상을 벌이고 기업들을 서로 경쟁시킨다. 심지어 협상에 나서지 않는 기업의 제품은 판매 대상에서 제외하기도 한다. 따라서 대형 유통

업체와의 거래에서는 소비자들이 진정으로 원하는 제품을 제공하는 제조 기업에 협상의 우선권이 주어진다.

소비자들이 물건을 구매할 때 가장 중요시하는 점 중의 하나가 제품이 고장을 일으켰을 때 제조 기업이 이를 서비스하거나 고쳐줄 능력이 있느냐는 것이다. 여기서 중요한 역할을 담당하는 조직이 유통 업체다. 제조 기업 입장에서 고객들을 위해 서비스 네트워크를 구축하는 일은 닭이 먼저냐, 달걀이 먼저냐를 따지는 게임과도 같다. 제품을 구매하는 고객들이 제대로 된 사후 서비스가 제공되리라는 점을 확인하고 나서야 지갑을 연다면, 제조 기업은 제품 판매에 앞서 먼저 고객들을 위해 제대로 작동하는 견고한 서비스 네트워크를 구축해야 한다. 하지만 그렇게 공들여 만든 서비스 네트워크의 가동률이 너무 낮을 때는 비싼 대가를 치를 수밖에 없다. 이처럼 서비스 네트워크를 구축하는 데 막대한 선투자가 필요하다는 점을 고려했을 때, 신생 기업의 관점에서는 확고한 네트워크를 보유한 기존 기업들과 경쟁하기가 역부족일 수 있다. 그 말은 서비스 네트워크를 구축하는 데 큰 비용이 들어갈수록 이를 구축하는 것 자체가 신규 경쟁자들의 진입을 차단하는 장벽으로 작용할 수 있다는 뜻이다.

* * *

지금까지 다양한 산업 구조와 경쟁 우위 요소들을 개별적으로 살펴봤다. 이 요소들 하나하나는 모두 퀄리티 기업을 구축하는 데 필수적인 구성 요소, 즉 빌딩 블록이다. 이들의 모습과 크기가 똑같다면 퀄리티 기업을 파악하는(심지어 만들어내는) 작업은 매우 간단하겠지만, 현실은 그보다 훨씬 복잡하다.

특정 기업이 장기적으로 달성하는 재무적 성과는 모양과 크기가 서로 다른 이 블록들이 어떤 방식으로 결합하느냐에 따라 달라진다. 성공을 위해 나아가는 길에 정해진 경로는 없다. 때로는 겉보기에 근사한 건축물이 모래밭처럼 부실한 토대 위에 세워질 수도 있고(3부에서 좀 더 자세하게 살펴본다), 반대로 기업의 견고한 구조가 일시적인 시대적 흐름으로 인해 빛을 보지 못할 수도 있다. 2부에서는 지금까지 우리가 축적한 투자 경험을 바탕으로 가장 장기간 지속되는 우수 기업의 특징들, 즉 퀄리티 기업을 대표하는 패턴들을 집중적으로 조명한다.

2부
패턴

퀄리티 기업의 경영 성과는
패턴으로 분석하고 파악할 수 있다.

✵

　우리가 투자 대상으로서 퀄리티 기업들을 찾아 나설 때, 그들에게 기대하는 결과물은 항상 명확하다. 강력하고 예측 가능한 현금 창출 능력, 높은 수준의 지속적인 자본 수익률, 매력적인 성장의 기회 등이다. 하지만 이런 성과를 가능케 하는 빌딩 블록들은 산업 분야, 비즈니스 모델, 경쟁 환경 등에 따라 그 모양과 크기가 천차만별이다. 그런 기회의 다양성으로 인해 우리가 퀄리티 투자의 규칙이나 정의가 무엇인지에 대해 확실한 답안을 내놓기는 불가능하다. 그보다는 퀄리티 기업들이 헤아릴 수도 없이 수많은 경로를 거쳐 그런 위치에 도달했다고 결론을 내리는 편이 나을 듯하다.

　하지만 그 경로를 자세히 살펴보면 일정한 패턴이 모습을 드러낸다. 기업의 형태나 산업 분야를 초월해서 전략, 기술, 조직적 역량 등이 비슷한 형태로 조합되어 있다는 뜻이다. 예를 들어 높은 수준의 가격 결정력과 강력한 브랜드도 그런 패턴의 일종이다. 어떤 패턴은 좀 더 미묘하고 감지하기가 어렵다. 가령 엘리베이터나 소프트웨어 제조 기업들이 거둬들이는 지속적인 서비스 매출, 그리고 배관, 치과 장비, 인공항문 등의 분야에서 제조 기업을 적극적으로 지원하는 중개자들의 존재가 그런 경우다.

   이 패턴들을 주의 깊게 들여다보면 서로 다른 기업들이 얼마나 다양한 방식으로 우리가 추구하는 재무적 목표를 달성하는지 알게 된다. 그중 많은 부분이 서로 겹치기도 하지만, 그 패턴들을 전부 갖춘 기업은 하나도 없다. 사실 그 패턴 중에 하나만 있어도 기업을 운영하는 데는 모자람이 없다. 따라서 퀄리티 기업을 열심히 찾는 투자자들은 대상 기업을 분석할 때 이 패턴들을 참조하면 좋을 듯하다. 2부에서는 '반복 매출'을 비롯한 10여 개의 패턴을 살펴본다.

1
반복 매출

반복 매출(recurring revenue)은 어느 기업에서 제품을 구매한 소비자들이 같은 기업에서 서비스나 제품을 추가로 구매할 때 발생한다. 소비자가 제트 엔진을 구매하려면 유지 보수 계약을 맺어야 하고, 보안 시스템을 도입하려면 서비스 기업의 지속적인 모니터링과 비상 상황에 대한 효과적인 대응이 보장돼야 한다. 학술지 같은 정기 간행물을 주기적으로 받아보기 위해서는 구독 계약 갱신이 필요하다. 가장 강력한 형태의 반복 매출은 소비자들이 제조 기업의 서비스를 이용하기 위해 피치 못하게 돈을 치러야 하는 상황에서 발생한다. 어떤 기업에서 기계 장비나 소프트웨어를 구매한 소비자들은 앞으로도 같은 공급자로부터 제품과 서비스를 추가로 구매할 가능성이 크다. 이 경우 그 장비의 설치 기반(installed base)은 제조 기업에 지속적인 매출을 안겨주는 독점 시장으로 바뀐다. 장비의 설치 기반이 클수록 독점의 범위가 늘어나고 매출 흐름의 예측 가능성도 향상되는 선순환의 고리가 구축된다.

기업의 전체 매출에서 반복 매출의 비중이 높으면 재무적 안정성이 증가하고 현금 흐름의 예측 가능성도 향상된다. 경기의 주기성이 강한 시장에서 활동하는 기업들도 그런 혜택을 얻을 수 있다. 가령 엘리베이터 장비를 판매하는 기업은 건설 경기의 부침에 따라 기업의 실적이 오르내리기 마련이다. 하지만 경기가 좋지 않을 때도 엘리베이터의 유지 보수 매출은 꾸준히 발생한다. 건물 소유주, 입주자, 정부 기관 등은 엘리베이터의 안전성과 신뢰성을 확보하는 대가로 기꺼이 추가 비용을 치르려 한다. 따라서 엘리베이터의 신규 설치 매출은 경기의 변화에 따라 등락이 있겠지만, 기업은 기존의 설치 기반으로부터 꾸준한 서비스 매출을 기대할 수 있다. 이런 재무적 안정성은 투자자들에게 커다란 가치를 안겨준다. 주기의 변동 폭이 큰 산업에서 활동하는 기업들도 실적에 대한 예측 가능성을 높일 수 있는 비즈니스 모델이기 때문이다.

선판매 제품

반복 매출 모델이 효과를 발휘하려면 당연히 먼저 제품이 판매되어야 한다. 선판매 제품의 견실한 매출에 이어지는 강력한 반복 매출은 매력적인 산업을 구성하는 필수 요소처럼 보이지만, 꼭 그런 것만은 아니다. 어느 기업이 새로 출시한 선판매 제품의 수익성이 낮아 운영에 어려움을 겪는다면 그 비용으로 인해 반복 매출의 수익이 잠식될지도 모른다.

반면 선판매 제품의 매출과 반복 매출에서 모두 높은 경쟁 우위를 누리는 기업은 2배의 수익성을 달성할 수 있다. 대표적인 사례로 SAP와 마이크로소프트 같은 소프트웨어 기업들이 1990년대 말부터 2000년대 초까지 누렸던 강력한 경쟁 우위를 생각해볼 수 있다. 그때는 클라우드 컴퓨팅이 등장하기 이전이었다. 요즘 같은 클라우드 컴퓨팅 시대에도 반복 매출 구조는 여전히 남아 있지만, 예전처럼 고객이 선판매 제품을 구매하고 돈을 미리 내야 하는 것은 아니다. 선판매 제품의 수익성이 떨어지는 이러한 현상은 새로운 경쟁자가 시장에 진입하는 일을 막아준다는 점에서 기존 참여자에게는 오히려 혜택으로 작용할 수도 있다. 신규 기업이 설치 기반을 구축하는 데는 오랜 시간이 걸린다. 새로운 경쟁자가 애프터 마켓(after market, 판매자가 제품을 판매한 뒤 추가로 발생하는 수요로 생겨나는 시장-옮긴이) 매출을 올리기 위해서는 몇 년 동안 손해를 감수해야 할 수도 있다.

  선판매 제품의 매출 확대에 따르는 록인(lock-in) 효과의 또 다른 잠재적 위험 요소는, 고객이나 공급업체가 그로 인해 발생하는 제조 기업의 독점 관계를 인지하게 된다는 것이다. 공급업체는 자신이 공급하는 제품의 가격을 높일 수 있고, 고객은 선판매 제품의 가격을 더 낮게 책정하라고 압력을 넣을 수 있다. 따라서 이런 일련의 비용을 반영하면 선판매 제품의 이익은 더욱 줄어들 수밖에 없으므로 반복 매출의 수익으로 이를 만회할 수 있을지 잘 따져봐야 한다.

라이선스 모델

선판매 제품의 매출에 이어 주기적으로 발생하는 라이선스 수수료 매출은 반복 매출의 가장 순수한 형태라고 할 수 있다. 라이선스 모델을 가장 광범위하게 채택하는 업계가 바로 소프트웨어 산업이다. 소비자들은 먼저 소프트웨어의 설치 비용을 치르고, 유지 보수, 기술 지원, 업그레이드 서비스 등을 받기 위해 월 단위 또는 연 단위로 돈을 낸다. 라이선스 수수료를 내지 않는 것은 소비자의 자유지만, 대부분은 돈을 내고 라이선스를 갱신한다. 라이선스가 없으면 제품이 작동을 멈추거나 노후화될 위험이 크기 때문이다.

서비스 모델

소프트웨어 산업 이외의 분야에서 가장 보편적인 반복 매출의 형태는 서비스 모델이다. 이 모델에서는 선판매 제품이 팔려나간 뒤에 수리, 유지 보수, 점검 서비스 등을 위한 후속 매출이 발생하지만, 매출이 이뤄지는 시기와 범위는 라이선스 모델과 비교했을 때 좀 더 불규칙한 편이다. 특히 산업용 제품을 생산하는 기업 중에는 고객에게 제품을 판매한 뒤에도 높은 서비스 매출을 꾸준히 올리는 기업이 많다. 그렇다고 그 매출이 꼭 자동으로 따라오는 것은 아니다.

생산 설비를 구매한 기업은 원래의 판매사가 아니더라도 경쟁사나 독립적인 서비스 전문 기업과 같은 서비스 공급업체를 다양하게 선택할 수 있다. 때에 따라서는 여분의 부품도 장비 제조사와 관계없는 외부 업체에서 조달하기도 한다. 그러므로 제조사가 서비스 모델을 효과적으로 가동하기 위해서는 대안 공급업체들과의 경쟁에서 승리해야 한다. 그 말은 신규 장비 판매 계약을 서비스 계약으로 전환할 필요가 있다는 뜻이다.

제조 기업이 서비스 모델 비즈니스에서 얻어낼 수 있는 최고의 성과는 여러 대형 고객과 장기적인 서비스 계약(즉 고객이 매년 고정 금액을 서비스 비용으로 지급하는 계약)을 맺음으로써 안정적인 사업 포트폴리오를 구축하는 것이다. 대표적인 예가 항공기의 제트 엔진을 제조하는 기업들이다. 이들은 대형 항공사들에 엔진 정비와 부품 교체 서비스를 제공하는 다년간의 '토털 케어(total care)' 계약을 체결한다.

서비스 모델로부터 높은 실적을 거둘 수 있는 기업은 제트 엔진처럼 고객의 비즈니스에 핵심적인 제품을 제조하는 기업이 대부분이다. 항공기의 엔진이 대서양 한복판에서 고장을 일으킨다면 끔찍한 결과로 이어질 수 있다. 제품에 문제가 생겼을 때 초래될 수 있는 결과가 중대할수록 고객이 원래의 제조 기업에서 오리지널 부품을 구매하거나 그 기업과 서비스 계약을 맺을 가능성이 커진다.

제품의 고장을 사전에 방지하고 위험을 줄이는 조치가 법으로 규정된 경우에도 서비스 모델의 수익성은 강화될 수 있다. 물론 법은 상황에 따라 언제든 바뀔 수 있지만, 그런 규제 장치가 있다는 말은 제품이 문제를 일으켰을 때 모든 고객에게 영향을 미칠 만한 높은 수준의 위험성이 존재한다는 뜻이다. 일례로 많은 국가의 정부가 엘리베이터 같은 제품들의 안전 기준을 법으로 규정하고 있다.

장비에 고장이 발생해서 소유자에게 막대한 경제적 손실이 돌아갈 가능성이 클 때도 서비스 모델이 위력을 발휘할 수 있다. 대표적인 제품이 선박의 엔진이다. 엔진이 고장을 일으켰을 때 배를 항구에 오랫동안 세워두고 이를 수리해야 한다면 선주는 매우 값비싼 대가를 치러야 한다. 따라서 선박 소유주는 엔진 제조 기업이 정기적으로 엔진을 점검해주고 고장 발생 시 신속하게 수리 서비스를 제공해주는 프리미엄 서비스 계약을 맺으려 할 것이다. 핀란드의 해양 동력 및 에너지 전문 기업 바르질라는 전 세계를 망라하는 광범위한 서비스 네트워크를 바탕으로 이 분야를 선도하고 있다.[29]

서비스 모델의 반복 매출을 통해 얼마나 많은 가치가 창출되는지를 결정하는 요인 중의 하나가 제품의 수명이다. 장비의 사용 연한이 길수록 더 오랜 시간에 걸쳐 유지 보수나 부품 교체 서비스를 받아야 한다. 만일 제품의 수명이 2~3년에 불과하다면, 고객은 장비가 고장을 일으켰을 때 이를 수리하기보다는 새 제품으로 교체하려 할 것이다. 반대로 값이 비싸고 사용 연한이 긴 장비는 교체하기보다 성능을 업그레이드하는 길을 택하는 고객이 많다.

물론 제품의 수명이 길다고 해서 긍정적이기만 한 것은 아니다. 잘 만들어진 장비는 수명도 길고 고장도 거의 일으키지 않는다. 어떤 기계는 별다른 유지 보수 없이 수십 년의 수명을 자랑하기도 한다. 문제는 기업이 선판매 제품의 매출과 비교해서 연평균 몇 퍼센트의 반복 매출을 예상할 수 있느냐는 것이다. 전체 매출에서 반복 매출이 차지하는 비중이 크고 매출을 올리는 기간이 길수록 기업 입장에서는 더 바람직하다.

구독 서비스

반복 매출이라는 말을 들은 사람이 마음속으로 가장 먼저 떠올리는 단어는 바로 구독 서비스(subscription service)일 것이다. 하지만 이는 가장 보상이 적은 형태의 반복 매출이다. 이 비즈니스의 '설치 기반'은 선 판매 제품을 구매한 고객들이 아니라, 구독 서비스에 가입한 고객들이다. 서비스 제공 기업은 이 고객들이 구독 서비스를 계속 갱신함으로써 반복 매출을 올려주기를 기대한다.

구독 서비스 제공 기업들은 이런 차이점을 염두에 두고 록인 메커니즘을 활용할 방안을 잘 생각해야 한다. 어떤 서비스는 구독 서비스와 비슷한 형태로 제공되지만, 경쟁 서비스 기업들이 제시하는 계약 조건이 큰 차이를 보이지는 않는다. 휴대 전화 요금제가 그런 경우다. 소비자들은 제품이나 서비스의 전환 비용이 낮을 때면 더 저렴한 옵션으로 금방 갈아타버린다. 이런 비즈니스 모델의 경쟁적 역학 관계를 지배하고 싶은 기업은 반복 매출을 통해 수익을 올리려 애쓰기 전에 경쟁자들보다 낮은 비용으로 물건을 생산할 수 있어야 한다.

구독 서비스가 경쟁자들과 차별화되어 있거나, 기존 시스템의 일부로 '내장되어 있을' 때는 매력적인 비즈니스가 될 수 있다. 차별화된 구독 서비스는 기업이 제공하는 서비스의 내용이 워낙 독보적이라 경쟁자가 별로 없을 때 이뤄진다. 대표적인 사례가 영국의 경제 주간지 〈이코노미스트(The Economist)〉처럼 구독자들에게 진정으로 차별화된 콘텐츠를 전달하는 정기 간행물이다. 또 '내장된' 구독 서비스는 서비스 기업이 더 큰 시스템이나 과정의 한 부분으로서 소비자들에게 정보를 제공하는 서비스를 의미한다. 가령 시장 분석가들에게 시중 제품의 가격 데이터를 전달하거나 은행의 신용 평가 담당자에게 고객의 신용 기록을 제공하는 비즈니스를 생각해볼 수 있다.

고객 밀도와 네트워크 효과

서비스 기업은 제품의 판매량이나 서비스 매출을 직접 늘리는 일 이외에도 '설치 기반'을 확장함으로써 혜택을 얻을 수 있다. 밀도의 경제는 가치를 창출한다. 한 지역에 동일한 기업의 장비를 구매한 고객이 더 많이 몰려 있을수록 서비스 기업은 그 장비를 더 효율적으로 유지 보수할 수 있다. 담당자들은 고객들 사이를 더 짧은 시간에 이동할 수 있고, 지역의 상황이 장비에 미치는 영향에 대해 더 풍부한 경험을 쌓을 수 있다. 고객 밀도가 높을수록 반복 매출을 올리는 데 들어가는 비용은 낮아지고 이익은 늘어난다.

네트워크 효과 역시 높은 가치를 창출한다. 대규모의 서비스 네트워크를 보유한 기업은 제품의 신속한 수리를 포함해서 고객의 욕구를 빠르게 충족할 수 있다. 고장 난 장비를 빠르게 고치는 일은 누구에게나 중요하기 때문에, 고객들 가까운 곳에 서비스 센터를 둔 제조 기업은 신속한 일 처리가 가능하다. 처음 장비를 구매할 때 사후 서비스의 장단점을 평가해서 구매 결정을 내리는 고객들은 서비스 센터의 근접성에 높은 점수를 줄 것이다. 대규모 서비스 네트워크를 보유한 제조 기업들은 소비자들에게 근접성의 혜택을 제공한다.

수익성 효과

반복 매출 모델의 대부분은 고객들이 제품 및 서비스 공급 기업에 미리 자금을 지원하는 형태로 가동된다. 즉 이 기업들은 제품이나 서비스가 고객의 손에 전달되기도 전에 미리 돈을 받는다. 이런 기업 중에서는 운전 자본 비용이 마이너스인 기업도 적지 않다. 그 말은 운영 과정에 묶이는 자금이 경쟁자들보다 훨씬 적다는 뜻이다. 그러다 보면 자연히 영업 비용이 낮아지고 이익은 증가하게 된다. 다른 기업들은 매출이 성장하는 데 비례해서 운전 자본도 함께 늘어나지만, 반복 매출의 비중이 큰 기업은 운전 자본이 마이너스라서 매출이 성장할수록 수익이 커진다.

구독 서비스를 포함한 서비스 매출은 대부분 서비스가 시작되기 전에 고객에게 청구서가 발송되고 수금이 이뤄진다. 따라서 서비스 기업들은 제품을 고객에게 직접 전달하거나 서비스를 완료한 뒤에 청구서를 보내고 돈을 수금하는 기업들보다 매출을 훨씬 일찍 현금화할 수 있다. 현금은 먼저 손에 넣을수록 더욱 가치가 높다.

구독 및 서비스 모델은 적은 자본으로 기업의 매출을 늘려주는 역할을 한다. 극단적인 예로 소프트웨어 기업들은 키보드를 몇 번 두드리는 것만으로도 고객의 제품 파일을 업데이트하고, 제조 기업들은 주력 제품 생산을 위해 이미 가동 중인 기계 장치를 이용해서 여분의 부품을 미리 생산해둔다. 고객에게 서비스를 제공하는 업무 중에서도 '자산 경량화'의 성격을 띠는 업무가 많다. 그런 기업은 서비스를 위해 담당 인력과 간단한 도구 정도만 필요로 한다.

마이너스 운전 자본 비용, 신속한 현금 흐름, 적은 설비 투자 같은 요인이 전부 합쳐져서 조직의 성장이 뒷받침되는 기업은 그리 흔치 않다. 하지만 이는 반복 매출 모델을 채택한 기업의 전형적인 특징이다.

약간의 반복 매출을 달성하는 기업은 수없이 많다. 그런 기업의 경영진은 전체 매출 중에 반복 매출의 비중을 늘리기 위해 안간힘을 쓴다. 하지만 어떤 기업이 소규모의 반복 매출을 올린다고 해서 하루아침에 위대한 기업으로 변신할 수 있는 것은 아니다. 그보다는 투자자들이 기업의 '퀄리티'를 판단할 때 고려해야 하는 하나의 패턴으로서 반복 매출을 바라보는 것이 좋다. 다시 말해 반복 매출은 비즈니스의 수익성을 구성하는 주요 요인 중 하나로 인식돼야 한다. 우리는 아트라스콥코, 다쏘시스템, 롤스로이스, 그리고 이어서 이야기할 코네(KONE) 같은 기업들의 모습에서 그런 특징을 엿볼 수 있다.

코네: 반복 매출

엘리베이터는 현대인들의 일상에서 당연하게 사용되는(고장을 일으켰을 때를 제외하고) 물건이다. 1850년대에 처음 발명된 이 기계는 요즘 들어 속도가 더 빨라지고 기능도 좋아졌지만, 기본적인 핵심 기술은 변함이 없다. 파리에서 흔히 볼 수 있는 100년 된 엘리베이터든, 상하이에서 수많은 사람이 타고 내리는 최신형 엘리베이터든 기본적인 개념과 구성 요소(모터와 승강 장치)는 똑같다.

1910년 핀란드의 헬싱키에서 설립된 코네는 전기 모터를 수리하는 기계 공장으로 출발했으나 1924년 헐린(Herlin) 가문에 인수되면서(그들은 지금도 이 기업을 운영한다) 엘리베이터 기업으로 변신했다. 1960년대에 들어서 코네는 대담한 성격과 성실한 직업 윤리를 갖춘 CEO 페카 헐린(Pekka Herlin)의 리더십하에 여러 차례의 신중한 인수합병을 거치면서 엘리베이터 산업 분야의 강자로 성장하기 시작했다.

오늘날 코네는 지속적인 유기적 성장과 능숙한 인수합병 거래에 힘입어 세계 최대의 엘리베이터 기업 중 하나로 발돋움했다. 티센크루프(ThyssenKrupp), 쉰들러(Schindler, 이 기업도 설립자 가문이 운영 중이다), 오티스 엘리베이터(Otis Elevator), 그리고 코네의 시장 점유율을 합치면 전 세계 엘리베이터 시장의 70%를 넘어선다.

엘리베이터는 처음 제품을 판매할 때도 큰 매출이 발생하지만, 코네는 제품을 영업하는 과정에서 사후에 동반되는 서비스 매출에 특히 초점을 맞춘다. 엘리베이터는 한 번 설치하면 여러 세대에 걸쳐 사용되는 물건이라 이 장비를 구매하는 사람은 대부분 일회성 고객일 수밖에 없다. 하지만 엘리베이터를 정비하고 수리하는 서비스는 고객이 장비를 이용하는 한 영원히 지속된다. 보통의 제품과는 달리 엘리베이터를 꾸준히 유지 보수하는 일은 고객의 재량에 따라 하고 말고를 선택할 수 있는 사안이 아니다. 엘리베이터가 고장을 일으키면 사람의 안전을 위협하는 치명적인 사고가 발생할 수 있다. 따라서 모든 국가의 정부는 엘리베이터의 유지 보수를 법으로 규정하고 있으며, 건물주나 보험 회사들도 여기에 기꺼이 돈을 투자한다.

엘리베이터 장비의 '선판매' 수익은 낮을 수도 있지만, 제품 판매가 완료되면 몇 년에 걸쳐 연금(annuity) 비슷한 형태의 서비스 매출이 발생한다. 게다가 이 매출의 영업 이익과 자본 수익률은 매우 높다[선진국 시장에서 코네의 '추가 매출 비율(attach rate)'은 90%가 넘는다]. 서비스 매출의 수익률이 너무 높다 보니 엘리베이터 기업들은 이를 사내 기밀로 부치고 좀처럼 외부에 공개하지 않는다. 아마도 거의 모든 시장에서 30%가 훨씬 넘을 것으로 추정된다.

코네가 이렇게 높은 수익률을 올리는 이유는 원래의 제조 기업에 유지 보수 업무를 맡기는 소비자들의 성향을 이용해서 강력한 가격 결정력을 행사하기 때문이다. 또 '밀도의 경제'도 수익률 강화에 한몫을 담당한다. 기업이 설치한 엘리베이터들은 대부분 특정 지역에 밀집되어 있어서 유지 보수 서비스를 제공하는 기업은 더 효율적으로 업무를 처리할 수 있다. 그러다 보니 소규모 업체들은 감히 경쟁에 뛰어들 엄두를 내지 못한다.

이렇듯 폭넓은 설치 기반에 힘입어 코네 엘리베이터의 유지 보수 및 업그레이드 매출은 전체 매출의 절반에 육박한다. 게다가 반복 매출의 수익은 전체 수익에서 차지하는 비중이 훨씬 크다. 새로운 엘리베이터가 하나씩 설치될 때마다 서비스 매출이 늘어나고 반복 매출의 기반도 확장된다. 그 결과 건설 경기의 들쭉날쭉한 주기성에도 불구하고 이 기업의 전체적인 수익성은 놀라울 만큼 꾸준한 모습을 보인다.

2008년의 금융 위기에 뒤이은 극심한 불경기의 혼란 속에서도 그런 일이 생겼다. 당시 엘리베이터의 신규 주문율은 몇 년 동안 급격히 추락했지만, 코네의 수익은 2007년부터 2010년까지 연평균 약 13%씩 성장했다. 심지어 최악의 한 해로 꼽혔던 2009년에도 코네의 수익은 하락하지 않고 전년도와 비슷한 수준을 유지했다.

서비스 계약은 대부분 고객이 서비스를 받기 전에 먼저 비용을 치르는 형태로 계약이 이뤄진다. 덕분에 코네는 운전 자본 비용이 마이너스를 기록하는 소수의 기업 중 하나가 되어 높은 수준의 자본 수익률을 달성할 수 있게 됐다. 높은 수익성, 시장 점유율 확대, 최종 사용자 시장의 확장 등에 힘입은 성장의 효과는 대단히 강력하다. 코네의 매출은 2000년대 초반부터 10년 동안 2배 정도 늘었고 순이익은 거의 4배로 뛰었다. 코네는 이런 놀라운 성과 덕분에 헬싱키 주식 거래소에서 가장 가치 높은 기업의 자리를 지키고 있다.

2

우호적인 중개자

수많은 기업이 중개자를 통해 최종 사용자에게 제품과 서비스를 전달한다. 중개자의 역할은 기업의 성장, 이익률, 수익에 긍정적인 영향과 부정적인 영향을 모두 미칠 수 있다. 우리는 중개자들의 다양한 역할과 그 역할로 인해 빚어지는 결과를 파악하는 과정에서, 이른바 '우호적인 중개자(friendly middleman)'라고 불리는 개념을 중심으로 몇 가지 유용한 패턴을 찾아냈다.

전문가의 손길

기업에 높은 가치를 안겨주는 중개자 중에는 제조 기업의 제품과 자사의 전문 서비스를 함께 묶어서 고객들에게 판매하는 집단이 있다. 이 중개자들은 '묶음' 판매의 과정에서 제조 기업의 제품을 판매하는 영업 직원과 서비스를 제공하는 전문가의 역할을 병행하게 된다. 예를 들면 환자들에게 특정 브랜드의 임플란트나 특정 브랜드의 치약을 추천하는 치과의사가 그런 사람들이다.

또 환자의 시력을 검사하고 안경을 처방해주는 검안사도 비슷한 경우다. 고객들은 검안사에게 어떤 렌즈나 안경 스타일이 자신에게 적합한지 물으면서 그의 전문적인 소견을 구한다. 사람들은 전자제품 상점 직원의 말은 믿지 않아도 검안사의 말은(그도 일종의 영업 직원인데도) 깊이 신뢰하는 경향이 있다. 검안사가 상대하는 사람은 고객이 아니라 환자라고 불린다. 그가 이수한 전문적 교육과 개인적 평판에 따르는 이해관계의 측면에서 생각했을 때, 검안사의 목표는 고객들의 욕구를 가장 효과적으로 만족시켜줄 렌즈를 추천하는 것이다.

반면 금전적 측면에서 생각했을 때 검안사의 목표는 자신의 전문가적 기준을 충족하는 범위 내에서 고객에게 가장 비싼 안경을 판매하고 수익을 극대화하는 것이다. 그 점에서 검안사의 이해관계는 환자의 이해관계와 종종 일치하는 모습을 보인다. 제품의 품질을 가장 우선시하는 환자들은 높은 가격을 치르고 검안사가 추천하는 렌즈를 구매한다(만일 싸구려 돋보기안경으로도 문제를 해결할 수 있다면 고객들은 할인점에서 20달러짜리 돋보기를 구매할 것이다). 따라서 에실로 같은 렌즈 제조 기업들은 이 시장에서 매우 유리한 위치를 점한다. 전문가들이 고객의 욕구를 만족시키는 범위 내에서 최대한 값비싼 렌즈를 팔아 인센티브를 얻는 판매 구조의 혜택을 톡톡히 보기 때문이다.

'묶음' 판매의 두 번째 예는 전자제품 설치 기사나 배관공처럼 제조사가 생산한 제품을 고객에게 설치해주고 돈을 받는 전문가들이다. 고객들은 전문가가 추천한 브랜드의 제품을 꼼꼼히 살펴보거나 가격을 협상하기보다는 서비스 제공자의 시간당 임금이 얼마인지, 어떻게 하면 작업 시간을 줄일 수 있는지에 더 초점을 맞춘다. 게다가 고객들은 제품의 가격보다는 안전성과 신뢰도를 훨씬 중요하게 생각한다.

이런 상황에서는 전문가의 목표가 고객의 목표와 꼭 일치하지는 않는다. 전문가가 고객에게 값비싼 제품을 추천해서 얻을 수 있는 금전적 이익도 있겠지만, 전문가가 제품의 가격보다 더 신경을 쓰는 대목은 안전성과 신뢰도(어쨌든 제품의 설치에 문제가 생기면 기술자가 책임을 져야 한다) 이외에도 설치의 용이성 같은 또 다른 요인일 수도 있다. 물론 그로 인해 고객이 필요 이상으로 값비싼 제품을 구매하게 되는 상황도 종종 발생한다. 하지만 제조 기업은 이 경우에도 유리한 위치에 놓여 있다고 할 수 있다. 전문가는 자사의 제품을 추천하는 역할만 담당하고, 물건값은 고객이 치르기 때문이다.

록인

제삼자(전문가)가 제조 기업의 제품을 추천하고 다른 사람(최종 사용자)이 돈을 낸다고 해서 모든 기업이 항상 혜택을 얻을 수 있는 것은 아니다. 제삼자에 관련된 패턴은 매우 다양한 모습으로 변한다. 가령 고객이 제품이나 서비스를 구매할 때 독립적인 재무 상담사나 구매 전문 컨설턴트가 개입하면 일이 복잡해진다. 때로 이 전문가들은 우호적인 중개자가 아니라 값비싼 문지기의 역할을 맡는다. 이들은 특정 제품을 고객에게 추천해야 하는 이유를 제조 기업에 요구하고, 제조 기업은 그 이유를 제공하기 위해 다양한 전략을 펼친다.

그 전략 중 하나가 제품 차별화다. 다시 말해 제조 기업은 고객과 중개자 모두에게 높은 가치를 안겨줄 수 있는 차별화된 제품을 제공해야 한다. 중개자는 다른 제품이 아니라 꼭 이 제품을 고객에게 추천해야 하는 확실한 이유를 필요로 한다. 의사나 수공업자 같은 전문적인 중개자들은 제품의 우수성과 훌륭한 사후 서비스만으로도 만족해하는 경우가 많다. 그들은 자신의 직업적 평판에 자부심이 있으므로, 그 평판을 지키기 위해 본인 못지않게 평판이 좋은 제품을 고객에게 추천하고 싶어 한다. 또 제조 기업이 제공하는 믿을 만한 고객 서비스도 중요한 추천 요인이다. 제품의 설치가 지연되거나 고장이 발생하면 이를 책임져야 하는 사람은 중개자이기 때문이다.

설치와 사용이 어렵고 복잡한 제품의 경우에는 중개자들을 위한 전문 교육이 대표적인 록인 전략의 하나다. 제삼자 서비스 공급업체가 특정 기업의 제품 설치 훈련이나 교육 과정을 적절히 이수했다면 자연스럽게 해당 제품을 선호하게 되고 고객들에게도 추천할 것이다. 중개자 대상 교육 및 훈련 프로그램은 다른 기업의 시장 진입을 막는 진입 장벽의 역할도 한다. 특정 제품이나 기술을 주로 다루는 전문가들이 경쟁사의 제품을 새로 익히려면 높은 전환 비용이 요구되기 때문이다.

게버릿: 우호적인 중개자

게버릿(Geberit)은 변기의 물 내림 장치나 배관을 포함한 화장실용 제품에서 유럽 시장의 선두를 달리는 기업이다. 1874년 스위스의 라퍼스빌에서 배관

회사로 설립된 게버릿은 그로부터 한 세대 후에 설립자의 아들이 수세식 변기용 물탱크로 제조의 영역을 확장하면서 성장의 전성기를 맞이했다. 그 뒤로 관련 기술이 계속 발전하면서, 배관을 점차 벽 속으로 집어넣어 공간을 절약하고 외관도 낫게 만들어주는 제품들이 속속 등장했다. 게버릿은 이런 기술적 트렌드에 박차를 가해 1964년 벽 속에 완전히 집어넣은 물탱크를 최초로 선보였고 지금까지 6,000만 개가 넘는 제품을 판매했다.

배관이나 물탱크를 벽 속에 내장하는 트렌드는 이 산업 분야의 초점을 '디자인'에서 '기술'로 바꿔놓았다. 게다가 제품의 수리도 갈수록 어렵고 복잡해졌다. 건축업자나 건물 소유주에게 화장실용 제품의 미학적 측면보다 기술적 요소가 더 중요하게 대두되면서, 그들은 제품의 기능적 신뢰성과 가격에 선택의 초점을 맞추게 됐다. 고객들은 그런 상황 속에서 자격을 갖춘 전문가 집단, 즉 면허를 지닌 배관공들에게 제품의 선택을 맡기는 경향을 보였다. 그래서 게버릿은 자신들에게 우호적인 중개자들을 통해 제품을 판매하는 길을 택했다.

최종 사용자에게 서비스를 제공하는 배관공은 무엇보다 품질이 좋은 제품, 즉 설치가 쉽고 고장이 적은 제품을 찾는다. 하지만 그들은 고객과 달리 제품의 가격에는 민감하게 반응하지 않는다. 돈을 치를 사람은 자기가 아니라 최종 사용자이기 때문이다. 게버릿은 배관공들과 긴밀한 관계를 구축함으로써 제품 선택의 의사 결정자(배관공)와 최종 사용자 사이에 존재하는 관점의 차이를 효과적으로 활용했다.

경쟁자들은 판매 전략의 초점을 제품의 가용성이나 강력한 기술 지원 등에 두지만, 게버릿은 그런 기본적 요소 외에도 다양한 차별화 전략을 실행에 옮김으로써 중개자들과 긴밀한 관계를 구축한다. 이 기업은 배관공들이나 수습 기술자들을 위해 제품 설치에 관한 무료 교육을 제공하고, 필요한 경우에는 공사 현장에 직접 나가 그들을 지도하기도 한다. 이런 다양한 지원 프로그램 덕에 배관공들은 게버릿의 제품을 더 친숙하게 느끼게 되고 수습 기술자들을 교육하는 시간과 돈을 절약하게 되면서, 그들의 충성도도 한층 강화된다. 게버릿의 영업 직원들은 배관공과 건축가를 포함한 목표 집단을 위해 연평균 20만 회의 고객 방문을 수행한다.

또 게버릿은 설치의 용이성과 영구적인 신뢰성을 강조하는 방향으로 제품 전략을 수립해서 배관공들을 보호한다. 다시 말해 제품의 장기적인 신뢰성을 바탕으로 배관공들의 평판을 지켜주는 것이다.

게버릿은 배관공들과의 관계를 유지하고 그들에게 약속한 바를 지키기 위해 R&D에 많은 돈을 투자한다. 매년 제품 개발에 쏟아붓는 예산만 5,000만 달러가 넘는다. 그들은 이런 투자를 통해 고객들의 다양한 욕구를 충족하고 수시로 바뀌는 건축 법규에 대응할 수 있는 제품을 개발한다. 예를 들어 최근에는 아파트나 호텔을 신축할 때 화장실에 반드시 저소음 배관을 사용해야 한다는 규정이 여러 지역에서 생겼다. 게버릿은 이 규정을 준수하는 제품을 출시함으로써 배관공들의 부담을 덜어주었고 기술자들이 본의 아니게 법을 어길 수 있는 위험성도 제거했다.

게버릿은 경기의 주기성에 역행하는 방식으로 차별화된 전략을 구사함으로써 기업에 더 많은 가치를 안겨준다. 경쟁자들은 건설 경기가 하락할 때 공사 현장을 떠나 조용하게 시간을 보내지만, 게버릿은 배관공들이 한가한 틈을 타 더 많은 교육을 진행하고 그들과의 관계를 강화하기 위해 노력한다. 이런 전략은 경기가 나쁠 때 풍성한 결실로 되돌아오기도 한다. 2006년 이후로 프랑스의 경제 상황이 극도로 나빠졌는데도 이 시장에서 게버릿의 매출은 2배 가까이 늘었다.

게버릿의 가장 큰 장점이라면 비즈니스의 지속성과 예측 가능성을 꼽을 수 있다. 이런 능력을 개발하게 된 데는 지금까지 소개한 다양한 전략과 함께 뛰어난 경영진, 생산 및 경영 전반에 걸친 우호적인 기업 문화 등에 힘입은 바가 크다. 이 기업의 탁월한 영업 이익률은 현재도 꾸준히 증가하며(2002년의 14.6%에서 2014년에는 24%로 증가), 효율적인 운전 자본 비용과 강력한 가격 결정력(2002년 이후로 매년 2% 정도 제품 가격 인상)도 유지되고 있다. 게다가 자본 수익률도 매우 높은 데다 지금도 꾸준히 상승 중이고(2002년의 14%에서 2014년에는 35%로 증가), 시장 점유율도 안정적으로 늘어나고 있다. 유럽 건설 시장의 전반적인 침체에도 불구하고 이 기업의 제품 및 서비스 판매 건수는 2000년대 초반부터 10년간 연평균 약 3.6%의 성장세를 보였다.

3

유료 도로

많은 기업이 전체 운영비에서 차지하는 비중은 작아도 기업의 성공적인 운영을 위해 꼭 필요한 서비스나 제품을 틈새시장의 업체들로부터 공급받는다. 이렇게 '작지만 중요한 업체'들은 경쟁자들이 함부로 시장에 들어오지 못하게 막는 진입 장벽을 구축할 수 있다.

그 말은 이 공급업체들을 둘러싼 경쟁 환경이 막연하거나 예측 불가능하지 않고, 과점적 또는 안정적 상태에 놓여 있다는 뜻이다. 예를 들어 전문 인증 서비스(감사, 신용 평가, 제품 테스트)를 제공하거나 특수 원료(요구르트나 엔진오일에 들어가는 제품)를 생산하는 기업들을 예시로 생각해볼 수 있다.

이런 틈새시장에서 활동하는 기업들은 자신들보다 규모가 크고 안정적인 산업에 속한 기업 고객들이 판매하는 제품이 하나씩 팔려나갈 때마다 수익의 작은 일부를 자사의 매출로 돌리는 혜택을 얻을 수 있다. 우리는 이를 '유료 도로(toll roads)'라고 부른다. 2부 3장에서는 유료 도로를 살펴볼 것이다.

절대적 표준

어떤 산업에서는 몇몇 기업이 제공하는 제품이나 서비스를 고객들이 절대적 표준으로 받아들이는 경우가 있다. 대표적인 사례가 신용 평가 산업이다. 투자자나 규제 기관들은 무디스 인베스터스 서비스(Moody's Investors Service)나 스탠더드 앤드 푸어스(Standard & Poor's Corporation) 같은 몇몇 기업이 평가한 채권의 신용도를 깊이 신뢰한다. 이 기업들은 투자자들의 분석 작업을 수월하게 해주는 신용 평가 서비스를 제공하는 대가로 채권자들에게 높은 가격을 청구한다. 신용 시장의 질서 유지를 위해 설계된 이 산업은 구조가 매우 안정적이고 진입 장벽도 높다. 이 분야에서 활동하는 기업들이 2008년의 금융 위기가 발발하기에 앞서 수많은 평가 오류를 저질렀음에도 지금까지 활발하게 활동한다는 사실이 그 증거다.

이런 독립적인 평가 및 테스트 서비스 기업들은 재무 감사, 공급망 관리, 소비재 상품 리뷰 같은 다양한 영역에서 활동한다. 특히 고객의 제품이나 서비스에서 발생한 오류가 큰 위험으로 이어질 가능성이 있을 때 이 기업들의 가치는 빛을 발한다. 여기서 말하는 위험에는 자본 배분의 실수로 인한 재무적 손실이나 안전 조치 미비로 인한 신체적 상해 같은 직접적 위험, 그리고 기업의 평판 추락이나 법적 책임을 포함한 간접적 위험이 모두 포함된다. 이런 서비스는 신용 평가 기관이나 외부 감사 업체 같은 제삼자가 수행할 때 더 가치가 있다.

글로벌화의 추세에 따라 공급망이 갈수록 복잡해지는 현상도 이런 독립적 평가 서비스의 수요를 끌어올리는 요인이다. 기업들이 세계 각지의 공급업체로부터 조달하는 원자재의 비중이 커지고 더 다양한 지역으로 활동의 범위를 넓힐수록 이런 '절대적 표준'의 가치는 높아진다. 앞선 사례 연구에서도 언급했듯이 뷰로베리타스, 인터텍, SGS 같은 인증 기업들은 이런 시대적 흐름 덕에 많은 혜택을 입고 있다.

또 다른 절대적 표준의 원천은 '훈련'이다. 수많은 기업이 조직 구성원들에게 특정 의료 진단 장비나 건축용 소프트웨어를 사용할 것을 요구한다. 직원들에게 새로운 소프트웨어를 교육하려면 많은 돈이 들어가기에 조직 구성원들이 같은 프로그램을 반복해서 사용할수록 집단 지식이 향상되고, 전환 비용이 커지며, 표준화가 촉진된다.

재무 분야에서는 마이크로소프트의 엑셀 소프트웨어가 대표적인 '유료 도로'에 속한다. 학생, 신입 직원, 임원, 재무 전문가를 포함한 수많은 사람이 다양한 분야에서 엑셀 프로그램을 배우고, 숙지하고, 이 소프트웨어를 활용해서 업무를 수행한다. 엔지니어링이나 건축 분야에서는 학생들이 대학교에서 사용하는 소프트웨어가 곧 기업에 입사한 뒤에 사용할 소프트웨어가 되기 때문에, 모든 사람이 표준화된 이 소프트웨어 기술을 익히기 위해 노력할 수밖에 없다. 기업은 잘 훈련된 학생들을 원하고, 대학은 고용 시장에서 매력적인 인재로 평가받을 학생들을 원한다.

교육 및 훈련이 중요한 산업 분야를 상대로 관련 기술이나 제품을 공급하는 기업은 그렇게 많지 않다. 이들의 제품은 교육 프로그램의 한 부분으로 자리 잡게 되고, 교육 기관을 벗어난 외부 세계에서도 자연스럽게 채택된다. 이런 역학 관계는 해당 제품이 업무 현장에 도입되는 과정에서 더욱 강화된다. 어느 기업이 다른 제품을 사용할 목적으로 전 직원을 재교육하려면 비싼 비용을 치러야 하기 때문이다.

마법의 재료

'유료 도로'의 또 다른 패턴은 '마법의 재료(magic ingredients)'다. 이는 제품의 생산 과정에서 상대적으로 낮은 가격으로 높은 가치를 창출하는 투입물을 일컫는 말이다. 마법의 재료는 다양한 상황에서 효과를 발휘한다. 일례로 식품 및 음료 산업에서 제품을 생산할 때 투입하는 효소, 감미료, 향신료 같은 재료를 생각해볼 수 있다. 요구르트를 제조하는 기업이 종균(種菌)이나 향 첨가물에 소비하는 돈은 전체 생산비와 비교해서 아주 적은 금액에 불과하다. 하지만 이 재료들은 요구르트의 맛과 식감에 큰 영향을 미치고 궁극적으로 제품의 판매량을 좌우할 수 있다.

이는 산업용 제품의 생산 공정에서 산소, 수소, 이산화탄소 같은 가스가 담당하는 역할과 비슷하다. 제강 공장이 산소를 구매하는 비용은 전체 생산비의 극히 일부지만, 산소의 공급에 지장이 초래되면 공장 전체가 가동을 멈출 수 있다. 따라서 기업들은 더 높은 가격을 치르고라도 이 '유료 도로'를 점거한 평판 좋은 업체들로부터 산소를 구매하려 한다.

크리스티안 한센: 마법의 재료의 위력

송아지의 내장은 세계적인 기업의 토대 제품이 되기에는 그렇게 매력적인 상품처럼 보이지 않는다. 하지만 크리스티안 한센(Christian Hansen)이 처음 설립됐을 때 판매했던 유일한 제품은 바로 레닛(rennet)이었다. 이는 송아지의 네

번째 위에서 추출한 복합 효소로, 주로 치즈 공장에서 치즈를 굳힐 때 사용된다. 1874년 이 기업의 설립자는 덴마크 코펜하겐의 어느 철공소 부지에서 자신의 이름과 똑같은 간판을 단 기업을 세우고 레닛을 상업적으로 생산하기 시작했다. 크리스티안 한센은 해외로 빠르게 사업을 넓혀나갔다. 대리점들은 한센이 생산한 레닛을 유럽 전역에 판매했고, 미국에도 레닛을 분말로 제조하는 공장이 문을 열었다.

크리스티안 한센은 얼마 되지 않아 유제품을 위한 천연 색소와 요구르트, 버터, 사워크림 같은 식품들에 사용되는 배양 종균 같은 제품도 선보였다. 또 기술도 나날이 발전해서 동물의 위장이 아니라 현대식 발효 기술을 사용해서 대부분의 응고제를 생산하게 됐다. 오늘날 크리스티안 한센은 식품 업계에 배양 종균과 효소를 공급하는 세계 최고의 기업으로 성장했다. 식품 산업은 이 회사의 비즈니스에서 큰 비중을 차지한다.

우리가 슈퍼마켓에서 무심코 집어 든 고다 치즈에는 크리스티안 한센의 간판 제품인 중온성 배양 균주나 호열성 배양 균주가 들어 있을 가능성이 매우 크다. 이 종균 제품들은 우유를 치즈로 바꿔주는 촉진제 역할을 하거나 치즈 숙성 시에 향을 더해주는 효소를 방출하는 등 치즈의 제조 과정에서 다양한 일을 해낸다. 전통적인 유제품 제조 기업들은 치즈를 생산할 때마다 다음번에 사용할 종균을 추출해서 자체적으로 보관하지만, 종균의 효과 면에서 일관성이 부족한 경우가 많다. 크리스티안 한센은 신뢰할 만한 결과물을 반복적으로 생성하는 종균 제품을 공급함으로써 그런 문제를 해결한다. 이 기업이 판매하는 종균은 향과 식감에서 일관성이 있고 품질도 우수하다. 전통적인 치즈 제조 기업이 크리스티안 한센의 제품으로 종균을 바꾸기까지는 꽤 시간이 걸릴 수 있지만, 한 번 전환이 이뤄지면 두 기업 사이에는 매우 돈독한 관계가 형성된다.

이 기업의 성공 비결은 몇 가지로 설명할 수 있다. 첫째, 고객 기업들의 전체 생산 원가에서 한센의 제품이 차지하는 비율이 절대적으로 낮다. 고객이 한센으로부터 배양 종균을 구매하는 비용은 전체 생산 원가의 1%에도 미치지 않지만, 그 종균이 최종 제품의 상업적 운명을 결정할 수도 있다. 종균의 원가가 너무 낮다 보니 고객이 그보다 가격이 더 저렴한 대체품을 구매해서 절약할 수 있는 금액은 무시해도 될 정도로 적다. 둘째, 종균은 식품의 향과 식감에 직접적인 영향을 미친다. 요구르트 같은 제품에서는 이런 특징들이 소비자를 만족시키는 결정적인 요인이다. 성공적인 제품의 제조법에 손을 대는 것은 위험한 행동이다. 셋째, 한센의 제품은 고객들의 생산 효율성을 개선한다. 즉 낮은 비용으로 제품의 가치를 높이고 비용도 절약해준다.

크리스티안 한센은 규모의 경제를 통해 톡톡히 혜택을 본다. 효소 생산은 규모의 싸움이다. 생산 단위가 클수록 이익이 많이 남는다. 한센은 전 세계 시장의 약 45%에 달하는 높은 점유율 덕에 업계에서 가장 규모가 크고 기술적으로도 앞선 생산 시설을 구축할 수 있게 됐다. 경쟁사들은 그런 거대한 시설 투자가 필요할 만큼 제품 판매량이 많지 않다. 크리스티안 한센은 R&D 예산에서도 타의 추종을 불허한다. 유전자 수준까지 세심하게 문서화된 방대한 균주 라이브러리는 R&D의 효율성을 높여주는 역할을 한다. 이렇듯 우수한 지식 기반과 R&D를 위한 꾸준한 투자로 무장한 크리스티안 한센은 업계에서 독보적인 위치를 굳힘과 동시에 새로운 참여자들이 이 시장에 진입할 엄두를 내지 못하도록 높은 진입 장벽을 쌓고 있다.

자신들보다 규모가 큰 산업 분야에 핵심 제품을 공급하는 틈새 공급 기업으로서 한센이 얼마나 우월한 위치에 올라 있는지는 이 기업의 눈부신 재무 실적에

> 서 그대로 드러난다. 2013/2014 회계연도 기준으로 한센의 영업 이익률은 전년 대비 약 25%, 투하 자본 수익률은 약 35% 성장했고, 매출은 약 8% 늘었다. 이 기업은 2010년 주식 시장에 상장된 이래로 해마다 비슷한 성장률을 달성했다. 중요한 소비재 제품을 생산하는 것을 자랑스러워하는 기업은 많지만, 적은 비용으로 생산의 효율성을 높이고 결과물의 가치를 획기적으로 바꿔주는 제품을 공급하는 기업은 흔치 않다. 그것이야말로 진정한 '마법의 재료'다.

산업 구조와 수익성

'유료 도로'를 점거하는 기업들은 대부분 독점이 아니라 과점을 이루고 있다. 고객이나 정부는 경쟁자들이 난립한 시장보다 생산자가 몇 개로 국한되어 있는 시장의 가치를 더 높이 평가하지만, 공급 기업이 단 하나뿐인 시장에서는 소비자들이 너무 높은 비용을 치러야 한다고 생각한다. 세계적인 재무 감사 기업이 4개, 산업용 가스 공급 기업이 4개, 신용 평가 기관이 4개, 테스트 및 인증 기업이 3개인 것은 그런 이유에서다. 이 시장들은 독점 상태가 아닐뿐더러 경쟁자들이 공급하는 제품과 서비스도 엇비슷하다. 따라서 그들은 앞으로도 수십 년 동안 이와 같은 경쟁 상태가 유지되리라는 사실을 잘 알고 있다. 그런 이해를 바탕으로 서로 건전한 경쟁을 이어간다.

4

저가 플러스

경쟁자보다 싼 가격에 제품을 판매하는 전략만으로 경쟁 우위를 장기간 유지하는 기업은 드물다. 그러나 가격 할인과 함께 다른 차별화 요소가 합쳐지면 퀄리티 기업의 매력적인 패턴으로 바뀔 수 있다. 우리는 이런 전략을 '저가 플러스(low-price plus)'라고 부른다. 소비자가 제품의 가격을 매우 중요시하는 시장에서 활동하는 기업은 경쟁자들이 언제라도 가격을 내릴 수 있는 위험에 노출되어 있다. 하지만 일부 기업은 저가 전략을 바탕으로 놀라운 성장을 거두고 있으며, 그중 몇몇은 퀄리티 기업으로 당당히 인정받을 만한 자질을 갖추고 있다. 이케아(IKEA), 인디텍스(Inditex), 코스트코(Costco) 같은 유통 기업들이 지난 몇십 년간 달성한 놀라운 성공이 그 사실을 증명한다. 하지만 가격 전략만으로는 그들의 성공과 비즈니스 모델의 지속성을 설명할 수 없다. 그보다는 저렴한 가격과 함께 경쟁자들의 진입을 방어할 수 있는 다양한 형태의 보호막으로 인해 그런 패턴이 만들어졌다고 봐야 한다.

저가를 표방하는 비즈니스 모델

주위 사람들에게 값이 비싸지 않으면서도 품질이 괜찮은 가구를 어디에서 살 수 있느냐고 물으면 십중팔구 이케아를 방문해보라는 대답이 돌아온다. 가격이 저렴한 여성 패션용품을 판매하는 곳을 물으면 대개 프라이마크(Primark), H&M, 자라(Zara) 같은 기업들이 언급된다. 독일인들에게 값싸고 질 좋은 안경을 살 수 있는 브랜드를 물으면 대부분 필만(Fielmann)을 이야기한다. 자사의 브랜드에 가격이 저렴하다는 인식을 심어두는 방식으로 가격 주도형 비즈니스 모델을 구축한 기업은 경쟁자들의 무차별한 저가 공세를 막아낼 수 있다.

저가 브랜드의 성공은 다음 몇 가지 요인에 따라 좌우된다. 첫째, 어느 정도의 제품 차별화를 달성해야 한다. 가격이 저렴하면서도 품질이 괜찮은 패션용품이나 가구(가령 청바지와 소파)를 찾는 소비자들은 대부분 매장에 들어가 옷이 몸에 잘 맞는지, 또는 가구의 품질이 괜찮은지를 직접 확인해보고 구매 결정을 내린다. 제품의 가격이 본인의 예산 범위에 들어 있는 한 길거리의 상점에서 더 싼 청바지나 소파를 구할 수 있다 해도 처음 집어 든 물건의 가격을 자세히 따지지 않는다. 이처럼 저가를 표방하는 비즈니스 모델은 소비자들이 제품 가격에 상대적으로 느슨한 태도를 보이게 함으로써 경쟁자들의 가격 공세를 극복해낸다.

차별화 제품(differentiated product)과 표준화 제품(commodity product)의 차이점을 비교해보면 이 비즈니스 모델을 성공으로 이끄는 데 필요한 조건이 무엇인지 알 수 있다. 저가를 표방하는 브랜드는 기존 제품들과 비슷하면서도 차별화된 제품을 판매해야 한다. 다시 말해 이케아의 가구 제품들은 표준화되어 있으면서도 뭔가 달라야 한다. 제품의 품질과 차별화를 동시에 달성한 기업은 제품을 매력적인 가격에 판매할 뿐 아니라, 그 가격이 과연 시장에서 가장 저렴한지를 소비자가 따져볼 여지를 주지 않는다.

저가 브랜드 전략이 기업의 수익 모델에 첫 번째 보호막이 되어주는 것은 사실이지만, 여기에는 추가적인 보호 장치가 필요하다. 이 브랜드 전략이 효과를 발휘하는 것은 고객들이 원하는 제품과 서비스를 제공할 때뿐이다. 이는 매력적이면서도 합리적인 거래라고 할 수 있다. 하지만 그런 전략을 구사하는 일은 쉽지 않으므로 기업들은 두 번째 보호 장치로 이어지는 비밀의 열쇠를 손에 넣어야 한다.

그 핵심은 바로 '규모'다. 저가 브랜드 전략이 성공하기 위해서는 큰 비용을 들여서라도 전 세계의 시장에서 수많은 정보를 실시간으로 입수하고 이를 체계적으로 분석하는 노력이 필요하다. 저가 브랜드 모델의 성공은 시장 수요의 변동에 대한 지속적이고 신속한 대응에 달려 있다. 그 말은 급변하는 소비자들의 취향을 이해하고, 공급망을 통제하고, 재고를 효율적으로 관리하고, 유통 업무를 능숙하게 처리해야 한다는 뜻이다. 그런 일을 해내기 위해서는 훌륭한 업무 설계자, 뛰어난 운영 담당자, 통합된 정보 기술 등이 필요하다.

신생 기업이 이런 역량을 구축하기는 쉽지 않다. 물론 정보 기술이 점점 발전하고 공급망 자동화가 일반화되면서 이 비즈니스 모델도 경쟁자들의 공세 앞에 갈수록 취약해질 것이다. 그러나 저가 브랜드를 표방하는 기업들은 저가 전략의 취약성에서 자신들을 보호해주는 지속적 경쟁 우위를 여전히 즐기는 모습이다.

저비용 제곱 전략

어떤 기업이 소비자들에게 꾸준히 저가 제품을 제공할 수 있는 이유는 십중팔구 제품의 생산 원가를 낮췄기 때문일 것이다. 하지만 일부 저가 브랜드 기업은 그 밖에도 다양한 방법으로 비용을 절감해나가면서 경쟁 우위를 확보하기도 한다. 이런 과정을 통해 절약하는 비용이 점차 축적되면서 경쟁자를 물리치고 새로운 진입자를 막아낼 수 있는 여력이 생겨나는 것이다. 우리는 이를 '저비용 제곱(low-cost squared) 전략'이라고 부른다.

기업들이 생산 원가를 낮추는 데 매달리다 보면 일시적으로는 시장에서 가장 원가가 낮은 기업의 자리를 차지할 수도 있다. 하지만 그런 형태의 저비용 전략은 단기적인 경쟁 우위에 그칠 수밖에 없다. 경쟁자들이 금세 모방하기 때문이다. 예를 들어 팰릿(pallet, 물건을 적재해서 이동하기 위해 사용하는 나무 받침판) 위에 물건을 쌓아두는 상품 진열 방식은 대형 할인 매장에서 처음 시작됐지만, 이제는 수많은 슈퍼마켓에서 흔히 볼 수 있는 광경이 됐다. 사우스웨스트 항공(Southwest Airlines) 같은 저비용 항공사들은 항공기의 턴어라운드 타임(turnaround time, 항공기가 비행을 마친 뒤에 다음번 비행을 시작할 때까지의 준비 시간-옮긴이)을 획기적으로 단축한 선구자가 됐지만, 전통적인 항공사들이 곧 그들의 뒤를 따라 똑같은 방식을 채택했다.

이에 반해 '저비용 제곱 전략'을 구사하는 기업은 경영 과정의 모든 단계에서 비용을 낮출 수 있는 비즈니스 모델, 조직, 문화를 만들어낸다. 이렇게 조직 구성원들의 마음속에 깊이 뿌리 내린 비용 절감의 사고방식은 평범한 가격 인하 전략으로는 구축하기가 불가능한 방어막을 쌓을 수 있다. 그들이 창조한 경쟁 우위의 본질은 개별적인 업무 단계나 특정한 조치가 아니라, 이들을 함께 조합한 전략이다. 원재료 구매에서 제품 유통, 직원들의 출장비에 이르기까지 모든 활동에는 비용이 들어간다. 우리는 가격 경쟁력의 원천을 풍부하게 확보한 기업을 투자 대상으로 찾는다. 비용 절감 요소가 다양할수록 경쟁자들이 그 효과를 따라 하는 데 어려움을 겪는다.

자잘한 비용 절감 요소들을 한데 모으고 이를 '제곱'해서 강력한 가격 경쟁력을 확보한 기업의 사례를 알고 싶다면 코스트코를 방문해 보라. 이 기업은 부동산 가격이 저렴한 교외나 시골 지역에 금속 자재로 이뤄진 거대한 매장을 짓는다. 조명 기구도 저렴한 제품을 사용한다. 거의 모든 상품이 팰릿 위에 그대로 놓여 있어서 물건을 선반 위에 진열하거나 수레에 담아 운반하는 비용이 들지 않는다. 매장에서는 고객들에게 비닐봉지도 나눠주지 않는다. 계산원들은 코스트코에서 지정한 신용카드 아니면 현금만 받는다. 하나하나의 비용 절감 요소가 그렇게 크지 않을 수 있지만, 이것들이 한데 모여 이 기업이 추구하는 오직 하나의 목표, 즉 고객들에게 가장 낮은 가격으로 상품을 판매한다는 목표를 누구보다 효과적으로 달성할 수 있는 기반이 형성되는 것이다.

전통적인 유통 기업들은 코스트코의 비용 절감 전략을 따라 하는 데 어려움을 겪을 수밖에 없다. 팰릿을 사용하는 것처럼 본인들이 할 수 있는 일만 부분적으로 따라 할 뿐이다. 개중에는 매장의 높은 임대료로 인해 어려움을 겪는 기업도 있다. 어떤 기업은 상품을 진열하거나 전시하는 데 너무 큰돈을 쓰기도 한다. 또 경쟁사 대부분이 오래전에 도입한 결제 시스템을 그대로 사용하고 있다. 일부 기업은 코스트코의 비즈니스 모델에 도전하기에는 규모 면에서 너무 큰 격차를 보인다.

라이언에어: 저비용 제공 전략

라이언에어는 1985년 런던의 게트윅 공항과 아일랜드의 워터퍼드 공항 사이를 단발 프로펠러 엔진을 장착한 비행기로 운항하면서 영업을 시작했다. 처음에는 영국항공(British Airway)이나 에어링구스(Aer Lingus) 같은 항공사들이 장악한 런던-아일랜드 노선에 초점을 맞춰 사업을 운영했지만, 그 뒤로 30년 동안 유럽 전역으로 시장을 확대하며 수많은 노선을 개척했다. 오늘날 라이언에어는 72개의 허브 공항을 중심으로 매일 1,600편의 항공기를 운항하며 연간 9,000만 명이 넘는 승객을 실어 나른다.

라이언에어가 달성한 놀라운 성공의 비결은, 극도로 비효율적인 데다 이익도 박하기로 소문난 이 업계에서 가장 낮은 비용으로(그것도 경쟁자들과의 격차가 매우 크게) 운송 서비스를 제공하는 항공사로 자리 잡은 데 있다. 라이언에어는 비용 우위라는 경쟁력을 달성한 기업이 얼마나 큰 혜택을 누릴 수 있는지 확실하게 보여준다. 유류비를 제외하고 라이언에어의 서비스 생산 단가는 그들의 가장 큰 경쟁자라 할 수 있는 이지젯(easyJet)의 절반 정도이며, 노르웨지안(Norwegian)이나 에어 베를린(Air Berlin) 같은 다른 경쟁자들과 비교하면 그들의 절반에도 훨씬 못 미친다. 경쟁자들은 라이언에어의 2배가 넘는 항공료를 받아야 겨우 수지타산이 맞을 정도다. 이 항공사가 유럽 전역에서 꾸준히 시장 점유율을 확대해나가는 이유도 그 때문이다.

라이언에어가 저비용 전략을 실천할 수 있는 비결은 효율적인 사업 운영 방식에 있다. 이 기업이 가장 큰 비용 우위를 자랑하는 항목은 공항 측에 지급하는 착륙료다. 라이언에어는 규모가 작은 공항들 사이를 주로 운항해왔기 때문에 다른 항공사들처럼 공항 소유주들을 저자세로 대하기는커녕 오히려 그들에게 주도권을 행사한다. 그 결과 주요 공항들이 너도나도 착륙료를 올릴 때도 라이언에어는 오히려 할인을 받는다. 두 번째 주요 비용 절감 요인은 항공기 구매의 신속성이다. 조종사들의 취향을 존중하는 문화를 지닌 다른 항공사들은 다양한 기종의 최신 항공기들을 사들이는 데 우선순위를 두지만, 라이언에어는 시장의 기회를 잘 활용해서 똑같은 기종의 항공기 편대를 대규모로 구축했다. 2003년에는 업계가 침체기에 빠진 틈을 타 보잉 737-800 모델을 저렴한 가격에 대량으로 구매하기도 했다. 이렇게 여러 대의 항공기를 한꺼번에 사들인 덕분에 제조사로부터 수량 할인을 받을 수 있었고 정비 인력도 자체적으로 보유하면서 유지 보수 비용을 대폭 줄일 수 있게 됐다.

이 두 가지 비용 우위 요소는 서로에게 힘을 실어줌으로써 라이언에어가 강력한 경쟁 우위를 확보할 수 있게 해준다. 그들은 항공기를 싸게 구매한 덕에 고객들에게 저렴한 가격에 항공권을 판매하면서도 짭짤한 이익을 남기며 작은 공항들 사이를 운항할 수 있다. 라이언에어는 이 공항들을 가장 빈번하게 오가는 항공사이므로 자신들의 우월한 위치를 활용해서 남들보다 훨씬 낮은 착륙료를 내고 공항을 이용한다. 최근 이 항공사가 향후 8년에 걸쳐 항공기의 수를 2배로 늘리기로 했다는 사실을 생각하면 이런 역학관계는 앞으로도 계속 유지될 것으로 보인다. 현재 라이언에어만큼 빠른 속도로 성장하는 항공사는 없기 때문이다.

라이언에어는 유럽 항공 산업의 전통적인 운영 방식을 끊임없이 재검토하면서 모든 측면에서 비용을 절감할 방법을 찾아내는 것으로 유명하다. 그들이 내놓은 아이디어가 이따금 세간의 논란을 불러올 때도 있지만, 어느 정도 시간이 흐른 뒤에는 경쟁자들도 어김없이 이 기업의 전략을 모방해서 비용을 절감하기 위해 노력한다. 가령 기내식과 음료를 유료로 제공하고, 체크인 시에 수하물을 부치는 데 돈을 받고, 마일리지 프로그램을 없애고, 이동식 탑승교를 사용하지 않는 등의 비용 절감 방식은 모두 라이언에어가 가장 먼저 시작했다. 이런 대담한 전략은 세간의 이목을 끌었고 개중에는 이를 맹렬히 비판하는 사람들도 있었지만, 그 모두가 저렴한 항공료에 관심을 보이는 고객들의 마음을 사로잡기 위한 전략이었을 뿐이다. 이 기업의 CEO 마이클 올리리는 다음과 같이 말한다.

"우리가 끝없이 잡음을 일으키면 사람들은 우리 회사의 웹사이트에 접속할 것이다. 우리는 다른 회사들처럼 수억 달러를 마케팅에 낭비하지 않는다. 우리 회사가 승객들에게 화장실 사용료를 받는다는 이야기는 지금도 뜨거운 감자가 되어 언론 매체를 오르내린다. 그러나 사실 그 이야기는 우리에게 계속 선물을 주고 있다. 라이언에어는 승객들에게 화장실 사용료를 받은 적이 없지만, 그 뜬소문은 3~4개월을 주기로 소셜 미디어에 올라온다. 언론이 그 이야기를 포착하고, 누군가 이에 대해 기사를 쓰는 것이다."[30]

라이언에어는 저가 플러스라는 퀄리티 기업의 패턴을 유감없이 과시하며 경쟁 우위를 발휘한다. 최근에는 항공기 구매 자금을 금융 기관에서 빌릴 때 자사의 높은 수익성과 저비용 구조를 내세워서 경쟁자들보다 훨씬 낮은 이자를 부담하는 조건으로 계약을 맺었다. 경쟁자들은 직원 연금 같은 구조적 비용 부담 탓에 라이언에어보다 더 많은 이자를 내야 한다. 또 라이언에어는 유럽에서 활동하는 기존 항공사들의 행보가 주춤한 틈을 타 주요 거점 공항들을 오가는 비즈니스 여행 분야에도 진출했다. 이 항공사는 모든 측면에서 저비용 운영을 추구하는 저비용 제곱 전략 덕분에 경쟁자들이 도저히 따라잡지 못하는 독보적인 영업 이익률과 자본 수익률을 달성한다. 2000년대 초반부터 10년 동안 이 항공사의 이익은 3배 정도가 늘었고, 지금도 꾸준히 증가하는 추세다.

은행: 숨겨진 저비용의 승자

일반적으로 금융 산업은 퀄리티 기업들이 많이 포진한 분야라고 할 수 없지만, 이곳에도 사람들이 잘 모르는 저비용의 승자들이 숨어 있다. 사실 금융 산업에는 투자자들이 싫어하는 온갖 요소, 즉 극도로 표준화된 상품, 높은 부채 비율, 정부의 각종 규제, 경기의 주기성 같은 요소들이 한데 몰려 있는 것처럼 보인다. 은행의 매출 총이익률은 은행에서 자금을 빌리는 사람이 치르는 돈(채무자에게 받는 이자)에서 자금을 조달하는 비용(돈을 맡긴 예금주에게 지급하는 이자)을 뺀 이자 수익률로 표현할 수 있다. 하지만 이 수익률은 그들이 통제하지 못하는 거시 경제적 환경에 의해 결정되는 경우가 대부분이다. 또한 은행이 어느 정도 재량권을 발휘한다 해도 그 재량권 자체가 위험한 도구로 전락하기가 십상이다. 가령 채무자에게 이자를 너무 적게 받는다든지, 채무자의 신용 위험을 무시하고 돈을 빌려주는 일도 벌어질 수 있다. 특히 후자는 눈에 보이지 않는 추가적인 비용 부담 요소가 되기도 한다. 채무자가 돈을 갚지 못하는 부실 채권이 발생하면 그 비용을 복구하는 데 몇 년이 걸릴 수도 있다. 따라서 은행이 오랜 시간에 걸쳐 높은 수준의 이자 수익률과 영업 이익을 달성하려면 경영 능력이 뛰어난 경영자보다는 신중한 은행가가 필요하다.

시중에 퀄리티 투자의 대상이 될 만한 은행이 그토록 드문 것도 그런 이유 때문이다. 이 시험을 통과한 소수의 조직은 명실상부한 저비용 은행이라고 부를 수 있다. 미국의 웰스 파고(Wells Fargo)나 유럽의 스벤스카 한델스방켄 등이 바로 그런 경우다. 이 은행들은 탄탄한 재무 제표를 바탕으로 예금주들에게 싼 이자로 자금을 조달한다. 한델스방켄의 경우에는 무담보 채권을 포함한 기타 부채 증권을 통해 자금을 마련하고 돈을 떼일 위험도가 낮은 안전한 채무자들에게 돈을 빌려준다. 이 은행들은 낮은 비용으로 자금을 조달하는 덕분에 부실 채권의 위험도가 낮은 대상에게만 선별적으로 자금을 대출해주고 그것만으로도 충분히 이익을 낸다. 게다가 은행 운영비도 낮아서 상대적으로 낮은 이자 수익률만으로 훌륭한 실적을 올린다. 저비용 문화를 전형적으로 상징하는 이와 같은 특징들은 조직의 경쟁력을 강화하는 선순환의 주기를 만들어낸다.

은행이라는 산업에 필연적으로 내포된 위험성, 그리고 퀄리티 기업의 요건을 충족하는 데 필요한 비용 절감의 여지가 적다는 사실로 인해 우리는 투자 대상으로서 은행을 판단할 때 기업 문화를 중점적으로 보는 편이다. 2008년의 금융 위기 속에서 모든 사람이 새삼 목격한 바와 같이, 과거에 위기가 닥칠 때마다 곤경을 치른 은행들은 이번에도 문제를 일으켰다. 그렇다고 잠시 오가는 사람들에 불과한 경영진만을 탓할 수는 없다. 반면 기업 문화는 좀 더 오래 지속되는 퀄리티 기업의 특징으로서, 은행을 포함한 여러 산업 분야에서 중요한 역할을 담당한다(기업 문화는 2부 뒷부분에서 더 자세히 이야기한다).

5

가격 결정력

가격 결정력(pricing power)은 대단히 매력적인 능력이다. 어느 기업이 물가 인상분을 뛰어넘는 수준으로 제품의 가격을 계속 올릴 수 있다면 매출과 수익은 분명히 증가할 것이다. 가격을 올리는 데는 아무런 설비 투자가 필요치 않으므로 자본 수익률 또한 향상된다. 문제는 가격 결정력을 실제로 소유하지 못했는데도 이를 갖췄다고 착각하는 기업이 많다는 것이다. 많은 기업이 가격 결정력을 언급하지만, 이를 진정으로 발휘하는 기업은 거의 없다.

회색 그림자

이상적인 세계에서는 가격 결정력을 소유한 기업이 제품의 가격을 아무리 올려도 판매량은 줄어들지 않는다. 하지만 현실 세계에서는 그토록 절대적인 가격 결정력을 지닌 기업이 거의 없다. 어떤 기업이 제품의 가격을 2배 인상했는데도 판매량이 조금도 줄지 않는다는 것은 있을 수 없는 이야기다.

기업의 가격 결정력은 소비자가 제품을 구매하면서 기대하는 혜택과 그 제품에 가장 근접한 대체재를 샀을 때 얻게 되리라고 생각하는 혜택을 비교한 결과물일 수 있다. 하지만 가격 결정력을 실제로 판가름하는 요인은 제품의 종류가 아니라 그 제품이 거래되는 시장의 경쟁 구조다. 특정 기업이 가격 결정력을 행사하는 시장은 독점 내지 미니 독점의 상태에 놓여 있는 경우가 대부분이다.

사실 어느 정도의 가격 결정력을 지닌 기업들은 그것이 자신들의 독점 상태와 연관된 주제이기 때문에 이에 대해 될수록 논의를 피하는 편이다. 이들은 고객, 잠재적 경쟁자, 규제 기관들이 자신들의 가격 전략에 대해 잘 모를수록 유리하다고 생각한다. 그 기업들이 이 주제를 가장 그럴듯하게 포장하는 방법은 가격을 인상하는 동시에 제품의 기능이나 품질을 개선했다고 주장하는 것이다. 그래야만 고객들이 예전보다 가격이 오른 청구서를 받고도 당황하지 않게 할 수 있기 때문이다. 어느 경우든 가격 결정력을 행사하는 기업은 일정 기간 매출 총이익률이 늘어날 뿐 아니라 그 뒤로도 안정적인 수익 증가를 기대할 수 있다.

일반적인 독점 구조에서 파생되는 가격 결정력은 알아차리기가 쉽다. 독점 기업의 규모가 크고 독점의 형태가 전통적일수록 더 그렇다. 대표적인 예가 특정 지역에서 발행되는 유일한 신문(요즘은 인터넷 때문에 구세대의 유물이 되어버렸지만)이다. 지금도 그런 고전적인 독점 상태가 일부 남아 있지만, 가격 결정력을 소유한 기업들의 특징은 천차만별이다. 그중에서 반복적으로 거론되는 것이 브랜드 파워(brand power)다.

에르메스: 가격 결정력

에르메스(Hermès)의 우아한 매장들은 전 세계 주요 도시에서도 최고로 번화한 위치에 자리 잡고 있다. 이 브랜드는 '명품'이라는 단어와 동의어지만, 기업 로고에서도 볼 수 있듯이 에르메스의 출발은 꽤 평범했다. 티에리 에르메스(Thierry Hermès)는 1837년 파리에 말의 안장을 포함한 각종 마구(馬具)를 제작하는 공장을 세웠다. 소비자들은 지금도 에르메스 안장을 구매할 수 있다. 하지만 오늘날 에르메스를 대표하는 것은 핸드백, 실크 스카프, 넥타이, 향수 같은 유명 제품들이다. 이 기업은 설립된 지 거의 200년이 지났는데도 여전히 티에리의 후손들이 주식 대부분을 소유하고 있다. 그들은 시대를 초월한 장기적 전략에 집중함으로써 현재의 기업 문화를 창조했다.

오늘날 에르메스가 전 세계에서 약 300개의 매장을 운영할 만큼 비즈니스를 크게 확장한 데는 장 루이 뒤마 에르메스(Jean Louis Dumas Hermès)의 장기적 리더십에 힘입은 바가 크다. 그는 1984년 파리에서 런던으로 날아가는 도중 비행기에서 만난 여배우[가수 겸 영화배우 제인 버킨(Jane Birkin)-옮긴이]에게 힌트를 얻어 버킨 백이라는 유명한 제품을 디자인했다. 에르메스의 제품이 모두 그렇듯이 버킨 백도 가격이 매우 비싸다. 하나에 몇 만 달러를 호가할 정도다. 가장 저렴한 제품에 속하는 실크 넥타이에도 180달러의 가격표가 붙어 있다. 에르메스의 제품은 시중에서 흔히 볼 수 있는 평범한 브랜드뿐만 아니라 다른 럭셔리 브랜드들과 비교했을 때도 엄청나게 고가다.

이런 가격 결정력의 비결을 어떻게 설명해야 할까? 그중 하나는 제품의 품질이 대단히 우수하다는 것이다. 전체 제품 라인의 절반에 달하는 가죽 제품들은 다년간 훈련받은 숙련공들에 의해 프랑스에서 제작된다. 다른 럭셔리 브랜드들이 가죽 제품의 제조를 저비용 국가로 점점 아웃소싱하는 추세와는 정반대의 모습이다. 버킨 백이나 켈리 백 같은 일부 품목은 한 사람의 장인이 제품 하나에 꼬박 20시간을 들여 제작한다. 이 기업은 실크든 가죽이든 최상급의 재료만 사용하고, 안정적인 제품 공급을 위해 최고의 가죽 장인들이나 실크 상인들과 독점적인 관계를 유지한다.

무엇보다 중요한 것은 브랜드의 이미지다. 에르메스의 제품들은 현대적이라기보다 고전적인 스타일이다. 과거 말 안장을 박음질할 때 사용했던 새들 스티칭(saddle-stitching)이라는 바느질 기법을 자사의 가죽 제품에 여전히 사용할 정도다. 이 박음질 기술은 1918년 티에리의 손자가 여행용 가방 같은 가죽 제품군을 출시할 때 처음 개발했다. 에르메스 매출의 80% 이상은 자사가 소유한 매장에서 나온다(나머지 매출은 대부분 공항 면세점에서 발생한다). 에르메스 매장의 우아한 외부 디자인과 실내 분위기는 이 기업의 품격 높은 브랜드의 연장선이자 고객 소통의 핵심 요소라고 할 수 있다. 또 에르메스는 오랜 시간 훈련받은 판매원들을 통해 고객에게 높은 수준의 서비스를 제공한다.

이 기업의 가격 결정력을 더욱 높여주는 요소 중 하나는 제품의 희소성이다. 에르메스는 제품의 생산 능력을 늘리고 기업의 성장을 도모할 목적으로 기술자들을 새로 양성하는 등 여러 조치를 단행했지만, 그것만으로는 수요의 병목 현상을 해결하기에 역부족이다. 이 기업에는 일부 에르메스 품목이 생산되기를 기다리는 단골들의 대기자 명단이 있다고 알려져 있다. 가장 인기가 많은 제품의 경우에는 대기자 명단이 4년 뒤까지 이어지기도 한다. 이런 폭발적인 수요로 인해 상대적으로 불투명한(하지만 대단히 높은) 가격 구조가 형성된다. 에르메스의 매장 대부분은 소비자들이 오직 그 매장에서만 구할 수 있는 특별 제품들을 판매한다. 따라서 고객들은 이 기회를 놓치면 그 제품을 영영 구매할 수 없다는 위기의식을 느끼게 된다. 어떤 제품들은 수집가들이 군침을 흘리는 희귀 아이템으로 꼽히기도 한다. 20년 전 홍콩에서 열린 크리스티 경매에서는 악어가죽으로 만든 에르메스의 자홍색 버킨 백 한 점이 22만 3,000달러에 낙찰됐다.

에르메스는 자사가 소유한 매장들의 네트워크 덕분에 제품 유통에 높은 수준의 통제력을 발휘할 뿐만 아니라 가격 책정에 대해서도 완벽한 권한을 지닌다. 에르메스는 제품 가격을 절대 할인하는 법이 없다. 오히려 수시로 가격을 인상하고, 인플레이션이 있을 때마다 어김없이 물건 가격을 올린다. 가격을 인상함으로써 수요가 줄어드는 폭은 무시해도 될 만큼 미미하다. 럭셔리 아이템은 가격이 비쌀수록 더 많은 사람이 찾는다는 역설적인 사실을 그대로 보여주는 대목이다.

이런 요인들이 모두 합쳐져서 에르메스에게 타의 추종을 불허하는 가격 결정력을 부여한다. 그 혜택은 에르메스의 매력적인 재무 보고서에 고스란히 반영되어 있다. 30%가 넘는 영업 이익률 덕분에 현금 흐름은 풍부하고 예측하기도 쉽다. 투하 자본 수익률도 30%에 달한다. 이 기업은 지난 30년 동안 매년 11%가 넘는 매출 증가율을 달성했고, 실적이 최악이었던 2009년에도 약 4% 성장했다. 에르메스는 이런 눈부신 재무 실적을 바탕으로 선조들의 찬란한 유산 속에서 창의적인 역사를 이어가고 있으며 제품 품질에 대한 약속도 지켜내고 있다.

조건적 가격 결정력

기업들이 제품 가격을 결정하는 과정에서 자주 관찰되는 패턴 중 하나가 '조건적 가격 결정력'이다. 어느 기업이 특수한 영업 상황에서 반복적으로 누리는 가격 결정력을 일컫는 말이다. 가령 항공기 제트 엔진을 제조하는 기업은 그 제품의 유지 보수 서비스에 대해 높은 가격 결정력을 행사한다. 하지만 이는 엔진을 먼저 판매해야만 얻을 수 있는 조건적 능력이다. 게다가 엔진을 처음 판매하는 순간에는 가격 결정력을 발휘하지 못한다. 이와 비슷하게 충성도 높은 중개자들을 통해 독점적인 지위를 누리는 기업들도 어느 정도의 가격 결정력을 행사한다. 조건적 가격 결정력은 상황에 따라 형태가 다양하게 달라질 수 있어서 시장에서 대체로 저평가되는 경향이 있다. 그로 인해 퀄리티 투자자들에게 뜻밖의 잠재적 가치를 안겨주기도 한다.

가치 상승과 가격 인상

또 다른 형태의 가격 결정력은 제품의 가치를 높이는 대신 가격을 인상할 수 있는 능력이다. 인상된 가격과 비교해서 제품의 가치가 얼마나 향상됐는지는 불확실할 수도 있지만, 소비자들은 기꺼이 지갑을 연다. 대표적인 예가 소프트웨어 산업이다. 소프트웨어 기업이 제품의 기능을 약간 개선하고 가격을 크게 인상하는 경우는 흔하다.

어떤 산업에서는 제품의 가치와 가격을 맞바꾸자는 기업의 가치 제안이 외부인들의 눈에는 의아해 보여도 최종 소비자들에게는 큰 의미가 있을 수 있다. 농부들이 재배하는 작물의 종자를 생각해보라. 몬산토 같은 다국적 식량 기업들은 농부들의 연간 소출을 1~2% 늘려주는 종자를 개발한다. 그리고 그렇게 증가한 가치를 농부들과 공유한다. 다시 말해 매년 소출 증가에서 발생하는 수익의 3분의 1은 회사의 몫으로 확보하고 나머지는 농부들에게 돌아갈 정도로 씨앗 가격을 올리는 것이다. 제품의 가치를 높이는 대신 가격 인상이 가능한 제품을 꾸준히 개발하는 기업은 장기적인 가격 결정력을 확보할 수 있다.

부정적 측면: 제품 가격 하락

하지만 가격 결정력 옆에는 '제품 가격 하락'이라는 해롭고 불길한 이름의 친척이 따라다닌다. 제품의 가격이 추락하는 현상은 기술적 혁신으로 인해 제품의 공급량이 대규모로 증가할 때 주로 발생한다. 컴퓨터 하드웨어 산업이 대표적인 예라고 할 수 있다.

어떤 업계에서는 기업들이 제품 가격 하락에 따른 손실을 판매량 증대, 운영 효율성 개선, 장비 가격 인하 등으로 만회하며 그 시기를 중·단기적으로 견뎌내기도 한다. 하지만 아무리 안간힘을 써도 기업의 수익성은 결국 마이너스를 향해 치달을 수밖에 없다. 그런 산업에서 활동하던 많은 기업이 결국 문을 닫았다. 우리가 잘 모르는 이 분야의 잠재적 승자들이 있을지 모르지만, 우리는 그런 곳에는 될수록 투자를 피하는 편이다.

6

브랜드의 힘

강력한 브랜드라고 해서 꼭 승리자가 되는 것은 아니다. 미국의 항공사 팬 아메리칸 항공(Pan American Airways)은 1970년대에 최고의 전성기를 누렸다. 이 항공사의 브랜드는 세계에서 가장 유명한 이름 중 하나였고 그 자체로 화려함과 모험의 상징이었다. 하지만 그런 높은 명성을 지닌 브랜드도 장기적인 재무 실적을 보증하지는 못했다.

이 항공사는 원래부터 구조적으로 문제가 많았던 산업 분야에서 온갖 외적인 도전 요소들을 견뎌내며 영업을 계속하다 1991년 결국 이를 이겨내지 못하고 문을 닫았다. 항공사, 은행, 신문, 통신 산업에 이르기까지 수많은 기업이 높은 브랜드 인지도를 자랑하면서도 부실한 재무 성과로 인해 고전한다.

세상에 널리 이름이 알려지는 것은 성공이라는 방정식의 한 부분일 뿐이다. 진정으로 성공하는 브랜드는 제품, 디자인, 이미지 등 모든 측면에서 차별화된 가치를 제공한다. 승리하는 브랜드는 논리적이든 감정적이든 고객들에게 친숙한 느낌을 안겨주고 그들의 삶에 밀접하게 접근한다. 더 나은 표현이 없어서 아쉽지만, 한마디로 그런 브랜드는 사람들에게 사랑받는다.

여기에는 산업의 구조도 한몫을 거든다. 애플의 브랜드에는 '열광적인 팬'이 많다. 루이 비통 같은 럭셔리 브랜드도 평생 이 기업의 제품만 애용하는 극성 소비자들을 몰고 다닌다. 하지만 에어 프랑스(Air France)나 델타(Delta Airlines) 같은 항공사, 또는 뱅크 오브 아메리카(Bank of America)나 HSBC 같은 은행에 그렇게 열광적인 고객이 있다는 말은 들어본 적이 없다.

차별화되거나 고객이 친숙함을 느끼는 제품을 개발한 기업은 프리미엄 가격을 책정할 수 있고, 높은 시장 점유율을 확보할 수 있다(프리미엄 가격 및 시장 점유율이라는 두 패턴과 브랜드 파워 사이에는 긴밀한 연관성이 존재한다). 그런 브랜드는 경쟁자가 모방할 수 없는 독보적인 유산을 바탕으로 시장에서 오래 살아남는다.

유산: 시간이 가치를 더해주는 브랜드

어떤 브랜드는 오래된 물건일수록 더 높은 가치로 평가받는다. 고객이 까르띠에(Cartier) 목걸이를 구매했다는 말은 멋진 보석 한 점을 손에 넣었을 뿐 아니라 유럽 왕실의 발자취가 담긴 역사의 한 조각을 목에 걸었다는 뜻이다. 레이밴(Ray-Ban)의 에비에이터(Aviator) 선글라스는 영화배우나 비행기 조종사들이 지난 수십 년간 쌓아온 전통의 흔적을 소비자에게 선물해준다. 이런 유산은 아무나 흉내 낼 수 없다. 아무리 많은 돈을 쏟아부어도 유구한 역사를 재생산하는 것은 불가능하다.

개중에는 특정 지역과 긴밀한 연관성을 지닌 브랜드 유산도 있다. 예를 들어 코냑이라는 술은 프랑스의 일부 지방에서만 생산된 제품에만 그 이름을 붙일 수 있도록 법으로 규정되어 있다. 또 특정 지역과의 연관성은 덜해도 위력이 절대 약하지 않은 브랜드도 있다. 소비자들은 스위스 초콜릿이 핀란드 초콜릿보다 더 맛있다고 생각하고, 이탈리아나 프랑스의 가죽 제품이 다른 곳에서 생산된 제품보다 품질이 좋다고 인식한다.

신뢰와 일관성

브랜드는 약속이다. 브랜드의 이름 안에는 제품의 품질과 특징에 관한 보증서가 고스란히 녹아 있다. 때로는 이 약속이 대담할 때도 있고(BMW의 '궁극의 드라이빙 머신'처럼), 상대적으로 좀 더 겸손할 때도 있다. 어느 경우든 그 브랜드의 약속은 해당 브랜드가 존재하는 한 끝까지 지켜져야 한다.

맥도날드가 세계적인 성공을 거둔 이유는 세상 어느 곳에서나 똑같은 품질의 음식을 청결한 환경에서 저렴한 가격으로 소비자들에게 전달한다는 가장 단순한 원칙을 고수하기 때문이다. 선진국을 중심으로 건강에 관심을 보이는 사람이 많아지면서 맥도날드 같은 패스트푸드 기업에도 이따금 역풍이 닥치기는 하지만, 이 기업의 단순하고 일관된 원칙은 레스토랑 브랜드로서 전례 없는 세계적 성공의 밑거름이 되고 있다.

디아지오: 브랜드의 힘

1997년 기네스(Guinness)와 그랜드 메트로폴리탄(Grand Metropolitan) 두 기업이 합병해서 탄생한 디아지오는 비교적 최근에 등장한 업계의 거물이라 할 수 있다. 하지만 디아지오가 거느린 풍부한 브랜드 포트폴리오 안에는 남들이 부러워할 찬란한 과거의 유산이 담겨 있다. 그중 많은 브랜드가 18세기와 19세기에 걸쳐 세상에 나왔다. 저스테리니 앤드 브룩스(Justerini & Brooks, J&B) 위스키는 1749년 런던에서 설립됐고, 아서 기네스(Arthur Guinness)는 1758년 더블린의 세인트 제임스 게이트 양조장에서 처음으로 검은색 맥주를 빚어냈다. 이 양조장에서는 지금도 기네스 맥주를 생산한다. 스카치위스키를 생산하는 증류소 대부분이 1800년대 초반에 문을 열었다. 라가불린(Lagavulin) 양조장은 1816년부터 술을 만들기 시작했고, 탱커레이(Tanqueray)나 스미노프(Smirnoff) 같은 브랜드들도 1800년대 초반부터 중반 사이에 영업을 시작했다.

이런 브랜드들은 대부분 과거의 전통과 뛰어난 마케팅 전략에 힘입어 막강한 브랜드 가치를 발휘한다. 덕분에 기업은 해당 제품에 프리미엄 가격을 책정하고 높은 수익성을 달성할 수 있다. 브랜드의 유서 깊은 역사가 어떻게 매출을 끌어올리고 가격 상승을 견인하는지 잘 보여주는 사례 중 하나가 스카치위스키다. 이 분야는 디아지오에게 신흥 시장에서의 최대 매출과 함께 그룹 전체 수익의 약 3분의 1을 안겨주는 사업 부문으로 자리 잡았다. 그중 가장 중요한 스카치 브랜드가 조니 워커(Johnnie Walker)다. 이 브랜드가 소비자들의 마음을 사로잡는 매력의 핵심은 무엇보다 제품의 오랜 전통에 있다고 할 수 있다. 조니 워커는 1860년에 처음 다른 나라로 수출되기 시작했고, 1879년에는 호주에서 첫 번째 상을 받았다. 이 위스키만의 특징인 사각형 병은 배에 쌓고 운반하기 쉽도록 그렇게 설계됐다고 한다.

이 브랜드는 누구도 따라 하지 못하는 유서 깊은 역사 덕분에 강력한 경쟁 우위를 누린다. 물론 역사가 깊다는 이유만으로 위스키가 잘 팔려나가는 것은 아니다. 조니 워커는 브랜드의 영향력을 극대화하기 위해 군소 경쟁자들이 도저히 따라잡지 못할 정도로 엄청난 투자를 집행한다. 디아지오는 연간 25억 달러를 광고비로 쏟아붓는다. 그들이 판촉 활동을 통해 소비자들에게 안겨준 비전과 영향력은 주기적으로 세간의 찬사를 받는다. 디아지오가 조니 워커 제품 판촉을 위해 시작한 킵 워킹(Keep Walking) 캠페인은 소비자들의 마음에 깊은 울림을 선사했으며, 덕분에 이 브랜드는 스카치위스키 업계에서 세계 최고의 판매량과 매출액을 기록했다.

스카치위스키 시장에서 디아지오의 또 다른 친구는 바로 '시간'이다. 스코틀랜드 지역에 있는 양조장의 떡갈나무 통 속에서 3년 이상의 숙성 기간을 거친 술이어야만 스카치라는 이름을 붙일 수 있다. 위스키는 오래된 제품일수록 가격이 비싸다. 10년 이상 숙성한 제품에는 프리미엄 가격표가 붙는다. 2014년 디아지오는 40년 된 브로라(Brora) 위스키 160병을 출시했다. 지금까지 세상에 나온 싱글 몰트(주로 보리를 원료로 하나의 증류소에서 단식 증류기를 이용해 만든 몰트 위스키-옮긴이) 위스키 중에 가장 가격이 비싼 제품으로, 소비자 가격은 한 병에 1만 달러를 훌쩍 넘어간다.

제품을 만드는 데 오랜 시간이 걸릴수록 경쟁자들의 진입을 막는 장벽은 높아진다. 신규 기업이 시장에 들어와서 소비자들에게 위스키를 판매하려면 매출이 한 푼이라도 발생하기 전에 먼저 막대한 자본을 투자해야 한다. 그들이 시장 수요가 발생하기 전에 재고 확보를 위한 전략을 세워야 한다는 말은 오래되고 수익성 높은 위스키 제품의 공급이 부족할 때가 많다는 뜻이다. 디아지오의 시장 점유율은 모든 프리미엄 스카치위스키를 통틀어 50%에 육박한다. 이 기업은 오랜 전통, 강력한 브랜드 포지셔닝, 높은 진입 장벽 같은 경쟁력을 바탕으로 스카치위스키 제품에 막강한 가격 결정력을 행사한다. 최근 몇 년간 디아지오가 위스키 한 상자를 팔아서 올린 매출은 연평균 6%씩 증가했다.

디아지오는 프리미엄 주류 시장의 세계적 선두 주자다. 시장 점유율은 평균 30%를 오르내린다. 경쟁자들과 비교해서 제품 분야의 폭이 넓고 물건의 가격대도 그만큼 다양하다. 디아지오가 유통업자나 고객들에게 가장 선호하는 파트너로 꼽히는 이유도 그 때문이다. 이 기업은 최고의 프리미엄 브랜드부터 대중적인 브랜드에 이르기까지 소비자들에게 넓은 선택의 폭을 제공한다. 이런 장점들은 서로에게 힘을 보태준다. 다양한 브랜드를 통해 소비자들에게 더 가깝게 다가갈 수 있고, 더 많은 고객을 확보할수록 더 많은 돈을 마케팅에 쏟을 수 있다. 개별 브랜드의 규모가 성장함에 따라 전체적인 규모의 경제를 바탕으로 광고를 집행할 여력이 생겨난다. 브랜드의 위력이 강해지면서 제품에 더 높은 가격표를 붙일 수 있는 가격 결정력이 확보된다. 또 사업의 규모가 커짐에 따라 비용 효율성도 높아진다.

이런 선순환의 고리 덕분에 개별 브랜드들이 그룹 전체에 제공하는 혜택은 더 확대된다. 이는 디아지오의 높은 매출 총이익률(60% 이상)과 매력적인 영업 이익률(30% 내외)을 견인하는 요인이기도 하다. 수많은 브랜드가 저마다 자랑하는 독특한 유산은 기업이 강력한 재무적 지표를 유지할 수 있는 장기적 경쟁 우위의 근간이 되어준다. 2014년 디아지오의 CEO가 한 말은 꽤 흥미롭다. 기네스는 더블린의 양조장과 맺은 9,000년의 계약 기간 중 이제 256년을 보냈을 뿐이라는 것이다. 시간은 여전히 디아지오의 편이다.

새로운 도전자의 위협

어떤 산업 분야에서는 브랜드의 역사가 그다지 중요하지 않다. 닌텐도(Nintendo)는 비디오 게임 업계에서 가장 유명한 브랜드 중 하나다. 1889년 화투를 만드는 것으로 영업을 시작한 이 기업은 1977년 첫 번째 비디오 게임을 생산한 이후로 슈퍼마리오를 포함한 유명 캐릭터들을 속속 출시했다. 하지만 닌텐도는 위(Wii) 제품을 내놓으면서 부분적으로 실적을 만회하기 전까지 줄곧 고전을 면치 못했다. 2000년대 초에 들어서면서 마이크로소프트의 엑스박스(Xbox)나 소니의 플레이스테이션(Playstation) 같은 경쟁 제품들에 뒤처지게 된 것이 결정적인 이유였다. 마이크로소프트가 1981년에야 설립됐고 플레이스테이션이 1994년에 비로소 출시됐다는 사실도 그런 시장 구도에 아무런 영향을 끼치지 못했다. 경쟁자들의 우월한 혁신은 닌텐도라는 브랜드의 매력을 잠식해버렸다.

닌텐도의 사례는 기업들이 소비자에게 제공하는 혜택 중에서 새롭고 빠르게 변화하는 기술이 큰 비중을 차지할 때, 기존의 브랜드는 매우 취약한 상태에 놓일 수도 있다는 사실을 잘 보여준다. IT 산업 이외에도 업계의 혁신으로 인해 기존의 브랜드가 취약해지는 분야는 수없이 많다. 숨 쉴 틈도 없이 변화하는 패션 업계도 그중 하나다. 의류 브랜드의 혁신은 영원히 지속될 과제다.

규모의 이점

브랜드의 성공에 중요한 요인 중 하나가 '규모(scale)'다. 비즈니스의 규모가 크면 제품의 마케팅과 유통에 훨씬 유리하다. 에스티 로더나 로레알처럼 높은 시장 점유율을 자랑하는 고급 화장품 기업들은 수익률이 높고 광고 및 판촉에도 많은 돈을 투자할 수 있어서 규모가 작은 경쟁자들보다 소비자들에게 쉽게 접근한다. 스포츠용품 업계의 강자 나이키는 어느 시장에 진출하든 순식간에 광고 노출을 늘리고, 자사의 제품을 홍보하는 최고의 운동선수들을 고용해서 경쟁자들을 위협한다.

유통 부분에서도 이와 비슷한 역학 관계가 나타난다. 비즈니스 규모가 클수록 유통망을 더 효과적으로 통제할 수 있고, 유통업자들이 선호하는 공급업체가 될 수 있다. 소비자 수요가 많은 유명 브랜드가 신생 브랜드에 매장의 진열대를 내주는 경우는 드물다. 어느 슈퍼마켓에 자기가 원하는 브랜드의 화장지가 없다고 발을 끊는 고객은 없겠지만, 그곳에 코카콜라가 없다면 많은 고객이 등을 돌릴 것이다.

유통과 광고, 그리고 판촉은 어느 기업이든 고객들을 유인하고 유지하게 해주는 핵심 요인이다. 전국적인 TV 방송이나 잡지에 광고를 내보내려면 브랜드의 규모와 상관없이 똑같은 돈을 내야 한다. 이익이 많이 남지 않는 소규모 브랜드는 그 비용만 해도 예산의 상당 부분을 차지할 수 있다. 게다가 작은 브랜드들은 규모가 큰 경쟁자들과 비교했을 때 대부분 유통망이 협소하다. 그 말은 영업 건을 하나 성사시키는 데 더 큰 비용이 들어가고 고객들과 연결될 기회도 상대적으로 적다는 뜻이다. 따라서 규모가 큰 시장 참여자들 관점에서는 더 많은 돈을 들인 만큼 충분히 가치를 얻을 수 있는 선순환의 주기가 존재한다고 할 수 있다.

강력한 브랜드를 활용한 성장 촉진

브랜드 파워는 혁신과 확장을 통해 향상된다. 기존의 강력한 브랜드에 창의성과 광고 효과가 더해지면 새로운 제품이나 분야로 사업을 확장할 여력이 생긴다. 패션의 트렌드는 새로운 디자인을 선도하는 전문가들에 의해 창조되지만, 그 트렌드에 불을 지피는 것은 경제적인 대가다. 오클리가 색상이나 모양이 새로 바뀐 선글라스를 내놓으면 소비자들은 그동안 사용하던 물건을 내던지고 새로운 제품을 구매함으로써 패션의 트렌드를 따라가려 할 것이다. 룩소티카 같은 회사들도 선글라스처럼 오래된 기술 기반의 비즈니스를 반복 매출로 전환하는 전략을 실행에 옮기고 있다.

에르메스나 루이 비통 같은 럭셔리 브랜드들도 고가의 핸드백과 여행용 액세서리 등으로 한정된 제품군을 기성복이나 선글라스 제품들로 점차 확장해나가는 추세다. 이런 종류의 혁신은 대규모의 R&D 예산을 쏟아붓기보다 기존의 브랜드 가치를 활용하는 것만으로 비교적 쉽게 달성할 수 있다. 어떤 제품에 유명 브랜드의 손길을 살짝 추가해서 가격을 인상하는 전략을 생각해보라. 예를 들어 모엣 & 샹동 샴페인 병을 스와로브스키 크리스털로 장식하고 프리미엄 선물 상자로 포장한다면, 일반 제품보다 몇 배나 높은 가격표를 붙일 수 있을 것이다.

높은 사회적 신분을 상징한다고 여겨지는 럭셔리 브랜드들도 종종 과감한 혁신에 앞장선다. 많은 럭셔리 브랜드가 핸드백에서 향수, 선글라스 등으로 비즈니스의 영역을 확장했다. 하지만 제품의 종류가 너무 많아지면 브랜드의 가치가 희석될 수 있다. 루이 비통 같은 기업은 몇몇 한정된 부문만으로 제품군을 넓혔지만, 이를 지나치게 확장해서 오히려 낭패를 본 사례도 있다. 피에르 가르뎅(Pierre Cardin)은 고급 패션 브랜드로 사업을 시작해서 나중에는 담배나 펜 같은 제품들에까지 자사의 브랜드를 사용할 수 있도록 라이선스를 주었다. 그 결과 이 브랜드의 독창적인 가치는 상당 부분 퇴색됐다.

포트폴리오 기업

대기업 중에는 단일 브랜드[에르메스, 나이키, 티파니앤코(Tiffany & Co.)]에서 엄청난 매출을 달성하는 기업이 있는 반면, 어떤 기업들은 엄청나게 다양한 브랜드 포트폴리오를 자랑한다. 가장 잘 알려진 기업이 P&G와 유니레버다. 투자자의 관점에서 시장에 존재하는 수백만 개의 브랜드 중에 어떤 브랜드의 경쟁력이 강하고 어떤 브랜드가 취약한지 알아내기는 그리 쉬운 일이 아니다. 이 문제를 해결하려면 먼저 제품을 분야별로 나눠서 브랜드를 평가하고, 그중 수명이 길고 수익성이 높은 브랜드를 찾아내야 한다. 꼭 그렇지는 않을 수도 있지만, 우리는 미용이나 럭셔리 브랜드의 포트폴리오가 식품 브랜드의 포트폴리오보다 일반적으로 더 나은 투자 대상이라고 생각한다.

다각화된 브랜드 포트폴리오의 장점은 다양하다. 무엇보다 일부 제품의 판매가 부진할 때 다른 제품이 손실을 메워줌으로써 문제를 해결할 시간을 벌어준다. 게다가 브랜드가 다양하면 전체적인 비즈니스 규모가 커지면서 광고, 판촉, R&D, 유통 등의 업무를 더 효과적으로 처리할 수 있다. 또 사업의 규모가 크고 브랜드가 다양한 기업은 매력적인 인수합병의 기회, 특히 큰 기업으로서 작은 신생 기업을 인수할 기회를 포착하기 쉽다. 그로 인해 성장에 더욱 박차를 가하고 경쟁자들과 맞서 싸울 능력을 강화할 수 있다. 특히 고객들이 새로운 제품과 서비스를 중요시하거나 브랜드별 실적의 변동 폭이 큰 제품 라인에서는 이런 전략이 가치가 높다. 장래가 유망하고 기술력이 뛰어난 브랜드를 인수한 기업은 이미 보유한 R&D 및 혁신의 역량과 유통망을 활용해서 수익성을 한층 더 끌어올릴 수 있다.

다양한 브랜드 포트폴리오를 관리하는 전략의 단점은 한두 개의 브랜드를 다룰 때보다 더 광범위한 기술이 필요하다는 것이다. 복수의 고객 집단을 넘나들며 수많은 브랜드를 이리저리 오가다 보면 기업의 전략적 초점과 경영진의 관리 역량이 분산될 수 있다. 따라서 이런 기업들은 자원 관리에 더욱 역점을 기울이고 여러 제품 라인에 걸쳐 효과적으로 자원을 배분할 방안을 찾아야 한다.

브랜드 수명

브랜드의 가치를 가장 단순하게 평가하는 기준 중 하나가 지속성이다. 시장은 냉혹한 진화 시스템이다. 어떤 브랜드든 극심한 경쟁 환경에서 오래 살아남으려면 남들이 모방할 수 없는 특성을 갖춰야 한다. 그런 의미에서 수십 년간 고객들에게 꾸준히 사랑받아온 브랜드는 뭔가 특별한 장점이 있다고 봐야 한다. 물론 미래에도 똑같은 상황이 이어질 것이라 장담할 수는 없지만, 그런 브랜드에는 오랜 생존을 가능케 하는 분명한 경쟁 우위가 있을 것이다.

7

혁신

매출 총이익률이 높은 기업일수록 R&D, 광고, 판촉, 유통 등에 투자해서 비즈니스를 보호하고 성장시킬 자금이 풍부하다. 이 분야에 경쟁자들보다 많은 자원을 투입할 능력을 갖춘 기업은 선순환의 성장 주기를 구축할 수 있다. 다시 말해 R&D, 광고, 판촉, 유통에 더 많은 돈을 투자함으로써 더 큰 매출과 높은 수익을 올릴 수 있고, 성장을 위한 전략에 투자할 자원을 더 많이 확보할 수 있다는 뜻이다. 특히 R&D(더 구체적으로는 혁신)에 자원을 과감히 투자하는 전략은 퀄리티 기업의 대표적인 특징 중 하나다.

혁신의 문화

혁신은 매출을 늘려주고 가격 결정력을 강화한다. 심지어 제품 디자인을 약간 개선하거나 제품의 포장 단위를 바꾸는 것 같은 단순한 혁신도 기업에 큰 가치를 안겨줄 수 있다. 똑같은 제품이라도 좀 더 작은 단위로 포장해서 소비자들이 다양한 환경에서 사용할 수 있게 하면(예를 들어 '여행용 사이즈'처럼) 제품의 활용도가 늘어난다. 또 신규 카테고리로 브랜드를 확장해도 고객들이 그 브랜드로부터 기대하는 혜택을 새로 포착할 수 있을 것이다.

혁신의 문화, 특히 새로운 제품을 주기적으로 내놓는 기업 문화는 투자자들에게 매력적이다. 기업들은 이미 판매 중인 제품보다 새로 출시된 제품에 높은 가격표를 붙이기가 더 쉽다. 기존 제품을 사용하던 고객들이 새로운 제품으로 옮겨가면 기업은 이익이 더 많이 남는 방향으로 가격 조합(price mix)을 구성할 수 있다. 게다가 신제품은 새로운 고객을 유인하는 효과를 발휘해서 매출 성장에 도움을 준다.

매력적인 혁신의 문화를 창조하려면 혁신으로부터 수익이 창출되어야 한다. 모든 혁신이 사업 실적의 개선으로 이어지지는 않는다. 수많은 기업이 오직 현재의 위치를 지켜낼 목적으로 혁신을 추구한다. 그렇게 혁신을 달성했는데도 수익이 하락한다면(즉 혁신을 통해 증가한 매출로 R&D 비용을 감당하지 못한다면), 그 기업은 가치를 창출한 게 아니라 값비싼 대가를 치르고 제 살 깎아 먹기를 했을 뿐이다.

혁신을 통해 가치를 창출하려면 물건을 많이 팔아 매출을 늘리든가, 고객들이 수익성 낮은 제품에서 수익성 높은 제품으로 '갈아타도록(trade-up)' 유도해야 한다. 소비재 산업에서 이런 형태의 전환을 달성하는 가장 보편적인 방법은 고객들을 기존 제품 중에서 가장 가격이 비싼 버전으로 옮겨가게 하는 것이다. 이런 '프리미엄화 전략'은 사회적 지위를 상징하는 제품, 또는 건강상의 이점을 안겨주는 제품의 경우에 더 효과적으로 사용할 수 있다. 고객들은 가격이 높은 제품일수록 혜택이 많다고 생각한다.

  소비자들이 가격에 유독 민감한 시장, 또는 소비자의 개인적 취향에 따라 제품의 가치가 정의되는 시장에서는 기존 고객들에게 더 많은 제품을 판매하는 일이 혁신의 목표가 된다. 우리의 경험에 따르면 소비자의 개인적 취향에 따라 선택이 갈리는 제품은 '갈아타기 전략'을 구사하기가 어렵다. 특정한 맛의 시리얼, 음료, 초콜릿 바 등에 익숙해진 고객에게 새로운 제품의 장점을 설득하기는 쉽지 않다. 콘플레이크, 킷캣(Kit Kat), 코카콜라 같은 제품의 프리미엄 버전이 나오지 않는 이유가 무엇일까? 식품 업계에서 활동하는 많은 기업이 포장을 개선하거나 기존 제품에서 맛과 향이 조금 달라진 버전을 내놓는 데 혁신의 초점을 맞춘다. 모두 기존 고객들을 상대로 판매량을 늘리기 위해서다.

  반면 기업 고객들의 경우에는 공급업체의 혁신을 통해 제공되는 혜택이 좀 더 구체적이고 실질적(가령 에너지 비용을 현저하게 절감해주는 가전제품처럼)이어야 한다. 대기업의 구매 담당자들은 위험 회피 성향이 매우 강하다. 따라서 그들에게는 사업 운영의 기존 방식을 송두리째 바꿔야 하거나 새로운 위험을 안겨줄지도 모르는 혁명적인 제품보다 기존의 제품에서 성능이나 기능을 조금 개선한 신제품을 판매하기가 더 수월하다.

  이렇듯 고객들의 취향이 뚜렷하게 갈리는 현실 아래서, 기업들이 해결해야 할 다음번 과제는 어떻게 지속적인 혁신을 이어갈 것이냐의 문제가 될 것이다. 그들이 혁신에 어려움을 겪는 이유는 제품과 서비스가 이미 발전할 대로 발전해서(가령 탁상용 계산기처럼) 더 개선할 여지가 없거나, 처음부터 제품의 혁신에 한계가 존재하기 때문이다. 예를 들어 시리얼 박스에서 달성할 수 있는 혁신은 한계가 명확하다.

특정 분야에서 과거에 달성된 혁신의 기록을 살펴보면 미래의 혁신을 예측하는 데 도움이 된다. 지난 5년간 별다른 발전이 없었던 분야는 같은 기간 괄목할 만한 진전을 이뤄낸 분야에 비해 향후 가치 있는 혁신을 달성할 확률이 훨씬 떨어진다. 대체로 개인 미용 및 위생용품 분야처럼 제품과 서비스에 과학적 요소가 더 많이 포함된(또는 포함됐다고 알려진) 분야가 혁신의 전망이 더 밝다. 더구나 하나의 제품 분야에서 성공적인 혁신의 기록을 보유한 브랜드는 다른 분야에서도 혁신을 이뤄낼 가능성이 크다. 레킷벤키저(Reckitt Benckiser)와 콜게이트(Colgate)가 달성한 혁신의 성과를 생각해보라. 이 기업들은 남들에게 별로 관심받지 못하는 치약이나 가정용 청소용품 같은 제품을 판매하다 감기 치료제나 발 관리 제품 분야로 혁신의 범위를 확장했다.

R&D 주도 혁신

R&D 주도의 혁신 전략을 구사하는 기업들은 대부분 해당 분야의 R&D에 투자하는 자원의 배분율이 상대적으로 높다. 우리는 그 배분율을 정확하게 파악하기 위해 특정 산업 분야를 정의한 다음 그곳에서 활동하는 기업들의 R&D 투자 현황을 서로 비교하는 방법을 사용한다. 하지만 산업의 정의가 너무 포괄적이면(가령 글로벌 제약 산업처럼), 그 분야의 전체 R&D 투자액 중에서 가장 큰 비중을 차지하는 단일 기업이 어딘지 짚어내기가 어렵다. 반면 분류의 기준을 좀 더 구체적

으로 좁히면(가령 종양학이나 당뇨병처럼) 어떤 기업들이 R&D 투자에서 가장 큰 비율을 점유하고 있는지 어느 정도 판단이 가능하다.

R&D 투자 비율이 높다고 해서 장기적으로 우수한 재무 성과를 보장하지는 못하겠지만, 이는 그 기업의 경쟁 우위를 나타내는 중요한 지표일 수 있다. 에실로가 안경 렌즈 시장에서 선두 주자의 위치를 지키는 비결 중 하나는 시장 전체의 R&D 비용 중에 약 75%를 쏟아붓는 그들의 R&D 투자 전략에 있을 것이다. 또 혁신을 주도하는 기업은 경쟁자들보다 훨씬 광범위한 곳에서 혁신의 기회를 포착한다. 가령 폭넓은 R&D 활동을 통해 화장품 제조법을 다양하게 개발한 기업은 R&D의 초점을 협소한 분야에 맞춘 기업보다 상업적 성공을 가져다줄 조합을 더 다양하게 찾아낼 가능성이 크다. 기업들은 이런 포트폴리오 기반의 접근 방법을 통해 전사적인 혁신의 비율을 꾸준히 향상시킬 수 있다. 하나의 사업 부문에서 혁신의 성과가 부진해도 다른 곳에서 열매를 얻어낼 수 있기 때문이다.

제품 포트폴리오가 빈약한 기업일수록 규모가 크고 획기적인 혁신에 목을 매게 된다. 하지만 그렇게 획기적인 혁신을 달성했다고 해도 고객들이 그 제품이나 서비스에 어떻게 반응할지 예측하기는 대단히 어렵고, 섣불리 성공을 장담할 수도 없다. 게다가 획기적인 혁신에 대한 기대감이 업계에 퍼져나가 투자자들이 몰려든다면 투자 수익성은 감소할 수도 있다.

대체로 제품의 기능 및 성능을 점진적으로 개선하는 형태의 혁신이 좀 더 예측 가능한 매출 상승으로 이어지는 경향이 있다. 수십 년 동안 제품을 조금씩 혁신해서 고객 혜택을 늘려간 기업들은 앞으로도 계속 그런 행보를 이어갈 확률이 높다. 반면 한 차례의 획기적인 혁신을 경험한 기업은 향후 그런 성공을 반복할 수도 있고, 그렇지 않을 수도 있다. 게다가 소비자 입장에서도 점진적인 혁신을 수용하기가 훨씬 쉽다. 제품의 기능이나 성능이 점차 개선됨에 따라 물건의 가격이 매년 5%씩 오른다면, 고객들은 이를 일상으로 받아들일 것이다. 하지만 별다른 혁신의 실적이 없는 기업이 갑자기 큰 폭으로 가격을 인상하면 고객들은 제품의 가격-가치 조합을 좀 더 면밀하게 따져볼 수밖에 없다.

노보 노디스크: R&D 주도 혁신

1920년대 초, 캐나다에서 활동하던 2명의 과학자 프레더릭 밴팅(Frederick Banting)과 존 매클라우드(John Macleod)는 소의 췌장으로부터 화학 물질 하나를 분리해서 정제하는 데 성공했다. 두 사람은 이 공로를 인정받아 1923년 노벨 생리의학상을 공동으로 수상했다. 그들이 발견한 물질은 바로 인슐린이었다. 이 물질은 당뇨병 환자들에게 놀라운 효능을 발휘했으며 현재까지도 가장 중요한 당뇨병 치료제로 사용된다. 오늘날 전 세계의 인슐린 산업은 덴마크의 노보 노디스크(Novo Nordisk)라는 단일 기업이 전체 시장의 절반을 지배하고 있다.

노보 노디스크는 한때 등을 돌리고 갈라섰던 두 조직이 몇 세대가 지난 1989년에 다시 합쳐져 탄생한 기업이다. 노디스크 인슐린 연구소(Nordisk Insulin Laboratorium)는 1920년대 중반 덴마크의 코펜하겐에서 설립됐다. 하지만 조직 내부에서 발생한 갈등으로 인해 이 기업의 수석 엔지니어 하랄드 페데르센(Harald Pedersen)은 자신의 동생과 함께 기업을 떠나 노보 테라퓨티스크 연구소(Novo Terapeutisk Laboratorium)를 세웠다.

노디스크는 스칸디나비아 지역의 시장을 장악했고 노보는 해외 시장에 집중했다. 각자 놀라운 성장을 이어간 두 기업이 60년간의 경쟁에 종지부를 찍고 조직을 다시 합치기로 했을 때, 한 기업은 당뇨병 치료제 시장에서 2위, 다른 기업은 3위를 달리고 있었다. 1위는 일라이 릴리(Eli Lilly)였다. 오늘날 노보 노디스크가 당뇨병 치료제에서 거둬들이는 수익은 회사 전체 수익의 약 4분의 3에 달한다.

지난 10년 동안 당뇨병의 발생 건수는 세계적으로 급증세를 보였다. 현재 6억 명이 넘는 환자가 이 병에 시달리며, 앞으로도 숫자는 더 늘어날 것으로 전망된다. 당뇨병으로 진단받는 환자의 비율이 늘어나면서 치료제에 대한 수요도 급격히 증가하고 있다. 더 폭넓은 환자층을 대상으로 한 치료의 필요성도 꾸준히 대두되는 추세다(당뇨병 환자 중에 효과적인 치료를 받는 사람은 전체의 10% 미만이다).

노보 노디스크는 이런 시대적 트렌드로부터 큰 혜택을 입고 있다. 이 기업의 유기적 매출은 2000년대 초반부터 10년간 연평균 약 12%씩 성장했고 이익도 매년 약 19% 늘었다. 하지만 이런 수치는 외적인 환경에서 비롯된 결과물일 뿐이다. 이 기업의 진정한 가치는 기업 문화의 한 부분인 R&D를 향한 지속적이고 성공적인 약속에서 나온다.

그동안 노보 노디스크는 이 분야에서 수많은 혁신을 이끌어왔다. 1982년에는 돼지에서 추출한 인슐린을 가공해서 사람의 인슐린과 똑같은 제품을 만들었고, 1985년에는 환자가 자신의 몸에 직접 인슐린을 투여할 수 있는 펜 형태의 주사기를 개발했다. 오늘날 이 기업은 식사 직후에 투여하는 속효성(fast-acting) 인슐린, 8시간에서 24시간 정도 느리게 방출되는 지속형(basal) 인슐린, 그리고 이것들을 조합한 혼합형(pre-mix) 인슐린 등을 망라해 최첨단의 인슐린 제품 포트폴리오를 보유하고 있다. 최근에는 새로운 치료제 개발에 힘을 쏟을 뿐 아니라, 기존 인슐린 치료제의 투여 방법을 개선하는 데도 R&D의 초점을 맞추고 있다. 이 기업이 새로 출시를 계획하는 제품은 효과가 더 빠른 인슐린과 지속 시간이 더 긴 인슐린을 포함해서 무궁무진하다.

노보 노디스크는 2014년 한 해에만 20억 달러 가까운 돈을 R&D에 투자했다. 이는 20년 전에 투입한 R&D 비용의 6배가 넘는 금액으로, 그들이 성장하는 사업 규모에 걸맞게 R&D에도 꾸준히 투자한다는 사실을 잘 보여주는 수치다. 노보 노디스크가 장기적 R&D에 얼마나 전력을 기울이는지는 의결권 지분의 상당 부분이 노보 노디스크 재단 소유라는 점에서 잘 드러난다. 이 재단은 크리스티안 한센에도 자금을 투자한 R&D 조직이다.

노보 노디스크가 추구하는 끝없는 혁신의 가치는 고도의 효율성을 지닌 생산 역량을 통해 극대화된다. 이 기업은 이 경쟁력을 바탕으로 규모의 경제를 지향하고 세계 곳곳으로 뻗어나간 영업망을 통해 다양한 목표 고객들에 접근한다. 노보 노디스크는 이런 경쟁 우위 덕분에 70%가 넘는 자본 수익률을 꾸준히 달성하고 있다. 2015년에 40%가 넘을 것으로 예상되는 영업 이익률과 강력하고 지속적인 성장 실적을 고려했을 때, 유럽의 대기업 중 노보 노디스크가 거둔 재무적 성과에 필적하는 상대를 찾아보기는 어려울 듯하다.

8

전방 통합

적절한 환경만 조성된다면, 전방 통합(forward integration, 생산자가 유통 또는 판매 과정을 직접 통제하기 위해 사업 영역을 확장하는 전략-옮긴이)은 매우 가치 있는 전략이 될 수 있다. 전방 통합에는 여러 가지 형태가 있다. 그중 직영 매장 운영, 프랜차이즈, 라이선스, 인터넷 판매 등의 전략에 대해 하나씩 살펴보겠다.

전방 통합을 성공적으로 이뤄낸 기업 중에는 강력한 글로벌 브랜드를 보유한 기업이 많다. 브랜드의 힘이 약하면 고객들을 매장이나 웹사이트로 끌어들이기가 어렵다. 지난 10년간 직영 매장을 대폭 확장한 루이 비통 그룹의 전략, 나이키가 온라인 판매에서 거둔 놀라운 성공(온라인 매출액이 이미 10억 달러를 넘었다), 메리어트나 홀리데이 인(Holiday in) 같은 프랜차이즈 호텔 브랜드의 지속적인 성장 등을 생각해보라. 어떤 경로를 거쳐 이뤄내든 전방 통합이 안겨주는 혜택은 매우 크다. 물론 그런 혜택을 얻기 위해서는 추가적인 자본 지출이나 운영의 복잡성 같은 비용을 고려해야 한다.

전략적 가치

전방 통합을 달성한 기업은 고객 경험에 더 많은 영향을 미칠 수 있다. 소비자들은 제품에만 반응할 뿐 아니라 브랜드 이미지나 기업이 제공하는 조언과 지침도 중요하게 생각한다. 현명한 상품 판매자들은 기업이 새로 출시한 옷이나 향수를 고객들에게 시험 삼아 사용해보게 해서 기존의 제품을 새로운 제품으로 바꾸도록 유도한다. 오프라인 매장을 직접 운영하는 기업은 이런 경험을 소비자에게 더욱 생생하게 전달한다. 자사가 제조한 제품을 소비자에게 직접 판매하면 창고업자, 유통업자, 소매업자 등에 통제력을 넘겨주지 않고 제품 가격을 스스로 결정할 수 있다. 게다가 제조 기업이 매장을 직접 운영할 경우, 다른 기업의 브랜드들과 진열 공간을 두고 경쟁할 필요 없이 매장 내에서 미니 독점 상태를 유지할 수도 있다.

공격 및 방어

전방 통합을 달성한 기업은 경쟁자들보다 시장에서의 지위가 더욱 확고해진다. 어떤 기업들은 뉴욕의 5번가, 런던의 본드 스트리트, 로스앤젤레스의 로데오 드라이브 같은 대도시 중심가에 매장을 내고 소비자들에게 직접 제품을 판매하면서 브랜드 인지도를 굳힌다. 어느 대도시든 그런 요충지를 확보하기는 매우 어렵다. 따라서 신생 기업이 오프라인 매장에 집중하는 전략으로 브랜드를 홍보하려면 몇 년이 걸릴 수도 있다.

전방 통합 전략을 활용하면 신규 시장에 더 쉽게 진입할 수 있다.

오프라인 매장을 포함한 판매 기반 시설을 제조 기업이 직접 운영하면 낯선 사람들에게 자사 브랜드를 판촉하는 일을 맡길 필요가 없다. 특히 신흥 시장에서는 협력 업체나 다른 기업에 영업을 의존하는 데 큰 위험이 따른다. 그들이 믿을 만한 파트너인지 아닌지를 판단하기가 매우 어렵기 때문이다. 우리가 생각하기에는 시간이 걸리더라도 유통 및 판매 체계를 직접 구축하는 기업이 제삼자에 비즈니스의 운명을 맡기는 기업보다 성공할 확률이 더 높다.

전방 통합을 달성한 기업은 고객, 소비자, 공급업체를 포함한 여러 이해관계자들을 상대로 영향력과 협상력을 키울 수 있다. 가령 선글라스 제조 분야의 세계적 선두 주자 룩소티카는 선글라스 헛(Sunglass Hut)이라는 유통 체인을 소유한 덕분에 제삼자들에 휘둘리지 않고 다른 브랜드들보다 훨씬 강력한 협상력을 발휘한다.

프랜차이즈

강력한 프랜차이즈 모델은 매력적인 수익을 낳는다. 프랜차이즈 사업의 가장 순수하고 기본적인 형태는 제삼자(가맹점)가 사업 성장을 위한 자금을 모두 부담하는 것이다. 따라서 프랜차이즈 본사의 수익은 이론적으로 한계가 없다. 가맹점들이 브랜드를 사용할 권리를 얻는 대신 수수료를 낸다는 점에서 프랜차이즈 비즈니스는 브랜드의 힘을 나타내는 궁극적인 표시라고 할 수 있다. 수수료 금액은 브랜드가 발휘하는 경제적 위력에 따라 정해진다.

홀리데이 인 호텔을 예로 들어보자. 이 브랜드의 소유자 인터컨티넨탈 호텔 그룹은 가맹점들과 프랜차이즈 계약을 맺는다. 가맹점들은 호텔 문 위에 홀리데이 인이라는 간판을 걸고 경기가 좋을 때든 나쁠 때든 매출의 5% 내외를 수수료로 낸다. 이들은 그 대가로 이 호텔 그룹의 중앙 예약 시스템에 접근할 권리를 얻고 이 시스템을 통해 매출 대부분을 거둬들이면서 '객실당 매출'에서 경쟁자들을 앞서간다.

일반적으로 '매출'은 '순이익'보다 변동 폭이 좁고 안정적인 수치다. 따라서 매출액을 바탕으로 가맹점 수수료를 책정하면 프랜차이즈 본사의 수익을 예측하기가 더 쉽다. 본사 입장에서는 사업의 규모를 확장하는 데 필요한 추가 자본의 규모가 별로 크지 않다. 부동산, 가구, 내부 시설 등을 포함한 비용 대부분을 가맹점이 부담하기 때문이다. 게다가 본사에 돌아가는 이익도 높다. 인터컨티넨탈 호텔 그룹 산하 프랜차이즈 사업 부문의 EBITDA는 연 80%가 넘는다. 가맹점의 수가 임계치를 넘는 순간 가맹점들에 의해 발생하는 추가 매출은 본사에 높은 이익을 안겨준다.

성공적인 프랜차이즈 모델에는 두 가지 요건이 필요하다. 첫째, 비즈니스 자체의 수익성이 좋아야 한다. 즉 가맹점들이 본사에 수수료를 지급한 뒤에도 높은 수익을 올릴 수 있어야 한다. 둘째, 본사의 사업 규모가 최소 기준을 만족해야 한다. 다시 말해 프랜차이즈 시스템을 지원하는 기반 시설을 구축해야 하고, 광고 및 판촉 활동을 통해 브랜드를 홍보할 만큼의 재무 능력을 갖춰야 한다.

이런 요건을 갖추는 데는 오랜 시간이 필요하다. 오늘날 시장을 선도하는 프랜차이즈 기업들은 대부분 직영 매장을 통해 돈을 벌고 브랜드를 구축하는 과정을 거친 뒤에 점진적으로 프랜차이즈 사업으로 옮겨간 기업들이다. 아직 시장에서 제대로 자리 잡지 못한 신규 브랜드가 프랜차이즈 모델을 통해 사업을 확장하기는 어렵다. 그러나 적절한 조건만 갖춰진다면 프랜차이즈 비즈니스는 가맹점과 브랜드 소유주 모두에게 큰 혜택을 안겨주는 사업이 될 수 있다.

물리적 매장과 온라인 사업

오늘날 상업적 활동을 수행하는 기업이라면 온라인으로 제품과 서비스를 판매하는 일을 누구나 당연히 생각할 것이다. 하지만 온라인 형태의 전방 통합이 꼭 성공을 보장한다는 법은 없다. 이 전략을 실행에 옮기기에 가장 유리한 조건을 갖춘 조직은 세계적으로 유명한 브랜드를 보유한 기업들이다. 나이키나 자라(인디텍스의 대표 브랜드)가 온라인에서 승승장구하는 모습을 보면 소비자들의 마음속에 확고한 위치를 차지한 브랜드가 온라인 전략에서 얼마나 우월한 위치를 점하는지 알 수 있다. 온라인 전략 성공을 위한 또 하나의 핵심 요건은 물류 및 기반 시설 구축 역량이다. 제조사가 중간 유통 단계를 거치지 않고 온라인에서 제품을 직접 판매하는 D2C(Direct to Consumer) 모델은 운영이 복잡하고 비용도 많이 들어간다. 따라서 기존의 기반 시설을 활용해서 물류 업무를 처리할 수 있는 기업은 온라인 사업에서 성공하는 데 매우 유리한 고지에 오른 셈이다. 나이키와 인디텍스는 이 대목에서도 훌륭한 모범 사례다.

온라인 유통을 통한 전방 통합은 물리적인 전방 통합과도 궁합이 잘 맞는다. 애플이 운영하는 애플 스토어(Apple Store)와 네슬레의 네스

프레소(Nespresso) 매장을 보라. 애플 스토어에서는 아이패드를 팔고 네스프레소 매장에서는 커피를 판다. 제조사가 직접 운영하는 이 매장들은 온라인 유통이 한창 탄력을 받기 시작하던 2000년대 초에 문을 열었다. 그들은 세계 각 도시의 가장 번화한 위치에 자리 잡은 매장들을 활용해서(매장의 위치가 좋으면 소비자들에게 사회적 지위에 대한 자부심을 심어준다) 고객 경험을 높이고, 소비자들에게 각종 서비스와 조언을(애플 스토어의 지니어스 바나 네스프레소 매장에서 제공하는 무료 커피처럼) 제공한다. 이렇듯 물리적 매장과 온라인 매장을 결합해서 강력한 비즈니스 생태계를 구축한 기업들은 소비자들과 가장 가까운 곳에서 고객 경험을 통제하고 중개자 없이도 높은 수익을 올린다.

룩소티카: 전방 통합

1961년 이탈리아의 안경 업계에 부품들을 공급하는 작은 제조업체로 사업을 시작한 룩소티카는 누구나 알 만한 유명 기업이 아닐지 모른다. 하지만 프리미엄 안경과 선글라스 시장에서는 어디서나 그 이름을 찾아볼 수 있다. 룩소티카는 오클리와 레이밴에 이르기까지 이 업계의 상징처럼 여겨지는 브랜드를 두루 보유하고 있으며 아르마니(Armani), 불가리(Bulgari), 버버리(Burberry), 샤넬(Chanel), 폴로 랄프 로렌(Polo Ralph Lauren), 프라다(Prada) 같은 럭셔리 기업들과 라이선스 계약을 맺고 그들의 제품을 제조 및 판매한다. 이 기업은 최근 몇십 년간 과감하면서도 발 빠른 인수합병을 통해 사업을 확장함으로써 이 업계의 세계적 리더로 확고하게 자리 잡았다.

룩소티카의 성공적인 전방 통합 역사는 수십 년 전으로 거슬러 올라간다. 그들은 과거에 조직의 역량을 제조 분야에 집중했으나 오늘날에는 최종 사용자까지 가치 사슬의 범위를 확장했다. 이 기업의 전방 통합은 1970년대 자사의 생산 활동에 도매 유통 업무를 추가하면서 시작됐다. 처음에는 이탈리아 시장에 초점을 맞춰 수립된 이 전략은 1980년대에 들어서면서 전 세계로 확장됐다. 룩소티카는 이 전략적 전환을 통해 고객 관계를 긴밀하게 통제함으로써 기존의 생산 역량을 더 효율적이고 수익성 높게 활용할 수 있게 됐다.

1995년 룩소티카는 북미 지역에서 선두를 달리던 렌즈크래프터(LensCrafters)라는 렌즈 유통업체를 인수하면서 안경 제조 기업으로는 최초로 유통 역량을 확보했다. 룩소티카는 이 전략적 행보에 힘입어 시장의 형태와 종류를 넘어 자사의 유통 프로그램을 광범위하게 확장할 수 있게 됐다. 현재 이 기업은 GMO, OPSM, 펄 비전(Pearle Vision, 북미), 선글라스 헛을 포함한 여러 유통 체인을 보유하고 있다.

룩소티카의 전방 통합 전략이 기업에 높은 수익을 안겨주는 이유는 디자인, 제조, 브랜딩 같은 가치 사슬 전반에 걸쳐 밖으로 유출되는 가치를 대폭 줄일 수 있기 때문이다. 그 덕에 룩소티카는 높은 브랜드 인지도와 함께 시대적인 트렌드를 주도하게 됐으며, 패션의 흐름에서 '빗나갈' 위험도 줄일 수 있게 됐다. 제조 기업이 소매 매장을 직접 운영하면 제품을 유통하는 데 여러모로 유리하다. 가령 유리한 위치에 물건을 진열하고, 매장 내에서 제품을 효과적으로 마케팅하며, 제품 지식이 풍부한 영업 직원을 활용하는 등 구체적이고 폭넓은 혜택을 누릴 수 있다. 룩소티카와 브랜드 라이선스 계약을 맺은 럭셔리 기업들은 룩소티카에 이끌린 가장 중요한 이유가 이 기업의 탁월한 유통 역량 때문이라고 입을 모은다. 유통 매장을 직접 소유한 기업은 소비자 성향에 대해 제조 기업보다 더 정확한 통찰을 얻을 수 있다. 그 말은 제품을 디자인하는 과정에서도 더 나은 의사 결정을 내릴 수 있다는 뜻이다.

룩소티카는 가치 사슬 전반에 걸친 강력한 경쟁력을 바탕으로 업계를 지배한다. 이 기업의 광범위한 제품 플랫폼은 거래의 형태와 무관하게 경쟁자들보다 훨씬 우월한 인수합병의 시너지를 발휘한다. 예를 들어 이 기업이 최근에 인수한 브랜드는 세계에서 가장 광범위한 안경 유통 네트워크에 가입해서 7,000개가 넘는 직영 매장과 130개 국가에 자리 잡은 15만 개 이상의 전문 매장을 통해 제품을 판매할 수 있다(룩소티카와 새로 라이선스 계약을 체결한 브랜드도 같은 혜택을 누린다). 룩소티카는 유통업체를 인수하는 순간 인수한 업체의 매장에 (물리적 매장이든 온라인 매장이든) 곧바로 업계 최고의 제품 포트폴리오를 구축한다. 이런 능력 덕분에 예전에는 독립적으로 기업 활동을 수행하던 업체도 룩소티카의 가족이 되는 순간 기업 가치가 급상승하는 것이다.

제조 기업이 유통망을 소유하는 방식의 전방 통합 전략이 항상 큰 혜택을 낳는 것은 아니다. 기업이 유통 업무를 직접 처리하면 고정 비용이 증가하고 운영의 유연성이 줄어든다. 경기의 변동 폭이 크거나 브랜드의 경쟁력이 약해 수요가 오르락내리락할 때 비용을 유연하게 조절할 수 없기 때문이다. 하지만 안경 산업의 수요는 비교적 안정적인 데다 룩소티카는 강력한 브랜드 포트폴리오와 함께 높은 수준의 제조 및 물류 역량을 갖추고 있다. 오클리나 레이밴의 제품이 없는 고급 선글라스 상점을 상상할 수 있을까?

룩소티카는 시장에서 점유하는 특별한 위치 덕분에 지속적이고 강력한 유기적 매출 성장, 높은 자본 수익률, 그리고 인수합병 전략을 꾸준히 추진할 만큼의 풍부한 현금 창출 능력을 자랑한다.

9

시장 점유율 확보

시장 점유율은 특정 기업이 퀄리티 기업인지 그렇지 않은지를 판단하기 위한 가장 기본적인 측정 기준이라고 할 수 있다. 훌륭한 제품(품질과 가격 측면에서)과 뛰어난 실행 능력을 갖춘 기업들은 경쟁자들로부터 신규 고객들을 끌어올 뿐 아니라 기존의 고객들을 대상으로도 더욱 광범위하게 사업 영역을 확장한다.

시장 점유율의 위력

시장 점유율은 조직의 성장을 견인한다. 경쟁자들로부터 고객들을 유인함으로써 이뤄지는 성장은 시장의 성장률과 전혀 관계가 없고 거시 경제적 변수에서도 자유롭다.

  기업이 시장 점유율을 늘리면 비즈니스의 '규모'를 바탕으로 경쟁 우위를 강화할 수 있다. 다시 말해 경쟁자들 가운데서 가장 규모가 큰 기업은 R&D부터 광고에 이르기까지 모든 면에서 가장 큰 규모로 예산을 수립하는 일이 가능하다. 유통업자들은 그 기업을 소규모 경쟁자들보다 훨씬 중요하게 생각할 것이며, 특히 최종 사용자 시장이 성장세에 놓인 기업을 더욱 가치 있게 여길 것이다.

또 미묘하면서도 광범위한 후광 효과도 조직의 가치를 상승시키는 요인이다. 기업의 이해관계자들(공급업체, 유통업자, 직원 등)은 대부분 승리하는 팀에 소속되어 경기를 하고 싶어 한다. 그들은 1위 자리를 지키기 위해서라도 열심히 일할 것이다.

예외적인 규칙

시장 점유율을 무턱대고 늘리는 일이(특히 단기적인 시장 점유율 확대가) 꼭 바람직한 것만은 아니라는 사실을 보여주는 몇 가지 예외적인 규칙이 있다. 가령 피치 못할 상황으로 운영 비용이 급증한 기업은 시장 점유율을 희생해서라도 경쟁자들보다 먼저 제품 가격을 인상하는 현명한 선택을 할 수 있다. 이 경우에는 시장 점유율이 하락하도록 그대로 놓아두는 편이 더 합리적인 의사 결정이라고 해도 좋을 것이다.

이와 비슷한 맥락에서 우리는 가격과 영업 이익을 희생해서 시장 점유율을 억지로 확보하려는 기업을(의도적으로 저비용 전략의 노선을 걷는 기업을 제외하고) 우려의 눈길로 바라본다. 그런 행위는 그 브랜드가 고객들에게 제공하려는 실질적인 혜택이 과연 무엇인지 의구심을 불러일으킨다. 만일 가격을 올리고 내리는 것만으로도 시장 점유율을 위아래로 조정할 수 있다면, 이는 고객들이 다른 혜택을 제쳐두고 오직 가격만을 중요시한다는 뜻이다.

규모의 성장이 꼭 수익의 성장을 의미하지 않는 산업에서는 단기적으로 시장 점유율을 확보하는 일이 오히려 부정적인 요인으로 작용할 수 있다. 보험이나 은행 대출 시장을 생각해보라. 은행 대출 시장의 점유율을 늘리는 것은 그렇게 어렵지 않다. 채무자의 신용 기준을 낮추면 그만이기 때문이다. 하지만 그런 행위에 내포된 위험은 몇 년 뒤 채무자들의 지급 불능 사태가 터져 나올 때까지 겉으로 드러나지 않는다. 2008년에 발발한 금융 위기의 주요 원인도 대규모의 부실 채권이었다. 또 보험 회사들도 보험 계약의 인수 기준을 하향 조정해서 시장 점유율을 늘릴 수 있지만, 가입자들로부터 보험료 청구가 밀어닥칠 때까지 자신들이 얼마나 손해를 볼 것이라는 사실을 알지 못한다. 이런 상황에서는 좀 더 폭넓고 장기적인 시각으로 시장 점유율을 바라봐야 한다. 퀄리티 기업들은 장기간에 걸쳐 꾸준히 시장 점유율을 늘려나가겠지만, 이렇게 위험성이 높은 산업 분야에서는 경기가 상승할 때는 다른 기업에 기꺼이 시장 점유율을 양보하고 하락할 때 점유율을 확보하려 할 것이다.

필만: 시장 점유율의 승리자

선진국 국민 중에 절반 이상은 아침에 일어났을 때 가장 먼저 하는 행동이(심지어 이메일을 살펴보기도 전에) 손을 뻗어 안경을 집어 드는 일일 것이다. 안경은 처음에 의료 기구에서 출발했으나 언제부터인가 유명 연예인들이 최신 스타일의 제품을 광고하는 패션 액세서리로까지 진화했다. 하지만 항상 그랬던 것은 아니다.

1980년대 유럽의 의료 보험 업계는 모양이 둔탁하고 유행에 뒤떨어진 흑백 색상의 몇몇 안경테를 구매하는 비용을 보상 범위 안에 포함한다는 결정을 내렸다. 그보다 좀 더 나은 안경테를 원하는 보험 가입자들은 자기 돈으로 비용을 치러야 했다. 그때만 해도 안경테는 가격이 매우 비쌌기 때문에 대부분의 보험 가입자는 싸구려 제품으로 만족할 수밖에 없었다. 안경 제조사들은 고급 제품들에 줄줄이 프리미엄 가격표를 붙였고, 안경사들은 하루에 안경을 몇 개 정도 팔아서 그럭저럭 생계를 이어갔다.

독일에서는 어떤 사람이 이런 현실에 극적인 변화를 가져왔다. 1972년 귄터 필만(Guenther Fielmann)은 자신의 첫 번째 안경 가게를 열었다. 그는 사업을 시작할 때부터 품질이 좋고 스타일이 멋진 안경을 저렴한 가격에 판매한다는 전략을 세웠다. 즉 이익이 많이 남는 제품 몇 개를 팔기보다 싼 가격에 많은 물량을 판매하는 박리다매를 택한 것이다. 그가 판매하는 세련되고 저렴한 안경테들은 가격에 민감한 독일 소비자들에게 매력적인 제안으로 다가왔다.

필만은 매장 체인을 구축하기 시작했다. 제품 판매량이 갈수록 늘어나자 도매상을 거치지 않고 제조사에서 직접 물건을 받아오는 방식으로 구매 조건을 개선했다. 그러나 필만의 사업에 가장 극적인 전기는 1981년에 찾아왔다. 독일 정부의 의료 보험 기관과 협상을 거친 끝에 기존의 보상 범위에 포함됐던 표준 안경테 목록에 자신이 판매하는 90종류의 세련된 안경테를 새로 추가한 것이다. 그 말은 보험 가입자들이 예전과 똑같은 보험료를 내고 품질과 모양이 훨씬 좋은 안경을 쓸 수 있게 됐다는 뜻이었다.

이는 필만의 놀라운 사업 수완을 보여주는 대목이었다. 수많은 고객이 하루아침에 스타일이 멋지고 색상도 다양한 안경을 '다른 사람의 돈으로' 구매할 수 있게 됐다. 제품 판매량은 하늘을 찌를 듯이 치솟았다. 필만은 이런 성장의 기세를 이용해 자사의 상표가 붙은 안경테와 렌즈를 직접 생산하는 방식으로 후방 통합(backward integration)을 단행했으며, 동시에 제품의 유통 과정도 전면적으로 개선했다. 저렴한 가격, 영리한 마케팅, 효과적인 유통 매장 통합 등은 필만을 시장 지배자의 위치로 이끈 주요 요인이었다. 오늘날 이 기업은 독일 안경 시장의 50% 이상을 점유하지만, 독일 전역에 존재하는 전체 매장의 단 5%에 불과한 자사 매장을 통해 그런 막대한 물량을 판매한다.

기업의 규모가 커지고 비즈니스의 통합이 이뤄지면서 비용적 우위도 함께 달성됐다. 필만 제품의 생산 단가는 경쟁자들의 약 4분의 1 정도로 추정된다. 독일에서 영업 중인 모든 안경 매장 중에서 아주 작은 비율의 매장을 통해 필만의 제품들이 팔려나간다는 말은, 경쟁자들과 비교했을 때 그들의 고정 비용이 현저하게 낮다는 뜻이다. 필만이 한 매장에서 하루에 판매하는 물량은 경쟁자들의 20배가 넘는다. 반면 제품의 생산 단가는 경쟁자들보다 훨씬 낮고 간접 비용도 적다. 그토록 저렴한 가격에 안경을 판매하는데도 이 기업이 안경 하나를 팔아서 올리는 매출 이익은 경쟁자들과 비슷하고 영업 이익률은 경쟁자들보다 훨씬 높은 20% 내외가 될 것으로 추정된다.

요새처럼 튼튼한 필만의 시장 지배력은 고용 시장에서의 리더십이라는 또 다른 장점으로 인해 한층 강화되고 있다. 자격을 갖춘 전문 인력의 부족 현상은 안경 산업의 성장을 크게 저해하는 요인 중 하나다. 독일에서 안경사들의 실업률은 겨우 1% 남짓하다. 이런 인력난이 벌어지는 이유는 안경을 판매하는 매장마다 수석 안경사(master optician)를 둬야 한다는 독일의 법 때문이다. 누구든 수석 안경사가 되려면 3~4년의 훈련 기간을 거쳐야 한다. 경쟁자들은 이런 상황 때문에 어려움을 겪지만, 필만은 자체적으로 안경사 훈련 아카데미를 운영하면서 매년 3,000명 이상의 전문가를 양성하고 있다. 이는 독일 안경 산업 전체 수습생의 40%에 달하는 숫자다.

독일의 안경 산업이 가장 뜨겁게 달아오르는 시장은 아닐 것이다. 하지만 지난 수십 년에 걸쳐 매년 1~2%의 신규 시장 점유율을 꾸준히 늘려간 필만의 경쟁력은 매우 매력적이다. 확대된 시장 점유율은 이 기업의 장기적 수익 성장을 뒷받침하는 역할을 했다(지난 20년간 필만의 주당 순이익은 3배가 늘었다). 비즈니스 성장에 필요한 자본이 워낙 적다 보니, 당기 순이익의 85%를 주주들에게 배당금으로 지급하는데도 현금 보유량이 넉넉하다. 더구나 현재로서는 이 기업의 비용 우위 또는 가격 우위가 조금이라도 무너진다는 어떤 조짐도 없다. 필만이 이 산업의 고용 시장에 미치는 영향력을 고려해볼 때, 그들이 지금처럼 시장 점유율을 계속 확대해나가리라는 사실은 분명하다.

10

글로벌 역량과 리더십

역사를 돌이켜보면 특정 국가에서 활동하던 프랜차이즈 기업들이 외국에서 침투한 경쟁자들에 밀려 곤경에 처했던 사례를 수없이 찾아볼 수 있다. 1980년대 유럽의 가전 기업들은 품질이 좋고 가격도 저렴한 제품들을 들고 들어온 일본 제조 기업들에 의해 시장에서 거의 사라졌다. 1990년대에는 런던 중심가에 옹기종기 모인 몇몇 대기업에 의해 주도되던 영국의 금융 산업도 자신의 구역에 공격적으로 침투해 들어온 미국의 투자 은행들로 인해 큰 타격을 입었다.

그런가 하면 국내에서 강력한 경쟁력을 발휘하던 기업들이 해외로 진출하는 데 실패하면서 그들의 강점을 다른 나라로 이식하기가 불가능하다는 사실만 입증한 일도 적지 않다. 가장 최근의 사례 중 하나가 테스코(Tesco)다. 영국인들이 가장 좋아하는 이 식료품 유통 기업은 해외 시장으로 비즈니스를 확장하기 위해 노력했으나 역효과만 일으켰다.

우리가 투자 대상으로 선호하는 기업은 조직 내부의 강점을 외부로 투사하는 능력을 바탕으로 해외 시장을 성공적으로 개척하고 정복할 수 있는 기업이다. 우리는 그런 패턴을 글로벌 역량(global capability)이라고 부른다. 이 역량은 해당 산업 분야의 확고한 리더십에 의해 뒷받침된다. 요컨대 어느 기업이 해외 시장으로 비즈니스를 확장할 능력이 있다는 말은 그 기업이 풍부한 경험, 차별화된 제품, 적응력 같은 여러 가지 자질을 갖추고 있다는 뜻이다.

우리가 말하는 글로벌 산업 리더십(global industry leadership)은 비즈니스의 규모보다는 차별화된 제품이나 우수한 비즈니스 모델을 의미한다. 특정 산업의 글로벌 리더는 비즈니스 모델이나 제품 측면에서 해외 시장의 경쟁자들과 맞서 싸워나갈 능력이 있어야 한다. 예를 들어 롤스로이스의 제트 엔진은 미국의 프랫 앤드 휘트니(Pratt & Whitney)나 제너럴 일렉트릭을 포함한 어떤 제품들과도 막상막하의 경쟁을 벌이고 있다. 비록 롤스로이스가 매번 승리하는 것은 아니지만, 경쟁 상황이 벌어질 때마다 늘 인상 깊은 활약을 보여준다.

우리가 글로벌 리더십을 강조하는 이유는 두 가지다. 첫째, 국내 시장에서 선두를 달리는 기업이라도 해외 시장에서 같은 분야의 참여자들이 이미 활동하고 있다면, 그 기업의 시장 지배력이 계속 유지되리라고 단정하는 것은 위험하다. 물론 해외의 경쟁자들이 국내 시장에 진입하지 않을 수도 있지만, 그들이 그곳에 존재한다는 사실 자체가 미지의 위험 요인이 될 수 있다. 심지어 대규모 유통망처럼 지역에 특화된 장점을 누리는 기업들도 해외에서 침투한 경쟁자들에게 큰 충격을 받기도 한다. 스페인과 영국의 식료품 유통 시장이 독일의 초저가 할인 매장들에 의해 잠식된 것도 그런 사례 중 하나다.

우리가 글로벌 리더십을 강조하는 두 번째 이유는 '확장'의 능력과 관련이 있다. 해당 산업의 리더십이 부족한 기업은 새로운 시장에 진입하기가 어렵다. 보스턴에서 신규 고객을 쉽게 유인할 만한 제품을 제공하는 기업이 베이징에서도 똑같이 제공할 수 있다면 큰 성공을 거두게 될 것이다.

기업의 글로벌 역량을 가장 잘 보여주는 지표 중 하나가 국내의 비즈니스 모델을 해외 시장으로 성공적으로 이식한 실적이다. 유럽의 많은 기업이 작은 나라에서 사업을 시작했다. 그들은 비즈니스가 성장함에 따라 새로운 시장으로 사업을 확장할 능력을 기를 수밖에 없게 됐다. 스웨덴의 아사아블로이나 아트라스콥코 같은 엔지니어링 기업들이 그런 경우다. 셸(Shell), 네슬레, 유니레버를 비롯한 유럽의 다른 대기업들도 세계의 많은 지역이 아직 유럽의 영향력 아래에 놓여 있던 수십 년 전에 이미 강력한 글로벌 역량을 구축했다. 우리는 이런 경험을 지닌 기업들을 긍정적인 눈으로 바라본다. 그들은 특정 지역에만 경쟁력이 한정된 기업들에 비해 지속적인 성장을 이어갈 확률이 높다.

해외 시장에 진입한 기업이 현지 소비자들의 취향이나 문화를 사업 전략에 반영할 의도나 역량이 얼마나 강한지는 비즈니스의 성패를 판가름하는 중요한 척도가 될 수 있다. 대표적인 사례 중 하나가 KFC나 피자헛 같은 외식 브랜드를 소유한 대기업 얌(Yum!)이다. 베이징의 KFC나 피자헛 매장을 방문해서 메뉴를 살펴본 사람은 이 브랜드들이 지역 주민들의 입맛을 충족하기 위해 얼마나 노력하는지 알 수 있다. 이 식당들은 미국의 소비자들에게 익숙한 치킨이나 피자 외에도 해당 지역의 수요에 따라 쌀밥, 매운 국물, 죽을 포함한 중국의 다양한 전통 음식을 제공하고 있다. 이런 적응력은 수많은 시행착오의 결과로 얻어질 뿐 아니라, 개발하는 데도 오랜 시간이 걸린다. KFC와 피자헛은 모두 1990년대에 일찌감치 중국 시장에 진출했다. 그런 노력은 엄청난 보상으로 되돌아왔다. 중국 내에 5,000개의 KFC 매장과 1,700개의 피자헛 매장을 보유한 얌은 현재 중국에서 활동하는 레스토랑 중에 가장 규모가 큰 업체로 꼽힌다.

인디텍스: 글로벌 역량

인디텍스의 설립자인 아만시오 오르테가 가오나(Amancio Ortega Gaona)는 1975년 스페인의 아 코루냐(A Coruña)에서 첫 번째 자라 매장을 열고 최신 의류 제품을 저렴한 가격에 판매하기 시작했다. 그의 전략은 오늘날까지도 변함이 없다. 한 가지 달라진 점이 있다면 모기업인 인디텍스가 세계적으로 손꼽히는 굴지의 패션 유통 기업으로 성장했다는 것이다. 이 기업의 엄청난 규모는 많은 경쟁자의 부러움을 사고 있다. 2014년 인디텍스는 전 세계 6,683개 매장에서 약 200억 달러의 매출을 올렸고, 10억 점 이상의 의류를 판매했다. 지금도 전체 지분의 약 60%를 소유한 설립자 가오나는 〈블룸버그(Bloomberg)〉 억만장자 리스트에 세계에서 두 번째로 돈이 많은 사람으로 올라 있다.

인디텍스는 스페인을 벗어나 1988년 포르투갈에 최초로 해외 매장을 설립했고, 그때부터 쉴 새 없이 세계 시장으로 진출했다. 사업 확장의 핵심 역할을 담당한 브랜드는 그룹 전체 매출의 약 3분의 2를 차지하는 자라였지만, 인디텍스는 그 뒤로도 각기 다른 콘셉트를 표방하는 7개의 브랜드를 성공적으로 출시했다. 대표적인 브랜드가 상류층 대상의 고급 브랜드 마시모두띠(Massimo Dutti)와 유행에 민감한 젊은이들을 겨냥한 버쉬카(Bershka)였다. 오늘날 인디텍스는 전 세계 88개국에서 영업 중이며 그룹 전체 매출의 약 81%를 해외에서 거둬들인다. 참고로 H&M과 갭(Gap)의 매장을 다 합쳐도 인디텍스의 절반에 불과하고, 이들이 활동하는 국가도 55개국에 불과하다.

인디텍스가 패션의 글로벌화라는 시대적 트렌드의 수혜자라는 것은 분명한 사실이다. 하지만 이 기업이 세계 시장으로 뻗어나가 경쟁자들보다 우월한 성과를 달성할 수 있었던 배경에는 그들 특유의 '수요 견인(demand pull)' 비즈니스 모델, 그리고 디자인에서 판매에 이르기까지 가치 사슬의 모든 단계를 긴밀하게 통제하는 효율적인 운영 방식이 자리 잡고 있다. 패션 기업들은 대부분 위험을 무릅쓰고 특정 시즌에 매장에서 판매할 컬렉션을 1년 전에 미리 주문한다. 이에 반해 인디텍스가 시즌 전에 주문하는 물량은 전체의 절반에도 미치지 못한다. 매장 관리자들은 제품의 수요가 발생할 때마다 그때그때 필요한 물량을 채워 넣는 유연성을 발휘한다. 회사는 최첨단 IT 알고리즘을 이용해서 매일 매장별 판매량을 분석하고 각 매장에 최적의 제품들로 구성된 재고를 비치한다.

매장에 재고를 배달하는 작업은 2주에 한 번씩 작은 단위로 이뤄지며 그중에서 가장 잘 팔리는 제품들만 진열대에 오른다. 인디텍스는 이런 효과적인 시스템 덕분에 유행을 잘못 짚은 제품들을 매장에 비치하는 실수를 줄이고 해당 지역의 기후나 날씨에 따라 신속하게 상품의 구성을 바꾼다. 인디텍스가 제안하는 컬렉션은 전 세계적으로 뚜렷한 일관성을 보인다. 물론 지역의 특수한 상황에 따라 사소한 조정(가령 아시아 지역의 고객들을 겨냥한, 사이즈가 조금 작은 정장처럼)이 있을 수는 있다. 인디텍스는 해외에서 거둔 성공의 핵심 요인인 '수요 견인' 모델을 바탕으로 해외 시장 소비자들의 취향을 즉시 반영해서 신속하게 제품을 출시한다.

패션 업계의 경쟁자들은 주로 아시아 지역에서 제품을 만들고 구매하지만, 인디텍스는 메인 물류 센터가 소재한 스페인 인근 지역(가령 모로코)에서 전체 물량의 3분의 2를 조달한다. 따라서 이 기업이 제품을 디자인해서 매장까지 배달하는 시간은 평균 4주 정도로 업계에서 가장 빠르다. 기업 내에서 일하는 디자인 팀은 가장 잘 팔릴 만한 옷이 무엇인지 파악해서 끊임없이 신제품을 내놓는다. 그들이 생산하는 제품의 80% 이상이 각 매장에서 수집된 데이터를 바탕으로 디자인된다. 패션 기업들이 소비자들에게 정가를 받고 제품을 판매하는 비율은 평균 65% 정도지만, 인디텍스는 그 비율이 80%가 넘는다.

인디텍스에서는 상품의 유통도 신속하게 이뤄진다. 대부분의 의류 아이템은 스페인의 메인 물류 센터에서 각 매장으로 직접 운송된다. 유럽 이외의 지역에서는 배송 시간을 단축하기 위해 주로 항공편을 이용해서 제품을 나른다. 이런 신속한 업무 처리의 배경에는 물류 센터의 자동화 설비나 세계적으로 표준화된 IT 시스템 같은 기술에 대한 지속적인 투자 전략이 자리 잡고 있다. 게다가 업계 평균보다 훨씬 높은 수준의 판매 보너스를 받는 매장 관리자들은 지역 시장에 대한 깊은 이해를 바탕으로 경쟁자들보다 월등한 매출을 올린다. 최고의 매장 위치와 쉴 새 없이 바뀌는 진열품은 그 자체로 이 기업의 핵심 광고 전략이라 할 수 있다. 높은 매장당 수익률, 극히 낮은 수준의 지역별 시설 투자 요건, 광고에 크게 의존할 필요 없는 비즈니스 모델 등이 합쳐져서 인디텍스가 새로운 시장으로 진입하는 작업을 한결 수월하게 만들어준다. 파나마의 풀 앤드 베어(Pull & Bear) 매장이든, 뉴욕 중심가에 자리 잡은 자라의 플래그십 스토어든 모든 매장에는 별도의 수익성 목표가 주어져 있다.

인디텍스의 독특한 패스트패션(fast-fashion) 비즈니스 모델은 기업에 높은 매출 총이익률을 안겨준다. 이 기업은 2000년 이래로 매출이 매년 15%씩 성장했고, 세전 순이익은 연평균 17% 증가했다. 매장별 평균 매출도 매년 5%씩 늘었으며 이 기간에 줄곧 플러스 성장을 기록했다. 하지만 이런 엄청난 사업 규모에도 불구하고, 극도로 파편화된 패션 시장의 특성으로 인해 인디텍스의 시장 점유율은 그들이 진출한 거의 모든 국가에서 1% 미만이다. 그 말은 이 기업이 비즈니스를 확장할 여지가 앞으로도 무궁무진하다는 뜻이다.

11

기업 문화

퀄리티 기업들은 강력한 기업 문화의 지배를 받는다. 그 문화의 기본 바탕에는 성공을 뒷받침하는 공통의 핵심 가치가 놓여 있다. 이 가치는 기업의 특성에 따라 각각 다르지만, 대표적인 사례로는 저비용을 추구하는 기업의 비용 절감 의식, R&D 기업의 과학적 탐구를 향한 호기심, 제조 기업의 협업적 팀워크 정신(즉 기업의 신용도를 평가하거나 회계 감사 서비스를 제공하는 외부 업체들과의 팀워크) 등을 꼽을 수 있다.

우리는 투자 대상 기업의 문화를 파악하는 과정에서 해당 기업의 경영진에게 자문을 얻는 것은 물론이고, 다른 구성원들의 의견도 매우 가치 있게 받아들인다. 공급업체나 고객도 기업과 협업한 경험을 통해 그들의 우선순위, 규범, 가치관 등을 알려준다. 예전에 근무했던 직원들은 그 기업의 이면에 놓인 숨겨진 특징을 귀띔해주기도 한다. 기업 문화를 논의하는 의도나 관점은 사람마다 다르지만, 대체로 더 많은 사람에게서 다양한 관점을 수집할수록 더 신뢰도 높은 정보를 쌓을 수 있다.

신뢰성

신뢰성은 퀄리티 기업이 보유한 공통적인 특성이다. 우리는 투자를 대상 기업과 장기 관계를 맺는 과정이라고 생각한다. 인간관계의 기본은 신뢰에 있고, 신뢰의 기본은 정직과 진실에 있다. 다른 투자자들도 마찬가지겠지만, 우리는 믿음이 부족하거나 명예롭지 못한 조직에는 절대 투자하지 않는다. 다행스럽게도 철저히 왜곡된 기업 문화를 지닌 기업은 그렇게 많지 않다.

하지만 비즈니스의 세계에서는 다른 기업들보다 좀 더 신뢰도가 높은 기업이 분명히 존재한다. 그 차이를 결정짓는 것은 사람들이 언뜻 사소하게 생각할 수 있는 기업 문화다.

가장 흔한 차이점 중 하나가 조직 내부에서 나쁜 소식을 처리하는 방식이다. 어떤 기업들은 자사에 불리한 정보나 이야기가 있다면 애매하게 전달하거나 가능한 한 보고를 늦춘다. 반면 나쁜 소식일수록 신속하고 솔직하게 털어놓는 기업들도 있다. 그런 소식을 공표하는 일은 대개 홍보 담당자나 법률 부서의 몫으로 돌아가지만, 기업 전체적으로 이를 처리하는 방식을 통해 그 조직의 상대적인 신뢰성을 판단할 수 있다.

어떤 사실관계든 솔직하고 개방적으로 대응하는 기업 문화는 건강하다. 기업이 외부 세계와 정보를 공유하는 방식은 내부 직원들과 소통하는 방식을 그대로 반영한다. 시장에 왜곡된 정보를 제공하는 경영진은 내부 직원들을 교육할 때도 동료들에게 왜곡된 정보를 제공하라고 가르칠 확률이 높다. 우리는 실수를 솔직히 인정하고 어떤 교훈을 얻었는지 이야기하는 기업을 높이 평가한다. 그런 행위는 과거를 반성하고 실험과 개선에 전념하는 기업 문화를 상징한다.

장기적 시야

기업을 운영하는 일은 장기적인 게임이다. 대개 제품 하나를 개발하는 데도 몇 년이 훌쩍 지나가고 고객의 신뢰를 얻고 사업을 확장하는 데는 그보다 오랜 시간이 걸린다. 따라서 우리는 장기적 비전에 기반을 둔 기업 문화를 바탕으로 지속적인 가치 창출의 여정에 동참하는 기업을 투자 대상으로 선호한다. 그런 기업들은 비용 효율성도 중요하게 생각하지만, 장기적이고 지속 가능한 매출 성장 및 자본 수익률을 달성하는 데 더 초점을 맞춘다.

 단기적 이익 목표는 비용만 줄여도 쉽게 달성할 수 있고, 매출 성장 목표는 공격적인 인수합병을 통해 어렵지 않게 맞춰낼 수 있다. 그러나 우리는 조직의 장기적 성장을 도모하기 위해 설비 투자, R&D, 광고 등에 과감하게 자본을 투자하는 게임 참여자들을 선호한다. 언론 매체나 주식 애널리스트들은 이번 분기의 주당 수익률을 따지는 데만 온통 정신이 팔려 있지만, 우리는 장기적인 자본 수익률에 우선순위를 두는 기업들을 높이 평가한다. 또 성과 측정을 위해 자본 수익률 지표를 사용하는 기업, 그리고 최고 경영진뿐 아니라 조직 구성원 전체를 위해 인센티브 프로그램이나 보상 계획을 세우는 기업을 좋아한다. 이런 기업들의 기업 문화는 구성원들에 대한 보상이 오직 수익 성장에만 연동되어 있는 조직과 비교했을 때 좀 더 사려 깊고 장기적인 성격을 띤다.

실행력

직원들이 사전에 수립된 계획에 따라 정확한 결과물을 제시간에 생산해내는 능력을 갖춘 기업은 높은 가치를 창출한다. 조직 구성원들의 시의적절한 실행력은 대부분 기업 문화 자체에 뿌리박혀 있다. 만일 실행력이 기업 문화에서 비롯되지 않는다면, 직원들은 업무 마감일이 임박했거나 일이 밀렸을 때 동료들은 일찍 퇴근하는데 왜 나만 늦게까지 남아서 일해야 하느냐고 억울해할 것이다. 우리는 조직 구성원들에게 성실한 근무 자세를 장려하고 적절한 보상을 제공함으로써 직원들이 자진해서 더 많은 일을 해내는 기업들을 투자 대상으로 선호한다.

조직의 실행력을 잘 보여주는 몇 가지 단서가 있다. 가령 실행력이 우수한 기업은 '돌발적인' 상황을 겪을 확률이 낮다. 그들은 느닷없이 최근 구축한 IT 시스템의 비용이 예산을 초과했다고 발표하거나, 2년 전에 인수한 기업에서 얼마 전에야 문제를 발견했다고 호들갑을 떨지 않는다. 실행력이 뛰어난 조직은 작은 일이든 큰 일이든 모든 업무를 계획에 따라 처리해낸다. 그렇다고 모든 일이 계획대로 딱딱 들어맞는다는 말은 아니지만, 그런 기업은 좀처럼 갑작스러운 사고나 혼란을 겪지 않는다. 더 중요한 점은 일에 차질이 생겼을 때 문제를 빠르게 파악해서 해결한다는 점이다.

또 실행력이 강한 기업은 업계에 관한 지식이 풍부하다. 직원들에게 특정 시장이나 지역에서 어떤 일이 일어나는지 물으면 금방 대답을 들을 수 있다. 이는 실행력을 최우선 순위로 설정한 기업의 가장 큰 장점 중 하나다. 이런 기업들은 조직을 하루아침에 뒤집어엎거나 거창한 종합 계획을 내놓는 대신 기존의 전략을 조금씩 보완해나가는(시스템을 업데이트하거나 해외로 사업을 확장하는 등) 패턴을 보인다.

자기 영속성

기업들은 자기 기업의 문화와 성격이 비슷한 직원들을 채용하는 경향이 있다. 창의적인 면모를 갖춘 직원은 고급 여성복 업계에서는 소중한 인재일 수 있어도 핵 원자로 산업에서는 그다지 이상적인 인재가 아니다. 저비용 전략을 추구하는 기업에는 뿌리 깊은 비용 절감의 문화가 무엇보다 중요하겠지만, 프리미엄 브랜드를 판매하는 기업에는 그렇지 않을 수도 있다. 기업 문화는 스스로 생명을 유지해나가는 자기 영속성을 갖고 있다.

불투명하고 의심스러운 관행을 지닌 기업은 윤리적 문제나 범법 행위에 이의를 제기하지 않는 직원들을 끌어들일 위험이 있다. 구성원들의 일탈을 용인하는 조직에서는 규칙을 지키지 않는 사람들도 잘 살아남고 심지어 높은 지위로 승진하기도 한다.

가족 소유 기업

지난 10년 동안 우리가 인수한 기업 중에는 설립자의 가족이 몇 세대에 걸쳐 소유 중인 기업이 많다. 그 말은 우리가 찾는 퀄리티 기업의 특성과 가족 소유 기업의 특성 사이에 공통점이 존재한다는 뜻이다. 그중 하나가 장기적 가치 창출에 역량을 집중하는 전략이다. 수명이

긴 가족 기업들은 과도한 부채 차입을 피하고 유보 현금을 활용해서 조직을 운영한다. 또 성장을 위해 무분별하게 주식을 발행하지 않는다.[31] 물론 가족 소유의 기업도 망할 수 있다. 때로 2대나 3대 경영자의 그릇된 자신감 탓에 기업이 곤경에 처하기도 한다. 가족이 소유한(family-owned) 기업과 가족이 운영하는(family-run) 기업을 구분하는 일은 그래서 중요하다. 수많은 연구가 우리의 분석을 뒷받침한다. 연구자들에 따르면 가족 소유의 기업 중에는 퀄리티 기업의 기준을 충족하는 문화를 지닌 기업이 많다고 한다.

맥킨지(McKinsey)의 글로벌 조직 건전성 조사에 따르면 가족 소유의 기업들은 높은 수준의 근로자 동기부여와 강력한 리더십을 포함한 훌륭한 조직 문화를 소유하고 있다.[32] 또 마드리드의 IE 경영대학원도 유럽의 가족 소유 기업들은 시장 가치, 매출 성장률, 자산 회전율 등에서 주기적으로 경쟁자들을 능가한다고 발표했다.[33] 이 결과는 지역과 산업에 무관하게 어디서나 보편적으로 적용되는 양상을 보였다. 말하자면 지역이나 산업이 특별한 게 아니라 가족 소유 기업들이 특별하다는 뜻이다.

스벤스카 한델스방켄: 기업 문화

2008년에 발발한 글로벌 금융 위기로 인해 전 세계의 수많은 은행이 곤경에 처했을 때도 스웨덴의 스벤스카 한델스방켄은 경쟁자들을 저 멀리 앞서 나갔다. 그 비결은 이 은행의 근본적인 경영 구조와 비즈니스에 대한 사고방식(즉 기업 문화)으로 설명할 수 있다.

1870년대에 설립된 이 은행이 현재와 같은 기업 문화를 보유하게 된 데는 1970년대에 CEO로서 조직을 이끌었던 얀 발란더(Yan Wallander)의 리더십이 큰 몫을 했다. "지점이 곧 은행이다"라는 한델스방켄의 모토는 고도로 분산화된 이 은행의 경영 구조를 짐작할 수 있게 해준다. 지점장들은 상품 출시나 고객 영업 및 관리 업무를 포함해서 지점을 운영하는 데 필요한 모든 의사 결정을 직접 내린다. 그 대신 해당 지점의 수익이나 손실에 대해서도 전적으로 책임을 지고, 본사나 다른 사업부에 책임을 전가하지 않는다.

각 지점의 운영 상황에 대한 직원들의 깊은 지식과 분명한 책임 소재 덕분에 한델스방켄의 대출 손실액은 경쟁자들보다 훨씬 줄어들었다. 이 은행은 고객 만족도 평가에서도 꾸준히 최고의 자리를 차지하고 있다. 또 그들의 경영 방침은 이 은행이 업계의 시류를 거슬러서 어떻게 성공할 수 있었는지 설명하는 단서가 되어준다. 경쟁자들은 앞다퉈 지점들을 폐쇄하고 고객들을 중앙 집권적으로 관리하는 길을 택하지만, 한델스방켄은 정반대의 전략을 구사하고 있다. 다른 은행들은 관리자들이 위험한 전략을 추구해도 그들이 달성한 수익에 따라 보너스를 지급하는 데 반해 한델스방켄은 최고 경영진이나 관리자들에게 별도로 보너스를 주지 않는다. 대신 이 은행은 모든 직원을 위해 이익 공유 시스템을 운영한다. 많은 직원이 그렇게 받은 수익금을 자사의 주식을 매입하는 데 투자함으로써 직원들이 곧 이 은행의 최대 주주가 되는 결과가 빚어졌다. 이런 이익 배분 구조 덕분에 직원들의 충성도는 매우 높다. 이 은행의 직원 이직률은 업계 평균을 훨씬 밑돈다.

한델스방켄의 기업 문화에는 위험 회피의 원칙이 깊이 스며들어 있다. 이 은행의 경영 철학은 기업이 강점을 보이는 분야에서만 모험을 걸고 다른 영역에서는 위험한 행동을 최소화하라는 것이다. 한델스방켄은 경쟁자들과 비교했을 때 매우 보수적인 수준의 현금 유동성을 유지하며, 자본 비율이 월등히 높고, 고객이나 투자자들이 맡긴 자금을 운용하는 기간도 훨씬 길다. 한델스방켄은 유럽에서 활동하는 대다수 은행과는 달리 위험도가 높고 투기적인 성격이 강한 '자기 자본 거래'를 피한다.

이런 문화적 특성들을 생각해보면 한델스방켄이 2008년 글로벌 금융 위기의 혼란 속에서 다른 은행들뿐 아니라 스웨덴 중앙은행을 포함한 금융 시스템 전체에 자금을 지원하는 유일한 대출 기관의 역할을 했던 이유를 짐작할 수 있다. 한델스방켄은 1990년 초 스웨덴의 여러 은행을 곤경에 빠뜨린 금융 위기가 발생했을 때도 독보적인 경쟁력을 발휘하며 동료들을 도왔다. 스웨덴의 은행 중에 정부의 구제 금융을 받지 않거나 국유화되지 않은 곳은 한델스방켄이 유일했다.

한델스방켄의 위험 회피 전략은 '성장'에 접근하는 방식에서도 잘 드러난다. 유럽의 은행 대부분은 몸집을 키울 목적으로 다른 은행들을 인수하거나 동부 유럽을 포함한 신흥 시장에 투자하는 등 투기성 강한 전략을 구사한다. 그러다 보면 성공 확률이 낮을 수밖에 없다. 반면 한델스방켄은 북유럽 국가나 최근 진출한 영국처럼 좀 더 안전하고 안정적인 시장에서 견실한 유기적 성장을 달성하고 있다.

이 은행의 차별화된 사업 구조와 보수적인 사고방식은 높은 수익성을 자랑하는 그들의 재무 보고서에 그대로 반영되어 있다. 한델스방켄은 꾸준한 유기적 수익 성장과 주기적인 시장 점유율 확보에 힘입어 43년 동안 한 해도 거르지 않고 북유럽 지역의 어떤 은행보다도 높은 자기 자본 수익률을 기록했다. 2007년 말 이래로 주주들에게 돌아가는 수익(주식 가치 증가분과 배당금을 합친 금액)

은 연평균 약 15% 증가했다. 유럽의 은행들 대부분은 금융 위기가 발생하기 전보다 수입이 줄었고 주가도 반토막이 났지만, 한델스방켄은 수익이 늘었고 주가도 2배 이상 올랐다. 우수한 기업 문화에는 보상이 따른다.

12

복제 비용

경쟁 우위의 지속성을 판단하는 방법의 하나는 분석 방식을 반대로 뒤집어보는 것이다. 예를 들어 우리는 기업의 경쟁 우위를 뒷받침하는 직접적인 요인들을 찾아내려 애쓰기보다, 새로운 시장 참여자가 경쟁자의 비즈니스를 모방해서 기존의 경쟁 우위 요인을 제거하려면 얼마나 큰 비용을 치러야 하는지 분석한다. 이 과정에서 퀄리티 기업을 분석하는 데 활용할 수 있는 유용한 특성들을 발견하기도 한다.

두 가지 예를 들어보자. 주류 산업에서는 진이나 보드카 같은 백색 증류주(white spirits)의 브랜드가 아무리 강력하다 해도 위스키나 코냑 같은 갈색 증류주(brown spirits) 브랜드와 비교했을 때 경쟁자들에게 시장을 빼앗길 위험성이 더 크다. 뒤집어 말하면 주류 시장에 새로 진입한 기업이라도 영리한 마케팅 전략과 풍부한 자금을 동원하면 경쟁력 있는 진이나 보드카 브랜드를 금세 개발할 수 있다. 하지만 신규 참여자들이 코냑이나 위스키 브랜드를 새로 만들기는 쉽지 않다. 갈색 증류주를 숙성하는 데는 매우 오랜 시간이 걸리기 때문이다. 새로운 경쟁자가 갈색 증류주 분야에서 믿을 만한 브랜드 포트폴리오를 구축하려면 창의성이나 자금뿐 아니라 남다른 인내력(10년 이상을 기다릴 수 있는 인내력)을 갖춰야 한다. 반면 백색 증류주 시장에서는 한 달이면 호밀과 감자를 현금으로 바꿀 수 있다.

항공기 엔진 제조 산업도 마찬가지다. 신생 기업이 이 분야에 진출할 때 자본금 자체가 진입 장벽으로 작용하는 경우는 별로 없지만, 엔진 산업에 속한 기업들은 몇십 년간 수십 억 달러를 R&D에 쏟아부었다. 이 막대한 돈은 모두 남들이 모방하기가 어려운 독점적 기술을 개발하는 데 사용됐다. 또 이 기업들은 엔진을 판매하는 것뿐 아니라 차후에 유지 보수 서비스를 제공하는 비즈니스에서도 막대한 매출을 챙긴다. 그들은 이런 비즈니스 모델을 통해 그동안 R&D에 투자한 돈을 장기간에 걸쳐 점진적으로 회수한다. 게다가 이 분야에 새로 뛰어든 기업들은 에어버스나 보잉 같은 항공기 제조 기업들이 공급업체들과 맺는 긴밀한 유대 관계도 넘어서야 한다.

엑스피리언: 모방 거부

영국의 신용 평가 산업의 역사는 1803년으로 거슬러 올라간다. 런던의 재단사들이 물건값을 떼어먹고 주지 않는 고객들의 명단을 공유하기 시작한 것이 효시가 됐다. 1826년에는 맨체스터에서 '협잡꾼, 도박꾼, 사기꾼들로부터 상인들을 보호하는 수호자들의 모임'이라는 멋진 이름의 단체가 세워졌다. 1800년대 후반에는 미국에서도 몇몇 신용 조사 기관이 문을 열었다. 짐 칠턴

상인 신용 조합(Jim Chilton's Merchant Credit Association)은 고객들의 신용 정보 명부를 인쇄해서 매년 구독자들에게 제공했고, 그 밖에도 두 가지 사업 영역을 새로 개척했다. 하나는 고객들의 신용 상태에 대한 부정적 정보와 긍정적 정보를 함께 수집한 것이고, 또 하나는 상인들을 설득해서 고객들의 신용 정보를 함께 공유하고 조합원들이 이를 활용할 수 있게 한 것이다.

그로부터 오랜 세월이 지난 뒤, 칠턴의 사업체와 맨체스터의 단체는 신용 정보 분야의 세계적 리더 기업인 엑스피리언의 일부가 됐다. 엑스피리언의 가장 중요한 자산은 지난 수십 년 동안 수많은 금융 기관, 소매금융업체, 공익 기업, 채권자들로부터 수집한 소비자 신용 정보 데이터베이스다. 이 기업은 데이터베이스의 규모와 품질을 개선하기 위해 다양한 출처로부터 광범위한 정보와 독점적인 데이터를 공급받는다. 이 데이터는 영국, 미국, 브라질 등지에서 활동하는 지역 사무소들의 손을 거쳐 본사의 방대한 데이터베이스에 축적되고 통합된다.

영국에서 엑스피리언의 모체가 된 조직은 당시 이 나라에서 가장 큰 규모를 자랑했던 유통업체 겸 소비자 금융 기관 그레이트 유니버설 스토어(Great Universal Stores, GUS)였다. GUS는 1960년대에 들어서 자체적으로 보유한 소비자 신용 데이터를 컴퓨터로 전산화했고, 선거인 명부와 법원 기록 등에서도 방대한 정보를 수집해서 데이터베이스에 추가했다. 1980년대부터는 이 정보를 상품화해서 판매하기 시작했다. 1996년 GUS는 미국 시장에서 선두를 달리던 신용 평가 기관을 하나 인수했다. 이 기관을 소유한 기업은 항공우주 장비와 자동차 부품을 제조하던 TRW였고, 그 기업의 공동창업자는 유명한 로켓 과학자 사이먼 라모(Simon Ramo) 박사였다. 라모 박사는 앞으로 현금 없는 세상이 도래하리라는 1961년의 예언을 포함해서 미래의 세상에 대해 선견지명을 갖춘 수많은 예언을 내놓았다. 그는 미래의 금융 기관들은 소비자들의 신용 정보 보고 체계를 자동화해서 지불 패턴을 예측하고 신용도에 점수를 매길 것이라고 믿었다. 라모 박사는 이 예언을 현실화하기 위해 수십 년 동안 수많은 소비자 신용 정보를 수집하고 표준화했다. 2007년 엑스피리언(영국과 미국 기업이 합병한 뒤에 이 이름을 붙였다)은 세라사(Serasa)를 인수했다. 세라사는 1968년 브라질 은행들의 컨소시엄으로 출범한 뒤에 신용 평가 분야에서 현지 시장을 주도하고 있었다.

엑스피리언은 세계적으로 인정받는 신용 정보 회사들을 연달아 인수하면서 이들이 보유한 정보를 수집하고, 맞추고, 비교하고, 확인하고, 분석하는 강도 높은 절차를 밟았다. 그 결과 엑스피리언의 데이터베이스는 한층 방대해졌다. 전 세계를 망라하는 최첨단의 IT 시스템은 매일 새로운 정보를 데이터베이스에 추가한다. 개별 정보 하나하나는 얼핏 사소해 보일 수 있어도, 중앙 보관소에 추가되는 순간 신용 기록의 품질이 높아지고 패턴 인식 능력이 확대되는 효과를 낳는다. 이런 데이터베이스를 처음 구축하는 데는 많은 돈이 들어가지만, 매일 차곡차곡 쌓이는 데이터는 회사의 수익성을 조금씩 높여주는 역할을 한다. 데이터 제공자들은 동료 채권자들로부터 축적된 신용 정보를 통해 저마다 혜택을 얻으면서 강력한 네트워크 효과를 만들어간다.

이런 구도로 인해 이 업계에서는 어느 산업 분야보다 활발한 인수합병이 이뤄진다. 미국에서는 3개의 대형 신용 평가 기관이 엇비슷한 시장 점유율을 유지하며 시장을 주도하고 있다. 미국 이외의 지역에서는 거의 모든 시장이 두 회사에 의해 주도되는 복점 형태를 이룬다. 대체로 한 회사는 시장을 장악할 정도로 규모가 크고, 다른 회사는 규모가 작다. 비즈니스의 규모, 복잡성, 가격 체계 같은 요인으로 인해 이 분야의 진입 장벽은 매우 높은 편이다. 또 엑스피리언은 데이터 분석(data analytics) 기술 같은 자사의 핵심 자산을 관련 사업 분야로 확대해서 활용하고 있다. 이 회사의 핵심 사업과 부속 사업 모두 품질 좋은 상품(정보)을 고객들에게 반복해서 판매하고 높은 수익을 올린다는 목표를 지향한다.

그 성과는 매우 인상적이다. 엑스피리언은 10년간 연평균 약 6%의 유기적 매출 성장을 달성했고, 그간 약 21%였던 영업 이익률도 약 27%로 상승했다. 이토록 강력한 재무적 성과의 기본 토대는 독보적이고 대체 불가능한 엑스피리언의 데이터베이스 자산 덕분이다.

* * *

재무 이론에 따르면 어떤 기업이 비정상적일 만큼 탁월한 성과를 거둔다고 해도 그 실적이 오래 지속될 수는 없으며, 경쟁자들을 뛰어넘는 매출과 수익은 조만간 평균치로 돌아간다고 한다. 하지만 우리는 2부에서 살펴본 퀄리티 기업의 다양한 패턴을 통해 세상에는 '평균 회귀'의 법칙을 거슬러 장기적으로 우수한 실적을 거두는 기업도 분명히 존재한다는 사실을 깨달았다. 물론 이 패턴들을 올바르게 분석하는 일이 늘 쉽지만은 않다. 3부에서는 퀄리티 기업들을 찾는 과정에서 피해야 할 함정들을 이야기한다.

QUALITY
INVESTING

3부

함정

기업의 퀄리티를 떨어트리는 위험 요소는
항상 예의주시해야 한다.

퀄리티 기업들만 풍부한 현금 흐름, 매출 증가, 높은 자본 수익률 같은 매력적인 재무적 성과를 달성하는 유일한 패턴을 소유한 것은 아니다. 때로는 지속 가능성을 위협하는 불안정하고 변동이 심한 요인에 노출된 기업이라 해도 좋은 성과를 올리기도 한다.

한창 성장 중인 기업이라도 예측이 어렵고 변동성이 큰 시대적 조류에 휘말릴 수 있다. 반대로 어떤 기업들은 경기의 주기에 따른 성장, 소비자들의 변덕스러운 취향, 일시적인 기술적 리더십 같은 요인들 덕분에 실제보다 경쟁력이 더욱 강한 것처럼 보이기도 한다. 이와 같은 상황에 노출된 기업들을 자동으로 걸러내기에는 오늘날의 시대적 조류가 너무도 미묘하고 복잡하다. 하지만 그로 인해 발생할 수 있는 투자 리스크를 생각해보면 좀 더 철저한 검토와 분석이 필요한 대목이다.

3부에서는 주기성의 변화무쌍한 모습을 살펴보고, 기술 발전의 위험, 의존성, 변화하는 고객 취향 같은 위험 요인을 논의한다.

1
주기성

비즈니스의 주기성(cyclicality)은 사업을 운영하는 사람이라면 누구나 받아들여야 하는 현실이다. 최종 사용자 시장의 수익성은 시간의 흐름에 따라 예측 불가능하게 등락을 거듭한다. 운이 좋은 소수의 기업은 그 폭이 알아차리기 어려울 만큼 미미할 수도 있지만, 거의 모든 기업은 시장의 변동에 따라 크고 작은 우여곡절을 겪는다. 경기의 주기성에 노출된 기업은 가치 창출에 제동이 걸리기도 하고, 반대로 조직의 구조적인 문제가 일시적으로 가려지기도 한다.

신중한 투자자들은 주기의 변동 폭이 큰 업계에는 될수록 투자를 피해야 한다고 말한다. 대표적인 분야가 에너지나 광산처럼 원자재(commodity)를 판매하는 산업이다. 이런 곳에 속한 기업들이 지속 가능한 경쟁 우위를 발휘하는 경우는 거의 없다. 하지만 경기의 주기성은 고도로 브랜드화되고 차별화된 제품을 통해 강력한 경쟁 우위를 자랑하는 기업에도 반복해서 영향을 미친다. 심지어 퀄리티 기업들조차 주기성과 맞서 싸워야 한다. 투자자들은 이런 현실을 정확히 인식할 필요가 있다.

주기성은 기업의 운영 환경을 복잡하게 만든다. 즉 가격 및 제품 조합 최적화, 원가, 자본 지출 같은 가치 창출의 주요 도구들에 대한 통제력을 빼앗아간다. 기업들은 경기가 좋을 때는 과도한 투자를 일삼다가도 불경기가 찾아오면 투자할 자본이 없어 쩔쩔맨다. 비즈니스의 주기성은 단기적 사고를 유발한다.

3부 1장에서는 극단적인 수요-공급의 주기성, '지속성 제품'의 장점, 주기성이 강한 고객 기반으로 인해 유발되는 문제 등을 살펴보고, 마지막으로 주기가 길어질 때 이를 분석하기 어려운 이유를 설명한다.

한 가지 강조하고 싶은 점은 우리가 투자 대상 기업을 찾을 때 주기성이라는 문제를 완전히 외면하지 않는다는 점이다. 이 장의 마지막 부분에서 다시 이야기하겠지만, 퀄리티 기업 중에는 주기의 변동 폭이 큰 산업 분야에서 활동하면서도 기업에 유리한 방향으로 경기의 변동성을 활용하고, 주기의 흐름과 반대 방향으로 투자해서 이득을 보며, 혼란의 시기를 틈타 업계의 선두 자리를 굳히는 기업들도 드물지 않다. 우리가 장기적으로 투자해서 성공적인 투자 실적을 거둔 기업 중에도 산업 및 소비자 심리의 극심한 주기성 속에서 지속적인 경쟁 우위를 발휘한 기업이 많았다.

수요-공급 주기성

경기의 주기성이 투자의 매력도를 가장 크게 떨어뜨리는 분야가 철강 제조나 해양 석유 굴착처럼 순수한 수요-공급 기반의 원자재 생산 산업이다. 이들 산업에서는 제품이 판에 박힌 듯 똑같은 데다 이를 생산하려면 막대한 자본 투자가 필요하다.

경기가 활황일 때는 제품에 대한 높은 시장 수요가 발생하고 설비 투자도 늘어난다. 그 시기에는 이 산업의 경쟁력이 매우 강하고 수익성도 높은 듯이 보인다. 호황이 길어지면 많은 참여자와 관찰자가 이 분야에서 이미 구조적인 변화가 이뤄졌으므로 경기의 주기성이라는 변수가 완전히 제거되었다고 믿기 시작한다. 2000년대 초의 호황기에 탄생한 이런 식의 믿음은 2008년의 금융 위기 직전까지 세상을 지배했다.

하지만 경기의 기류가 바뀌면서(언젠가는 그런 때가 반드시 찾아온다) 시장 수요가 추락하고 기업이 과도하게 쏟아부었던 자본 비용은 큰 부담으로 돌아온다. 제품의 수요가 감소하면서 가격은 하락하고 수익성에도 제동이 걸린다. 이런 상황에서는 앞으로 제품의 가격이 어떻게 변할지, 최저점은 어디인지, 불경기가 언제까지 이어질지 예측하기가 거의 불가능하다. 경제학자들의 이론에 따르면 한계 비용(생산량을 한 단위 늘리는 데 필요한 비용의 증가분-옮긴이) 곡선이 한계 수입(재화 한 단위를 추가로 판매함으로써 발생하는 총수입의 변화분-옮긴이) 곡선과 만나는 지점에 이르면 시장 참여자들이 생산을 중단함으로써 시장이 안정적인 상태를 되찾는다고 한다. 하지만 현실에서는 생산자들이 경제학 모델을 따르지 않는다. 경영진은 한계 비용 이론의 지침에도 불구하고 생산을 계속한다.

수요-공급 기반의 산업에서 활동하는 기업 중에도 낮은 원가로 제품을 생산함으로써 경쟁 우위를 누리는 기업이 간혹 있을 수 있다. 하지만 제품의 시장 가격을 예측하기가 불가능한 상황에서는 그런 경쟁 우위의 가치를 가늠하기가 어렵다. 원유 1배럴을 20달러에 생산하는 기업은 생산비 측면에서 경쟁자들보다 유리할지 모르지만, 그런 경쟁 우위가 기업의 현금 흐름에 얼마나 도움이 될지는 오직 유가의 장기적인 흐름에 달려 있다. 앞으로 원유 1배럴에 40달러가 될지, 100달러가 될지 누구도 알 수 없기 때문이다.

지속성 제품의 조용한 활약

많은 기업이 최종 사용자 시장의 주기성에 노출된 기업들을 고객으로 두고 있다. 그 말은 기업이 공급하는 제품의 수요가 고객들의 시장 상황에 따라 주기적으로 오르내린다는(가격은 그렇지 않을 수도 있다) 뜻이다. 종이, 광산, 석유, 가스, 농업 같은 산업 분야에 장비나 서비스를 제공하는 공급업체들이 그런 경우다.

그렇다고 그런 기업들을 투자 대상에서 아예 제외하는 것도 현명한 일이 아니다. 사실 제조 산업에 제품과 서비스를 공급하는 기업이라면 누구든 어느 정도의 주기성 문제를 겪는다. 아트라스콥코나 아사아블로이 같은 퀄리티 기업도 예외가 아니다. 따라서 우리는 경기의 주기성 자체를 문제 삼기보다 투자 대상 기업의 수익성이 고객들의 자본 지출에 달려 있는지, 또는 운영 비용에 좌우되는지를 집중해서 살펴보는 편이다.

고객의 자본 지출에만 수익성이 연동된 비즈니스는 운영 비용에 연동된 비즈니스보다 훨씬 복잡한 투자 과정을 거쳐야 한다. 경기의 주기성에 노출된 고객들은 생산 시설을 새로 확충하는 기간에만 장비를 구매한다. 광산업자들은 철광석 가격이 오를 때면 광산을 새로 개발할 계획을 세우다가도 철광석 가격이 내릴 때는 프로젝트를 줄줄이 연기하거나 취소하기 일쑤다.

이렇듯 기업의 수익성을 고객의 자본 지출에만 의존해야 하는 기업들은 경영 성과를 예측하기가 극히 어렵다. 대충 어림짐작하려 해도 앞으로 원자재 가격이 어떻게 변할지, 또 철광석의 가격 변동에 따라 광산업자들이 새로운 설비에 얼마나 많은 돈을 투자할지를 통찰력 있게 판단할 수 있어야 한다. 물론 원자재의 장기적 시장 수요를 분석해보면 좀 더 믿을 만한 예측이 가능할 수도 있다. 해당 산업에 특화된 경제학자들이라면 그런 예측 모델을 제공할 수 있을지도 모른다.

하지만 우리는 그런 방법으로 투자 대상 기업의 현금 흐름 패턴을 파악하기가 매우 어렵다는 사실을 잘 알고 있다. 따라서 고객의 자본 지출에 비즈니스의 운명을 맡기는 기업에는 될수록 투자를 피하는 편이다.

반면 고객의 운영 비용에 수익성이 좌우되는 공급업체들은 경기의 주기성으로 인해 사업에 지장을 받을 확률이 낮아서 비교적 예측 가능한 상태로 기업을 운영할 수 있다. 대부분의 제조업체는 경기가 하락할 때도 생산 설비나 생산량 수준을 예전처럼 유지한다. 유가가 내려도 원유 생산자들은 계속 기름을 생산한다. 고객들의 생산 활동이 계속되는 한 이들의 생산 및 운영 활동에 관련된 제품을 판매하는 공급업체들은 주기성의 영향을 덜 받게 된다.

우리는 이런 제품을 '지속성 제품(flow product)'이라고 부른다. 경기야 어떻든 제분 공장은 돌아간다. 생산 설비는 여분의 부품과 주기적인 유지 보수가 필요하다. 원유 채굴업자들이 추출한 석유나 광산에서 캐낸 광물도 계속 테스트해야 한다. 따라서 고객들에게 지속성 제품을 판매해서 수익을 올리는 기업은 경기가 나쁠 때도 이익이 크게 떨어지지 않는다. 마찬가지로 그런 기업들은 경기가 활황일 때도 제품의 수요가 폭발적으로 늘어나지 않아 실적을 예측하기가 쉽다. 또 원자재 상품보다는 브랜드화되고 차별화된 제품을 제공하는 기업이 경기가 좋을 때든 나쁠 때든 경영 성과를 예상하기가 더 수월하다. 따라서 우리는 고객에게 진정으로 차별화된 혜택을 안겨주는 지속성 제품에 투자의 초점을 맞춘다.

지속성 제품과 '자본 지출 제품'의 상대적 차이를 들여다보면 두 가지 교훈을 얻을 수 있다. 첫째, 주기를 많이 타지 않는 업계에 제품을 공급하는 기업도 고객의 자본 지출에 의존하는 것보다 지속성 제품을 팔아 꾸준히 매출을 올리는 편이 훨씬 유리하다. 이는 자본 지출의 주기성이 투자자들의 생각보다 훨씬 극심하다는 데 부분적인 원인이 있다. 경기의 불확실성이 고조되면 모든 고객이 지출을 줄인다. 앞날을 예측하기가 어렵다는 것은 누구에게나 바람직하지 못한 일이다.

둘째, 지속성 제품은 고객의 철저한 검토를 유발하지 않는다. 고객들이 자본 투자를 집행할 때는 새로운 굴착 장치를 구매하든 사무용 건물을 임대하든 항상 가격에 대해 높은 관심을 보인다. 반면 가격이 높지 않고 구매도 반복해서 이뤄지는 지속성 제품은 고객의 레이더망을 쉽게 벗어나는 경향이 있다.

침묵의 저격자: 고객의 주기성

경기의 주기성은 소비자의 행동을 예측할 수 없을 만큼 바꿔놓는다. 경기가 좋아지면 기업들은 너도나도 돈을 쓴다. 예산도 넉넉하게 편성하고, 장비나 서비스를 구매할 때는 가격보다 품질이나 신속한 배송 같은 요소를 더 중요하게 본다. 그러다 경기가 하락하면 모두가 가격에 민감해진다. 자본 지출을 줄이는 것은 물론이고 전체적인 비용 구조를 꼼꼼히 들여다보기 시작한다.

그런 과정을 거치며 많은 기업이 공급업체에 과도한 돈을 지급한다는 사실을 깨닫는다. 경기의 진폭이 큰 산업 분야에 제품을 공급하는 업체들은 대부분 고객의 예산에 가격 체계가 연동되어 있다. 그러다 보니 어떤 고객은 모든 공급업체에 일률적으로 가격을 내려 달라고 요구하기도 한다. 노르웨이의 국영 석유 기업 스타토일(Statoil)은 2014년 말 원유 가격이 곤두박질쳤을 때, 자사에 제품 및 서비스를 공급하는 모든 공급업체에 납품 가격을 20% 내려달라고 요청했다. 공급업체들이 힘들여 쌓아온 가격 결정력은 물거품이 됐다.

심지어 지속성 제품도 경기 하락의 영향을 받는다. 어떤 고객들은 장비의 유지 보수 일정을 연기하고 점검과 수리 작업도 연기한다. 자체 인력을 동원해서 장비를 직접 유지 보수하거나 정품이 아닌 대체 부품을 사용하는 고객도 있다. 또 신뢰도는 낮아도 가격이 싼 이류 공급업체에서 장비나 서비스를 구매하는 기업도 늘어난다.

이런 변화가 일시적이라면 그렇게 큰 문제가 아닐지도 모른다. 하지만 한 번 일어난 변화가 영구적인 관행으로 굳어지는 경우는 종종 있다. 항공 운송 분야에서 바로 그런 일이 일어났다. 기업들은 지난 수십 년간 항공편으로 물품을 운송하는 습관을 들였다. 배로 물건을 실어 나르는 것보다 비싸기는 해도 시간이 단축되기 때문이다. 하지만 글로벌 금융 위기가 터진 뒤에는 많은 기업이 해상 운송으로 옮겨 갔다. 그들은 중요한 물건들만 항공편으로 옮기고 나머지는 해상으로 운송해도 공급망을 가동하는 데 큰 문제가 없다는 사실을 알게 됐다. 그 기업들은 나중에 경기가 회복된 후에도 굳이 항공 운송으로 돌아갈 이유를 찾지 못했다.

장기적 호황의 위험성

경기의 주기성은 우리의 시야를 가린다. 특히 호황이 길어질 때 그런 상황이 심각해질 수 있다. 사람들은 호황세가 오래 지속되면 이제 주기성 문제가 완전히 정복됐고 앞으로는 사업이 끝없이 성장하리라고 믿기 시작한다. 기본적으로 기업들은 경기의 주기성이라는 문제를 별로 인정하고 싶어 하지 않는다. 따라서 경기의 호황이 평소보다 훨씬 길어질 때, 모든 기업은 자신들이 거둔 우수한 경영 성과를 뉴 노멀(new normal, 새롭게 보편화된 사회적 기준이나 표준-옮긴이)로 받아들이게 된다.

그러나 경기의 주기성을 염두에 두지 않는 기업들의 가장 큰 문제점 중 하나는 그들이 가장 합리적으로 행동하는 것처럼 보일 때가 가장 위험한 순간이라는 점이다. 호황이 오래 지속될수록 경기의 주기를 많이 타는 기업이 더 매력적으로 보인다. 최근 5년이나 10년 동안의 실적이 너무 뛰어나다 보니 20년 전에 어떤 일이 있었는지 돌아보는 일은 합리적이지 못한 행동처럼 여겨진다.

더 나쁜 일은 평소에는 주기성과는 별로 관련이 없는 기업도 경기의 혜택을 받기 시작한다는 것이다. 예전에는 주기를 그렇게 많이 타지 않던 기업도 반짝하는 경기 활황 덕분에 덩달아 성장할 수 있다. 장기적이고 구조적인 성장과 경기의 주기성으로 인한 일시적 성장을 구분하는 일은 때에 따라서는 쉽지 않을 수 있다. 예전부터 안정적으로 사업을 유지해온 기업이 점진적인 성장을 계속 이어간다면, 그것이 주기성에서 오는 매출 성장이나 시장 점유율 확보가 아니라 구조적인 성장임을 짐작할 수 있다. 높은 수준의 지속적 성장은 주기성에서 오는 갑작스러운 성장과 비교했을 때 퀄리티 기업의 가치 창출에 미치는 영향이 사뭇 다르다. 주기성의 효과가 기업에 미치는 영향을 과소평가하는 투자자는 투자 실적에 큰 타격을 입을 수 있다.

사이펨: 끝없는 호황

원유 가격이 높은 수준을 꾸준히 유지하던 2012년 가을, 우리는 사이펨(Saipem)의 주식을 매입했다. 이 해양 유전 개발 기업은 1950년대에 설립된 이탈리아 최대의 석유 기업 에니(Eni)의 한 사업 부문으로서 처음 비즈니스를 시작했다. 그들은 탐사 작업도 활발히 진행했고 생산 설비에 투입하는 돈도 10년에 걸쳐 매년 17%씩 늘렸다. 탐사와 시추가 더 어려운 곳으로 유전을 점점 확대함에 따라 이 설비들을 개발하기 위한 자본금도 계속 투입했다. 사이펨은 10년간 매년 두 자릿수 성장률을 기록했고 높은 자본 수익률을 올렸다. 경제 전문지 〈이코노미스트〉는 사이펨 같은 해양 유전 개발 기업들을 가리켜

'이 산업의 이름 없는 지배자들'이라고 불렀다.[34] 신흥 시장에서도 석유의 수요가 급증했다. 원유 생산 사업의 높은 한계 비용, 그리고 원유 가격이 상승해도 대응이 더딜 수밖에 없는 업계의 특성 탓에 석유 수출국 기구(OPEC) 소속의 중동 국가들 이외에 석유를 생산해서 공급할 수 있는 나라는 한정되어 있었다. 게다가 새로운 생산 설비에 투자되는 자금도 오랫동안 정체되다 보니 원유 수급은 전체적으로 빡빡했다. 그동안 우리가 구축한 퀄리티 투자의 철학에 따르면, 사이펨은 투자하기에 꽤 적절한 기업처럼 보였다.

그러나 2012년 말로 접어들면서 그토록 매력적인 수익성을 자랑하던 업계의 트렌드에 퇴조의 기미가 점점 뚜렷해졌다. 수요 측면에서는 소비자들이 높은 석유 가격을 더 이상 참아내지 못하는 상황으로 치달았고, 공급 측면에서는 미국의 셰일 석유가 전통적인 원유를 대체할 값싸고 믿을 만한 대안으로 떠올랐다. 원유 공급업자들은 가중되는 비용 압박으로 인해 새로운 탐사 및 시추 프로젝트를 줄줄이 연기했다. 업계 전체의 수익성은 급락했다.

석유 기업들이 주주들의 압력을 견디지 못하고 이미 계획되어 있던 자본 지출을 대폭 축소하자 사이펨 같은 유전 개발 기업들의 매출도 급격히 하락했다. 하지만 그때는 이들이 사업 확장을 위해 이미 막대한 자본금을 투자해놓은 뒤였다. 2012년이 다 가기도 전에 사이펨은 진행 중인 수많은 프로젝트에 차질이 발생했고, 그해의 경영 목표도 달성하지 못할 것이라고 발표했다. 다음 3년 동안 이 기업은 기대치를 계속 하향 조정했으며 그 기간에 시가 총액의 80%를 날렸다. 우리는 경기가 내리막길로 접어든 초기에 사이펨의 주식을 매각했으나 손실을 피하지는 못했다.

우리의 값비싼 실수는 경기의 주기성에 따른 성장과 구조적 성장을 구분하지 못한 데서 비롯됐다. 천연자원 기반의 산업에서는 경기의 주기가 극도로 길어질 수 있다는 사실을 미처 생각지 못한 것이다. 우리가 사이펨에 투자를 고려했던 시기와 시대적 상황이 비슷했던 1980년대 초로 시야를 확장해서 이 산업을 좀 더 체계적으로 분석했다면, 과거 석유나 가스 산업에서 막대한 시설 확충 프로그램이 어떻게 시작됐는지 알게 됐을지도 모른다. 당시 석유 기업들의 설비 투자를 부추긴 것은 전례 없이 상승한 원유 가격이었다. 역사적으로 그때보다 유가가 높았던 시기는 인플레이션을 반영해서 계산하더라도 지난 100년 동안 꼭 한 차례(1973년대 초반의 오일쇼크-옮긴이)밖에 없었다.

이 사례는 사업의 주기성에 대해 우리에게 많은 교훈을 안겨줬다. 경기의 주기가 지속되는 기간은 산업의 성격에 따라 천차만별이다. 어떤 산업에서는 10년이나 20년 전에 있었던 일을 돌아봐도 맥락을 파악하기에 충분한 정보를 얻지 못한다. 주기성에 노출된 기업들에 대한 이해의 수준을 높이려면 수십 년 전의 자료를 뒤져서라도 분석의 범위를 최대한 과거로 확장해야 한다.

또 우리는 원유의 매출 상승을 견인하는 '수요' 예측에만 분석의 초점을 맞췄다. 그로 인해 경기의 변동 폭이 큰 원자재 산업에서는 '공급'이 수익 성장의 발목을 잡을 수도 있다는 원리를 무시했다. 생산 설비가 최대치로 가동되고 시장 수요가 두 자릿수로 늘어나면 기업이 부르는 게 곧 가격이 된다. 투자자들은 그 기업의 프로젝트에 차질이 생겼고, 핵심 인력이 조직을 떠나고 있으며, 새로 맺은 계약이 너무 위험하다는 사실을 알지 못한다.

'수요의 슈퍼 사이클(demand super-cycle, 특정 상품의 수요가 늘어나서 가격이 상승하는 시기가 수십 년씩 지속되는 초유의 호황기-옮긴이)' 같은 용어는 언뜻 세련되고 지적인 대화의 주제인 것처럼 들린다. 하지만 이는 좋은 시기가 영원히 지속될 것이라는 멍청한 믿음을 그럴듯하게 포장한 말일 뿐이다. 경기의 변동 폭이 큰 업계에 불황이 찾아오면 애널리스트들은 이것이 자연스럽고 건강한 조정 국면이라고 말한다. 잠깐은 고통스럽겠지만 곧 지나간다는 것이다. 그러다 경기가 나아지면 그들은 "쉽게 채굴할 수 있는 석유는 전부 고갈됐다"와 같은 근거 없는 소문을 들먹이며 이것이 영원히 지속될 트렌드이고 이번의 호황이 왜 과거와 달리 장기간 이어질지 이야기한다. 호황기에는 그런 서사가 투자자들의 귀를 솔깃하게 한다. 하지만 강력한 주기성에 노출된 산업에서는 앞날의 전망이 가장 밝을 때가 투자자들이 가장 조심해야 할 때다.

분석의 문제

경기의 주기성을 분석하는 데는 여러 가지 문제가 따른다. 경기가 최고조로 치달으면 대개 매출이 성장하고 수익률도 높아진다. 하지만 그 수준이 얼마나 될지 예측하기는 어렵다. 이론적으로는 여러 주기에 걸친 장기적 추이를 계산해서 평균을 내면 매출 및 수익률의 등락 수준을 추론할 수 있을 것처럼 보인다. 문제는 그렇게 오랜 시간이 흐르는 동안 기업, 산업, 경제 상황 등이 워낙 역동적으로 변하다 보니 이 예측치를 비교할 만한 대상이 없어진다는 것이다. 심지어 기업 내부적으로도 어떤 구체적인 변화가 특정 수준의 이익으로 이어졌는지 판단하기가 어렵다.

원자재와 관련된 산업 분야에서는 이 문제가 더욱 심각하다. 석유나 가스 산업에 제품을 판매하는 기업은 원유 가격이 50달러가 되느냐 100달러가 되느냐에 따라 기업의 경영 활동이 크게 달라진다. 따라서 원자재 상품과 긴밀한 연관성(직접적이든 간접적이든)이 있는 기업의 주식을 사들이는 투자자들은 앞으로 원자재 상품의 가격이 어떻게 등락할지에 도박을 걸 수밖에 없다. 이는 투자자들의 각별한 주의가 필요한 대목이다. 역사를 돌이켜보면 원자재 상품의 미래 가격에 대해 저마다 의견을 제시하기는 쉬워도 이를 정확히 예측하기는 어렵다는 사실을 알 수 있다.

경기의 주기성에 크게 노출되지 않고 안정적으로 운영되는 기업에서는 시간이 투자자의 친구이지만, 주기성이 심한 기업에서는 시간이 적이 될 수 있다. 기업의 매출과 수익이 꾸준히 상승하면 투자자들은 마음을 푹 놓고 복리 성장의 혜택을 즐긴다. 그러다 사업이 순환의 주기로 접어들면 언제든 장기간의 정체 상태나 하강 국면이 찾아올 수 있고, 그럴수록 투자의 타이밍은 더욱 중요해진다. 다시 말해 그 기업의 주식을 언제 사고파느냐에 따라 투자의 성과가 좌우된다는 뜻이다. 주기를 심하게 타는 기업에 투자하기에 가장 유리한 시점을 정확히 포착하기는 쉽지 않지만, 우리는 투자 대상 기업의 주기성을 폭넓고 상세하게 파악함으로써 리스크를 줄이고 성장의 시기를 최대한 활용하기 위해 노력한다.

주기성의 긍정적 측면: 강한 자는 더욱 강해진다

주기성에도 긍정적인 측면이 있다. 업계에 거대한 변화의 바람이 불어오면 퀄리티 기업들은 경쟁자들보다 오히려 더욱 유리한 위치를 차지한다. 우수한 제품, 높은 수익성, 출중한 경영진 같은 특성을 보유한 기업들은 경기의 주기성에 따른 변화의 바람을 종종 기업에 이로운 방향으로 활용한다.

기업의 투자는 경기의 주기와 반대 방향으로 이뤄질 때 더욱 큰 가치를 낳는다. 다른 기업들이 너도나도 지출을 줄이는 시기에 제품, 고객 관계, 광고 등에 과감히 투자하면 장기적으로 더 우월한 시장 지위를 확보할 수 있다. 마찬가지로 경쟁자들이 여러 가지 문제로 정신이 팔려 있는 동안 인수합병이나 전략적 파트너십 같은 거래에 나서는 기업도 더 큰 성과를 거두는 경향이 있다.

2008년 금융 위기에서 수많은 기업의 경영 활동이 마비되다시피 했을 때 퀄리티 기업들은 싼 가격에 다른 기업을 사들이고, 과감하게 투자하고, 사업의 규모를 확장했다. 경제 상황이 어려운 시기에 쏟아부은 자금과 노력은 금융 위기가 발생하기 이전보다 더 강력한 경쟁력, 넓은 시장 점유율, 높은 수익성으로 돌아와 그들을 더 나은 기업으로 만들어줬다. 2008년에 밀어닥친 금융 위기의 와중에 워런 버핏과 그가 이끄는 버크셔 해서웨이(Berkshire Hathaway)는 수많은 투자를 단행했다. 버핏은 이 혼란기를 틈타 제너럴 일렉트릭과 골드만삭스의 상환전환우선주(convertible preferred stock, 채권처럼 만기에 투자금 상환을 요청할 수 있는 상환권과 우선주를 보통주로 전환할 수 있는 전환권을 동시에 보유한 주식-옮긴이)를 사들여 높은 수익을 챙겼다. 또 뱅크 오브 아메리카의 우선주를 매입하면서 나중에 이 은행의 지분을 유리한 조건으로 매입할 수 있는 옵션을 손에 넣기도 했다. 투자자들은 퀄리티 기업에 투자함으로써 창출되는 가치가 경기의 진폭이 클 때 오히려 더 높아질 수 있다는 교훈을 기억해야 한다. 그런 기업들은 평소 주기성에 대비가 잘되어 있고 그 상황을 자신들에게 유리한 방향으로 활용할 능력도 있다.

2

기술적 혁신

'혁신'이라는 단어는 그 자체로 긍정적인 의미를 함축한다. 게다가 이 말에는 페니실린을 발견한 알렉산더 플레밍(Alexander Fleming), 백열전구를 개발한 토머스 에디슨(Thomas Edison), 집적회로를 발명한 로버트 노이스(Robert Noyce)처럼 인류의 삶을 개선해준 위대한 발명가들에 대한 감사의 마음도 함께 담겨 있다고 봐야 한다. 하지만 순수하게 자본가들의 관점에서 본다면 혁신은 양날의 칼일 수밖에 없다. 위대한 개선이나 발명은 막대한 부를 창출하고 새로운 산업을 낳을 수도 있지만, 종종 다른 기업들을 무자비하게 살상하기도 한다.

혁신은 기업의 운명을 절망의 수렁으로 몰아넣는 가혹하고 파괴적인 힘이다. 우리는 중대한 기술적 혁신의 여지가 존재하는 산업에는 대체로 투자를 피한다. 우리가 특정 기업에 투자를 고려할 때 던지는 중요한 질문 중 하나는, '그 기업의 제품이 지금부터 10년이 지난 뒤에도 비슷한 형태로 시장에 남아 있을 것이냐?'라는 것이다.

물론 그런 질문을 던진다고 문제가 해결되지는 않는다. 1990년대까지는 팩시밀리 기계를 만드는 기업에 투자하는 일이 장기적으로도 합리적인 선택이라고 여겨졌다. 하지만 우리는 그런 기본적인 질문을 던짐으로써 급속한 혁신으로 피해를 볼 만한 산업에 투자하고 싶은 유혹을 조금이라도 줄일 수 있다고 믿는다. 3부 2장에서는 대규모 혁신에 따르는 리스크를 살펴보고, 유달리 빠른 속도로 혁신이 발생하는 산업 분야의 특징을 이야기한다.

우리의 투자 포트폴리오에 속한 기업들은 전자 기술이나 전자상거래 같은 첨단 분야보다는 엘리베이터 제조나 화장품처럼 얼핏 고리타분해 보이는 분야에 치우쳐 있다. 그 이유는 우리가 급속한 혁신이 벌어지는 산업에는 투자에 조심스러운 자세를 취하기 때문이다. 아마존 같은 첨단 기업에서 일하는 직원도 자신을 건물 아래로 데려다줄 엘리베이터가 필요하고, 사람들이 외모를 꾸미고 싶어 하는 한 소비자들은 항상 화장품을 구매할 것이다.

대규모 혁신의 위험성

제품의 포장을 바꾸거나 안전성을 개선하는 등의 소규모 혁신은 기업에 가치를 안겨주고 별다른 리스크도 유발하지 않는다. 기업이나 산업을 몰락으로 이끄는 것은 대규모 혁신이다. 어떤 비즈니스에서 획기적인 혁신이 이뤄진다는 말은 기존의 수익 모델이 완전히 무너진다는 뜻이다. 비즈니스의 수익은 기존에 활동하던 기업들의 손을 떠나 새로운 참여자들의 몫으로 돌아간다. 업계에 지각 변동이 벌어질 때마다 한 시대를 풍미했던 위대한 기업들은 문을 닫고 다른 기업들이 번창하기 시작한다. 하지만 혁신으로 인한 장기적 승리자가 누가 될지 예상하는 일보다는 패배자를 예상하는 일이 훨씬 쉽다.

가령 신문 사업을 생각해보라. 온라인 뉴스 콘텐츠가 세상을 지배해서 종이 신문의 수익성을 파괴했다는 사실은 분명하지만, 그동안 전통적인 신문사들에 돌아가던 수익이 소비자, 새로운 참여자, 기존 신문사 등에 어떻게 분배됐는지는 오늘날까지도 확실치 않다. 유통 업계에서도 아마존 같은 새로운 스타가 등장한 뒤에 비슷한 일이 생겼다.

하버드 경영대학원 교수 클레이턴 크리스텐슨(Clayton M. Christensen)은 자신의 저서 《혁신기업의 딜레마》에서 기술적 혁신이 불러온 대대적인 변화는 역사상 가장 매력적인 비즈니스 모델도 무참히 망가뜨릴 수 있다고 주장한다. 시장 참여자들은 현재 진행 중인 변화가 왜 충분히 관리 가능하고 심지어 이를 기회로 삼을 수도 있는지 그 이유를 설명하려 들지만, 우리는 그런 산업에 투자하는 일을 회의적인 시선으로 바라보는 편이다. 업계에 중대한 혁신이 발생해서 기존의 구도를 뒤흔들면 기업들은 고통스러운 선택의 순간에 직면하게 된다. 과거의 방법론을 중심으로 구축된 기반 시설은 시대가 변하면서 분명히 바뀌어야 하지만, 이를 어떤 식으로 새로운 흐름에 맞춰나가야 할지가 항상 확실한 것은 아니다. 가령 신문 사업에서는 온라인 콘텐츠를 유료화할지, 무료로 제공할지, 또는 독자의 등급에 따라 무료 회원과 유료 회원을 조합할지의 문제가 여전히 해결되지 않은 상태다. 유통 업계에서도 오프라인 매장의 가격 조합과 온라인 매장의 가격 조합을 균형 있게 조율하는 문제가 아직 풀리지 않은 과제로 남아 있다.

산업 분야를 선도하는 기존 리더들의 주장과는 달리, 대규모의 혁신은 승리자보다 희생자를 더 많이 만들어낸다. 역사적으로 이런 시대적 패턴에서 예외가 된 기업은 대단히 드물다. 따라서 우리는 "이번만큼은 다르다" 또는 "이 산업은 다르다"와 같은 근거 없는 주장을 되풀이하는 기업에 투자하지 않는다.

급격한 혁신

혁신의 비율이 높은 산업은 앞날을 예측하기가 더 어렵다. 업계에서 최고의 위치를 차지하는 기업들도 급격히 변화하는 경영 환경 속에서 자칫 발을 헛디디기 일쑤다. 급격한 혁신은 그 자체로 예측 불가능이라는 속성을 내포하고 있으므로, 이런 업계에서 퀄리티 기업들이 활동할 가능성은 그리 크지 않다. 어떤 산업은 마치 복권과도 같다. 특정 기업의 주식을 잘 골라서 구매한 사람은 가끔 행운을 얻기도 하지만 대부분은 손해를 본다.

노키아: 급격한 혁신

"우리는 불이 활활 타오르는 단상 위에 서 있습니다." 2011년 2월 어느 대기업의 CEO는 부하 직원들에게 전례 없이 솔직한 메모를 보냈다. "경쟁자들은 생각보다 훨씬 빠른 속도로 이 업계를 공략하고 있습니다. 우리는 그들에게 뒤처졌고, 큰 트렌드를 놓쳤으며, 시간을 낭비했습니다."

노키아의 역사는 1865년 프레드릭 이데스탐(Fredrik Idestam)이 핀란드 남서부에 세운 목재 펄프 공장에서 시작됐다. 이 기업은 고무로 만든 장화에서부터 화학 재료에 이르기까지 다양한 제품을 제조하다 1987년에 첫 번째 휴대 전화를 출시했다. 1998년에는 모토로라를 제치고 휴대 전화 제조 분야에서 세계 최고의 위치에 올랐으며, 2007년에는 세계 휴대 전화 시장의 약 40%를 지배하기에 이르렀다. 이런 매력적인 점유율에 휴대 전화 시장의 자체적인 성장까지 합쳐지면서 노키아의 시가 총액은 한때 약 1,100억 유로까지 치솟았다.

하지만 이 시기가 지나면서 난공불락처럼 여겨졌던 이 기업의 거침없는 성장은 그들이 경쟁자로 생각지도 않았던 기업들의 세 갈래 공격을 받고 멈춰서기 시작했다. 애플은 2007년 첫 번째 아이폰을 출시했고, 2010년에는 고급 스마트폰 시장의 약 61%를 손에 넣었다. 구글의 모바일 운영 체제 안드로이드는 소프트웨어와 하드웨어 개발자들의 거대한 생태계를 구축하면서 삼성이 중간 가격대의 스마트폰 시장을 장악하는 일을 도왔다. 또 저가 스마트폰 시장에서는 중국의 제조업체들이 저가형 반도체의 대량 생산이라는 시대적 흐름을 타고 전 세계 스마트폰 시장의 3분의 1 이상을 점유했다. 2012년이 되면서 노키아의 휴대 전화 단말기 사업부는 20억 유로에 달하는 운영 손실을 기록했다. 2013년 노키아는 단말기 사업에서 손을 뗀다고 발표했다.

여기까지는 세간에 비교적 잘 알려진 이야기이고, 노키아를 다룬 사례 연구에서도 대부분 다뤄지는 내용이다. 많은 분석가가 이 사례를 두고 과감하게 모험을 걸지 못하고 의사 결정도 신속하게 내리지 못한 경영진의 무능함을 비판했다. 그러나 노키아 외에도 수많은 기업이 모험을 회피하는 성향을 보이는 데다 의사 결정의 과정도 느리다. 노키아만큼 짧은 시간 안에 수익성과 시장 가치의 급격한 하락을 경험한 기업은 거의 없다. 외부의 관찰자들은 노키아의 내부에서 몰락의 원인을 찾고자 하는 유혹을 느끼고, 취약한 기업 문화나 부실한 전략적 의사 결정 같은 요인에 화살을 돌린다. 하지만 노키아를 몰락으로 이끈 범인은 휴대 전화 산업 그 자체다.

엘리베이터 제조업이나 화장품 산업과 달리 소비재 가전 분야는 급격한 기술적 발전 앞에 비즈니스의 연속성이 무너지기 일쑤다. DVD 대여 사업에서 온라인 스트리밍 서비스로, 아날로그 휴대 전화에서 스마트폰으로 기술적 흐름이 바뀐 역사를 생각해보라. 모든 일이 너무나 빠르게 일어나다 보니 변화가 어떤 방향으로 이뤄졌는지는 시간이 지나고 나서야 알 수 있을 정도다.

다른 것으로 교체하기에 너무 값비싼 생산 설비 따위는 없다. 오랫동안 안전을 보장하는 장기 계약이라는 말도 존재하지 않는다. 소비자들은 어느 날 매장 안으로 걸어 들어와 갑자기 새로운 물건을 찾기 시작한다. 기존 기업들은 대부분 파괴적 혁신의 물결에 적응하는 데 어려움을 겪는다. 낡은 기술을 중심으로 조직과 비용 구조를 구축한 데다, 새로운 기술이나 비즈니스 모델을 익히는 데 오랜 시간이 걸리기 때문이다. 게다가 기술이 표준화됨에 따라 모방자들이 낮은 수익을 감수하고 시장에 뛰어들면서, 소비재 가전 산업은 점점 획일적으로 상품화되어가는 추세다.

물론 노키아도 훌륭하게 해낸 일이 많았을 것이다. 하지만 이 기업이 시대적 변화에 발 빠르게 대응할 수 있는 기업 문화를 보유했다 하더라도 애플이나 구글의 생태계가 확보했던 만큼 강력한 모멘텀을 구축하지는 못했을 것이다. 급격한 혁신이 다반사로 이뤄지는 업계에서는 시장의 리더십을 오랫동안 유지하기가 어렵다. 따라서 우리는 시장에서 달성할 수 있는 엄청난 성장에도 불구하고 그런 산업에 투자하는 일을 경계한다.

3
의존성

어느 기업이 자체적인 통제를 벗어난 외부적인 요인에 많은 것을 의존해야 할 때 리스크는 증가한다. 더구나 이 요인들이 기업의 경쟁 우위나 수익성에 중대한 변화를 가져올 여지가 있을 때 문제는 더 심각해진다. 3부 3장에서는 먼저 정부의 정책이나 정부와 맺은 계약에 의존하는 비즈니스 모델의 한계점을 살펴보고, 특정 이해관계자에 지나치게 집중하거나 불안정한 산업 구조에 매달리는 행위가 투자자의 리스크를 어떻게 증가시킬 수 있는지 이야기한다.

정부

우리는 기업의 운명을 결정하는 데 정부가 큰 역할을 하는 기업을 우려의 눈으로 바라본다. 정부의 행동은 워낙 정치적인 성격을 띠는 데다 예측도 어려우므로, 기업을 번영으로 이끌 수도 있는 반면 몰락으로 이끌 수도 있다.

특히 고정된 기반 시설에 의존해서 사업을 해나가는 통신, 공익, 정유, 광산 기업 등은 그런 성향이 더 심하다. 통신망, 발전소, 유정(油井), 광산 같은 설비는 쉽게 움직일 수 있는 게 아니다. 따라서 정부가 그런 시설에 얼마나 많은 세금(탄소세, 유류 소비세, 광산에서 캐낸 물질에 대한 소비세 등)을 부과할지는 예측하기도 어렵고 이를 피할 재간도 없다.

정부의 정책으로 인해 기업의 경쟁력이 인위적으로 높아졌을 때, 그 기업은 정부의 역할을 당연히 받아들이고 그 상태에 안주하게 된다. 유럽의 재생 에너지 산업을 생각해보라. 2008년에 시작된 글로벌 금융 위기 이전까지 정부로부터 두둑하게 보조금을 받아 챙긴 기업들은 재생 에너지 사업이 꽤 수익성이 높은 사업이라고 생각했다. 그들은 그렇게 얻어낸 돈으로 태양광 발전소와 풍력 발전소를 엄청난 규모로 지어댔으며, 그 덕에 풍력 터빈이나 실리콘 웨이퍼 같은 관련 장비들을 공급하는 업체들도 덩달아 호황을 누렸다.

하지만 시대가 바뀌면서 각 국가의 정부가 예산 절감의 필요성을 느끼게 되자, 재생 에너지 기업들에 대한 보조금이 가장 먼저 도마 위에 올랐다. 노르웨이에서부터 포르투갈에 이르기까지 유럽 각지에서 활동하던 재생 에너지 기업들은 정부가 내린 의사 결정으로 인해 하루아침에 성장을 멈추고 파산이나 다름없는 지경으로 몰렸다. 우리는 역사적으로 끊임없이 반복되는 이런 사례를 통해 정부가 특정 산업을 지원 내지 보호하는 일을(겉으로는 그 의도가 아무리 순수하고 장기적인 것처럼 보여도) 왜 일시적인 현상으로 바라봐야 하는지 다시금 깨닫게 된다.

사람들의 각별한 주의가 필요한 또 하나의 시나리오는 정부가 기업들과 우호적인 조건의 계약을 맺는 것이다. 계약의 효력이 지속되는 동안에는 계약 상대 기업이 높은 수익을 올릴 수도 있겠지만, 정부가 기업들에 너무 관대한 혜택을 제공한다고 판단하면 언제든 내용을 변경하거나 조정할 수 있다. 그로 인해 정부를 상대하는 수많은 산업 분야에서 수익성에 제동이 걸린다.

이는 광산 채굴 계약처럼 정부와 특정 분야의 계약을 맺는 기업이라면 어디든 감수해야 하는 영원한 골칫거리다. 명목상으로는 정부가 사업 계약을 통해 상대 기업에 독점적인 권리를 제공하는 것으로 되어 있지만, 그렇게 독점적인 수익성이 장기간 지속되는 경우는 드물다. 정부는 직접적인 영향력을 행사해서 계약 조건을 변경하기도 하고 세금, 관세, 법적 규제 같은 각종 도구를 동원해서 기업에 부여된 계약상의 이익을 줄이기도 한다.

특히 기업의 경쟁 우위가 특정 법안이나 규정에 밀접하게 연관된 기업은 정부의 정책이나 법적인 해석이 바뀔 때 심각한 타격을 입을 수 있다. 그동안 가장 큰 수혜를 입었던 기업들도 법이 바뀜에 따라 한순간에 나락으로 떨어질 수 있는 것이다.

집중화의 리스크

고객들과 긴밀한 관계를 맺는 일은 훌륭한 경영 전략의 하나다. 하지만 소수의 고객에게만 지나치게 의존해서 사업을 수행하면 '집중화(concentration)'의 리스크가 생긴다. 아무리 비즈니스 모델이 강력하고 고객과의 유대 관계가 끈끈해도 특정 고객들에 대한 의존도가 너무 높으면 기업의 앞날이 불투명해질 수 있다. 친구 관계가 변하듯 비즈니스 관계도 변한다. 그 이유를 설명할 수 없는 경우도 많다. 몇몇 고객에게만 비즈니스를 의존하는 기업이 핵심 고객을 잃으면 파국적인 결과가 초래될 수 있다. 게다가 그런 기업은 고객 이탈의 우려로 인해 평소에도 대형 고객들에게 종종 협상력을 넘겨줌으로써 수익성을 훼손하곤 한다.

오늘날 식음료 기업들이 직면한 가장 큰 문제 중 하나가 고객 기반에 지나치게 집중되어 있다는 것이다. 대형 식품 유통업체들은 자신들의 높은 가치를 잘 알고 있으므로, 그 점을 이용해서 제조사들과의 협상을 통해 더 낮은 가격과 더 유리한 조건을 얻어내려 한다.

집중화의 리스크는 고객을 넘어 공급업체와 유통업체까지 확장되기도 한다. 공급업체는 제품의 생산 과정에서 투입 요소의 가격을 더 높일 수 있고, 유통업체는 제품의 판매 과정에서 더 낮은 제품 가격을 요구할 수 있다. 공급업체에 대한 집중화의 리스크를 잘 보여주는 사례가 룩소티카의 경쟁자 사필로(Safilo)다. 매장의 수도 적고 라이선스 브랜드의 범위도 한정되어 있던 이 기업은 몇 년 사이에 아르마니와 폴로 랄프 로렌을 포함한 핵심 라이선스를 룩소티카에 빼앗겼다. 그들은 이 손실로 인해 큰 비용을 치러야 했고 기업의 주가도 2005년 이래 80% 넘게 하락했다.[35]

때에 따라서는 집중화의 리스크가 직원, 은행, 주주 같은 이해관계자들로 확대되기도 한다. 가치 사슬의 어떤 부분이든 집중화의 리스크가 조금이라도 존재한다면 기업 전체의 수익성을 떨어뜨리는 원인이 될 수 있다. 일례로 항공 산업에서 사용되는 글로벌 항공권 예약 및 판매 시스템(Global Distribution System, GDS)이 바로 그런 경우다. 인터넷 항공권 구매 시스템이 등장하기 전인 1990년대까지만 해도 GDS는 고객들이 항공권을 구매하는 가장 중요한 수단으로 활용됐다. GDS는 항공사들에 의해 구축됐으나 여행사들의 방대한 네트워크로 통하는 관문의 역할을 담당했고, 여행사들을 이 시스템의 궁극적인 수혜자로 만들어줬다. 항공사들은 고객들이 자사의 웹사이트에서 직접 항공권을 구매할 수 있는 시스템을 개발하면서 어느 정도 영향력을 회복하기는 했지만, 전체 항공 예약의 약 60%와 매출의 약 70%는 여전히 GDS에서 나온다. 스페인의 아마데우스(Amadeus) 같은 GDS 기업들은 항공사들보다도 높은 영업 이익과 자본 수익률을 올리고 있다.

신규 참여자

과거 해외의 경쟁자들에게 꽁꽁 문을 닫아건 자국 시장에서 활동한 기업들은 비즈니스를 수행하기가 한결 수월했다. 유럽의 경우 국내 시장의 선두 주자들은 선대로부터 물려받은 기반 시설을 바탕으로 자국 시장을 지배했고 그 덕에 수익성 높은 비즈니스를 구축할 수 있었다. 그러다 자유무역 협정의 확산과 전자상거래의 부상으로 인해 거의 모든 제품과 서비스에 대한 시장이 활짝 열리는 세상이 찾아왔다.

  기업들은 신규 참여자들이 시장에 진입할 리스크에 항상 맞서왔으며 그 리스크를 방어하기 위한 전략은 경쟁 우위를 구축하고 강화하는 것이었다. 하지만 요즘은 시장에 새로 들어오는 기업들을 막아내기가 전보다 훨씬 어려워졌다. 예전에는 전혀 위협적으로 여겨지지 않았던 경쟁자들이 이제 온·오프라인을 가리지 않고 국경을 넘어 어디든 쉽게 진입한다. 예를 들어 영국에서는 누구도 공략 불가능한 철옹성 같은 산업이라고 생각됐던 식료품 시장에 파격적인 가격 할인을 내세운 외국의 업체들이 들어와 시장을 온통 뒤흔들고 있다.

경쟁자들의 공세로부터 마냥 안전한 기업은 없다. 그러나 그 위협이 얼마나 급박한 상태인지를 잘 판단하면 적의 공격을 방어하는 데 도움이 된다. 해외에 진출해서 극심한 경쟁을 겪는 국내 기업들은 그 경쟁자들이 자국 시장에서도 이미 자신들을 위협하고 있다는 사실을 깨닫기도 한다. 이처럼 기업의 경쟁 우위는 좀 더 글로벌한 맥락에서 바라보고 연구하는 편이 유용하다. 다시 말해 특정 시장에서 기존의 경쟁자들에 대응하기 위한 도구의 측면으로만 경쟁력을 측정할 게 아니라 글로벌한 차원에서 좀 더 광범위한 경쟁 집단에 대응하기 위한 수단으로 경쟁 우위를 바라보라는 것이다.

4

고객 취향의 변화

고객들의 취향이 바뀌면 기업의 수익성에 심각한 차질이 빚어질 수 있다. 한때는 강력한 경쟁 우위라고 여겨졌던 '고객 혜택'이 고객 취향의 변화에 따라 순식간에 쓸모없어지고, 최고의 경쟁력을 자랑하던 기업들의 운명이 갑자기 위태로워지기도 한다. 3부 4장에서는 먼저 그 이야기를 해보고, '적당히 괜찮은 제품'을 싼값에 공급하는 경쟁자들의 리스크를 좀 더 자세히 살펴보기로 한다.

혜택의 변화

고객들의 구매 결정에 영향을 미치는 변수들을 통제하기 위해 애쓰는 기업들은 브랜드 인지도를 강화하거나 제품을 새로 패키징(packaging, 여기서 말하는 패키징은 단순히 제품을 포장하는 개념을 넘어 제품을 디자인하고, 브랜드를 구축하고, 고객 경험을 제공하는 일을 포함한 포괄적인 행위를 의미한다-옮긴이)하는 전략을 통해 그 목적을 달성하려고 한다. 하지만 고객들의 취향 변화는 기업들이 통제하지 못하는 외부적 변수와 관련이 있는 경우가 많다. 가령 담배 산업을 생각해보라. 담배 회사들은 담배의 맛이나 니코틴의 농도는 통제할 수 있어도 건강에 대한 대중의 관심을 통제하지는 못한다. 최근에는 점점 더 많은 사람이 담배를 끊는 추세이며, 흡연자들에 대한 사회적 인식도 갈수록 나빠지고 있다.

식품 분야에서 활동하는 기업들도 예전에는 오직 제품의 맛에만 신경을 썼다면 요즘에는 건강에 부쩍 관심이 높아진 고객들의 취향도 충족해야 한다. 유통 산업에서도 과거에는 고객들로부터 가까운 곳에 있는 매장들이 '근접성'이라는 혜택을 제공했다면, 요즘에는 온라인 쇼핑에 대한 고객들의 선호도가 증가하면서 근접성의 중요도는 점차 감소하는 추세다. 이렇듯 고객 취향의 변화는 누구도 통제하기가 불가능하지만, 우리는 투자 대상 기업이 보유한 지속적인 경쟁 우위의 일부로서 이를 판단하려고 노력한다.

유행 리스크

제품이나 서비스에 대한 고객의 평가는 때로 이해할 수 없는 이유로 순식간에 바뀌곤 한다. 특히 고객들에게 무형의 혜택을 제공하는 제품의 경우에는 그런 현상이 더 심하다. 1980년대에는 고객들이 멋지다고 입을 모았던 일부 브랜드가 오늘날에는 얼마나 구닥다리가 되었는지, 또 특정한 종류의 식음료에 대한 고객 수요가 얼마나 극적으로 오르내리는지 생각해보라. 장난감 산업은 전통적으로 유행이 뿌리내리고 번성하기에 적합한 토양 위에 세워진 산업이었다. 1980년대에 선풍적인 인기를 끌었던 양배추 인형과 케어베어(Care Bear) 인형, 그리고 1990년대를 풍미했던 다마고치나 퍼비(Furby) 같은 제품들이 그 사실을 입증한다.

1983년 콜레코(Coleco)가 출시한 양배추 인형은 1984년에 약 5억 5,000만 달러의 도매 매출을 기록했고, 관련 상품을 포함하면 그보다 몇 배나 많은 매출을 거둬들였다. 이 인형을 소재로 한 노래도 나왔을 뿐 아니라 양배추 인형 캐릭터는 의류부터 아침 식사용 시리얼까지 수많은 제품을 장식했다. 어디서나 이 인형의 모습을 볼 수 있었다. 하지만 1987년으로 접어들면서 유행은 끝났다. 이 제품의 도매 매출은 75%까지 폭락하면서 콜레코가 파산을 선언하는 계기가 되었다.

그렇게 일시적으로 유행을 타는 상품은 대개 단일 제품이나 브랜드인 경우가 많고, 어느 한 해에 반짝 고객들의 관심을 끌다 몇 년 안에 추락해버린다. 게다가 그런 상품들은 고객들에게 실용적인 기능을 제공하지 않으며, 인기 있는 음반이나 기타 홍보 수단처럼 해당 제품과 연관된 유행 요소에 매출이 좌우되곤 한다. 그런 형태의 유행을 일찍 포착하는 기업은 사업 초기에 매출이 반짝하면서 높은 수익을 올릴 수도 있겠지만, 유행이 지나면 언제든 몰락해버릴 수 있으므로 장기적인 투자 대상으로 삼기에는 무리가 따른다.

적당히 괜찮은 제품

퀄리티 기업 중에는 제품에 프리미엄 가격표를 붙여서 높은 가치를 창출하는 기업이 많다. 그들은 강력한 브랜드 같은 경쟁 우위 요인에 힘입어 비슷한 종류의 대체 제품들보다 훨씬 높은 가격을 부른다. 프리미엄 가격 전략의 성공은 경쟁사의 제품보다 훨씬 '우월해 보이는' 혜택을 고객들에게 제공하는 데 달려 있다. 우리는 기존 기업들의 경쟁 우위에 도전장을 던지는 경쟁 제품을 '적당히 괜찮은 제품(good-enough goods)'이라고 부른다.

'적당히 괜찮은 제품'의 대표적인 예로는 약국 체인이나 식품 유통 체인이 브랜드 제품의 대안으로 내놓은 '자사 브랜드(private label) 제품'들을 들 수 있다. 이 체인 기업들은 브랜드 제품과 비슷한 품질의 상품을 더 낮은 가격에 제공함으로써 고객들의 관심을 품질에서 가격으로 바꿔놓는다. 고객들은 그렇게 관심의 초점이 바뀌는 순간 그 제품들을 계속해서 구매하게 된다. 비슷한 예로는 라이언에어 같은 저비용 항공사들이 영국항공을 포함한 메이저 항공사들의 대체재로서 저비용 항공 산업을 출범시킨 일, 그리고 오픈 소스(open source) 소프트웨어 개발자들이 마이크로소프트의 윈도우 제품에 대한 대안으로 리눅스 같은 공개형 운영 체제를 내놓은 일을 꼽을 수 있다.

기존의 기업들은 '적당히 괜찮은 제품'이 고객들에게 제시하는 가치 제안을 방어하기가 쉽지 않다. 특히 그 제품이 고객들에게 존경받은 중개자들에 의해 유통될 때(예를 들어 대형 유통업체들이 자사 브랜드를 만들어 판매하는 것처럼) 리스크는 훨씬 증가한다. 그런 형태의 중개자들은 '적당히 괜찮은 제품'을 자체적으로 개발해서 경제적 인센티브를 얻는다. 그렇다고 이 신규 경쟁자들이 모두 천하무적은 아니다. 자사 브랜드 전략을 도입한 기업들도 일부 산업에서(가령 개인 생활용품 분야나 식음료 산업의 일부 부문처럼) 수없이 시행착오를 겪는다. 이는 해당 분야에서 기존 브랜드의 경쟁력이 그만큼 강력하다는 표시일 수 있다.

  틈새시장 제품들은 대형 카테고리에 속한 주력 제품들보다 새로운 경쟁자들의 공세에서 상대적으로 안전하다. '적당히 괜찮은 제품' 전략이 효과를 발휘하려면 사업의 규모가 크고 고객 기반이 넓어야 하기 때문이다. 무엇보다 기존 제품들이 고객에게 제공하는 혜택이 진정으로 강력하다면 '적당히 괜찮은 제품'에 시장을 잠식당할 리스크가 그만큼 줄어든다. 우리는 '적당히 괜찮은' 핸드백이 에르메스 같은 럭셔리 브랜드의 핸드백을 과연 위협할 수 있을지 궁금하다. 또 항공사들이(그리고 조종사들이) 흠잡을 데 없는 안전성의 기록을 보유한 비행기 엔진 대신 '적당히 괜찮은' 엔진을 선택할 것이라고는 생각지 않는다.

노벨 바이오케어: 적당히 괜찮은 제품

치과에서 사용하는 임플란트는 보철용 인공 치아의 기반이 되는 부품으로서 환자의 턱뼈에 이식되는 티타늄 재질의 작은 나사를 가리킨다. 임플란트 기술은 비교적 최근에 개발됐다. 첫 번째 환자가 임플란트를 시술받은 것은 1965년의 일이며, 그 뒤로 이 제품은 20세기 후반기 내내 꾸준히 진화를 거듭했다. 임플란트가 등장하기 전에는 치아가 상실된 부위의 양쪽에 있는 치아에 인공 치아를 연결하는 브리지(bridge)라는 번거로운 치료법이 사용됐다. 이는 여러모로 이상적이지 못한 해결책이었다. 무엇보다 브리지를 연결하려면 인공 치아 옆의 기존 치아를 갈아서 모양을 잡는 불편한 과정을 거쳐야 했고,

그 치아들도 몇 년간 지속해서 압력을 받다 보면 상태가 나빠지기 일쑤였다. 반면 임플란트는 턱뼈에 나사를 이식하는 과정을 거쳐야 하지만 좀 더 안정적이고, 건강하고, 외관상으로도 좋은 시술법이다.

2007년 초만 해도 임플란트 분야에서 선두를 달리던 기업들의 사업 전망은 대단히 밝았다. 상대적으로 보수적이고 변화가 적은 업계에서 새롭게 개발된 혁명적인 제품은 이를 제조하는 기업들 앞에 눈부신 성장의 길을 열어주었다. 임플란트 제품은 제조사들이 치과 의사들을 위해 운영하는 교육 프로그램을 통해 매년 10% 내외의 높은 성장률을 보이며 시장을 잠식해나갔다. 이 제품에는 시장 참여자 모두에게 승리를 안겨주는 분명한 가치 제안이 담겨 있었다. 고객들은 전보다 훨씬 더 나은 치료법을 통해 문제를 해결할 수 있었고, 치과 의사들은 새로운 시술법을 통해 더 많은 돈을 벌 수 있었다. 임플란트 제조사들도 큰 매출과 높은 수익을 올릴 수 있게 됐다.

당시 노벨 바이오케어(Nobel Biocare)는 프리미엄 임플란트 제품을 제조하는 기업 중 선두를 달리고 있었다. 이 기업은 영업 인력의 급격한 확대에 힘입어 2003년부터 4년간 연평균 20% 이상의 매출 성장을 기록했다. 노벨의 영업 직원들은 치과 의사들을 방문해 많은 시간을 보냈고, 제품의 신뢰도도 시술 성공률이 100%에 달할 만큼 높았다. 노벨은 임플란트 제품의 우수한 품질과 치과 의사들에 대한 긴밀한 기술 지원 같은 경쟁 우위 요소를 반영해서 자사의 제품에 높은 가격표를 붙였다. 그들은 눈부신 매출 성장 이외에도 높은 자본 수익률과 인상적인 이익률을 달성했다. 2006년의 매출 총이익률은 80%가 넘었고, 영업 이익률은 34%에 달했다.

노벨은 퀄리티 기업의 모든 조건을 완비한 기업처럼 보였다. 각종 재무 지표도 흠잡을 데 없이 탄탄했고, 성장을 이어갈 잠재력도 충분했다. 경쟁자들이 이 분야에 들어오지 못하게 방어할 기술과 유통 분야의 진입 장벽도 높아 보였다. 우리가 이 기업에 처음 자금을 투자한 2005년부터 18개월 정도가 지나는 동안에는 모든 일이 예상대로 흘러가는 듯했다. 하지만 2008년 초, 우리가 노벨의 지분을 매각하고 비즈니스에서 빠져나오던 때에는 이 기업에 투자한 일이 값비싼 실수였다는 사실이 분명해졌다.

무엇이 잘못된 걸까? 한마디로 말하자면 경쟁 때문이었다. 치과용 임플란트 제품은 특별히 복잡한 물건이 아니라서 어떤 기업이든 비슷한 제품을 개발할 수 있다. 기존 기업들은 이미 80%가 넘는 매출 총이익률을 올리고 있었기 때문에, 이들의 아성에 도전하는 신규 기업들은 그보다 훨씬 싼 가격에 제품을 판매하면서도 '괜찮은' 수익을 올리는 일이 가능했다. 게다가 이 분야의 기술이 나날이 발전하면서 임플란트라는 치료법에 익숙해진 치과 의사들은 가격이 저렴한 대체품(예전에는 품질이 나쁘고 신뢰성이 낮다고 무시하던 제품)도 문제없이 사용하게 됐다.

치과 의사들이 프리미엄 제품을 사용해야만 안심할 수 있던 시기는 지나갔다. 어떤 의사들은 임플란트 브랜드에 대한 고객들의 인지도가 떨어진다는 점을 이용해서 환자에게 값이 저렴한 제품을 시술하고 치료비는 똑같이 청구함으로써 높은 수익을 올렸다. 2007년 이후로 임플란트 시장은 계속 성장했지만, 성장의 대부분은 저가 제품을 생산하는 기업들로 인해 이뤄졌다. 프리미엄 제품을 공급하던 업체들은 경쟁력을 유지하기 위해 가격을 낮출 수밖에 없었다. 그렇다고 해서 노벨 바이오케어가 부실한 기업이라는 뜻은 아니다. 이 기업은 그 뒤로도 그럭저럭 실적을 올리다가 2015년 다나허(Danaher)에 인수됐다(인수 당시 노벨의 기업 가치는 2006년 경영 실적이 공개됐을 때와 비교해서 4분의 1에 불과했다). 월스트리트의 분석가들은 2014년도 노벨의 재무제표에(이 기업은 다나허에 인수된 뒤에 실적을 따로 공시한 적이 없다) 저가 제품들이 이 기업의 비즈니스에 미치는 충격이 그대로 반영될 것이라고 예상했다. 그들은 2014년 노벨의 매출이 2006년의 실적에 한참 미치지 못할 것이며 영업 이익률은 약 13%에 그칠 것으로 내다봤다. 다시 말해 2014년의 세전 순이익은 2006년의 3분의 1 수준으로 예상된다는 뜻이다. 이렇게 극심한 수익률 하락이 발생한 원인은 노벨이 '적당히 괜찮은 제품'들의 공세로 인해 제품 가격을 낮출 수밖에 없었기 때문이다.

* * *

3부에서는 퀄리티 투자자들을 종종 함정에 빠뜨리는 요인들, 즉 매력적인 재무적 성과를 지속 불가능하게 만드는 요인들을 개괄적으로 살펴봤다. 퀄리티 기업을 찾아 나선 투자자가 지속 가능한 실적과 지속 불가능한 실적을 정확히 구분하는 일은 대단히 중요하다. 오류의 리스크를 줄이기 위해서는 체계적인 프로세스를 구축하고 유지할 필요가 있다. 4부에서는 적절한 프로세스를 통해 투자의 실수를 줄이는 방법을 이야기한다.

QUALITY
INVESTING

4부

프로세스 구축

퀄리티 투자 과정에서는 저지르기 쉬운
실수를 줄이는 것이 투자 성공의 열쇠다.

기업의 '퀄리티'에 초점을 맞춘 장기적 투자 전략을 실행에 옮기고자 하는 투자자들은 온갖 도전 요소를 상대해야 한다. 예를 들어 기업이나 산업의 단기적 역동성에 이끌려 충동적으로 투자하고 싶은 유혹과 싸워야 하고, 기업 가치의 상승을 확실히 보장하는 듯한 '정량적' 수치 앞에서도 냉정하게 '정성적' 판단을 내려야 한다. 이 도전 요소들은 투자자들에게 종종 치명적인 실수를 유발한다. 기업의 자체적인 경쟁력보다 거시 경제적 상황을 고려해서 투자 결정을 내리거나, 반대로 주가가 너무 비싸다는 이유로 훌륭한 투자 기회를 놓치는 것도 그런 실수의 일종이다.

4부에서는 투자자들에게 닥치는 도전 요소들을 분석하고, 지금까지 우리가 저지른 투자 실수의 사례를 몇 가지 더 소개한다. 그리고 이런 장애물에 맞서 실수를 줄이려면 투자 프로세스를 어떻게 설계해야 할지 살펴본다. 또 기업 가치 평가와 주식의 시장 가격에 대해서도 알아보고 "적당한 기업을 훌륭한 가격에 사는 것보다, 훌륭한 기업을 적당한 가격에 사는 편이 낫다"라는 버크셔 해서웨이의 부회장 찰리 멍거(Charles Munger)의 견해에 우리가 동의하는 이유도 설명할 것이다. 또 퀄리티 기업들의 주가가 실제 가치보다 낮은 경향을 띠는 이유도 알아본다.

1
도전 요소

퀄리티 투자자들이 상대해야 하는 대표적인 도전 요소는 다음의 네 가지다. 첫째, 단기적 사고와 싸우기, 둘째, 퀄리티에 대한 주관적 판단보다 숫자에 집착하는 경향 극복하기, 셋째, 퀄리티 기업이 가장 흥미로운 투자 대상이 아닐 수 있다는 점을 받아들이기, 넷째, 퀄리티 기업의 주식이 종종 비싸게 보인다는 점을 인정하는 것이다. 4부 1장에서는 이 도전 요소들을 하나씩 살펴보기로 한다.

장기적 복리 성장 vs 단기적 실적 압박

퀄리티 투자 철학의 가장 큰 도전 요소 중 하나는 기업의 경영 성과를 몇 달이나 몇 분기가 아닌 몇 년 이상의 장기적 안목으로 바라봐야 한다는 것이다. 우리가 경험한 바에 따르면 퀄리티 기업의 주식을 매입하고 이를 장기적으로 보유했을 때 투자 성과가 가장 좋았다.

하지만 오직 단기적 실적만을 중시하는 투자 문화 속에서는 그런 장기적 안목을 갖추기가 쉽지 않다. 시장 참여자들이 한 분기나 한 해의 실적만으로 기업의 경영 성과를 측정하는 풍조하에서는 기업의 경영진이나 투자자들이 단기적 성과에 목을 맬 수밖에 없다. 더구나 증권 시장에 상장된 기업의 경우에는 주식 시장이 제공하는 수많은 정보에 따라 투자자들이 매일 수시로 투자 결정을 내린다. 심지어 최근에는 분 단위나 초 단위로 주식을 사고파는 초단타 매매 기법에도 많은 사람이 유혹을 느낀다.

'정보 시장'도 그런 추세를 부추긴다. 비즈니스와 투자의 세계에서는 특정 주식에 대한 정보가 계속해서 양산된다. 사람들은 그런 정보를 끊임없이 교환하며 어떤 주식을 언제 사고팔면 얼마나 큰 잠재적 이익을 얻을 수 있을지 예측한다. 이런 지배적인 투자 문화는 시장의 극심한 변동성으로 인해 더욱 강화된다. 주가의 변동 폭이 확대될수록 주식 거래자들은 주식 가격이 낮을 때 사고 높을 때 파는 '타이밍의 이점'을 활용하기 위해 안간힘을 쓴다. 이런 투자 문화에 바람을 불어넣는 사람들은 주식 중개인들에 의해 고용된 판매자 측의 분석가들이다. 그들은 조만간 어떤 기업의 매출이 급격히 늘어난다거나 그 기업이 놀라운 성장세로 돌아설 것이라 이야기하며 한 편의 드라마 같은 예측을 늘어놓지만, 그런 서사가 사실로 판명되거나 투자에 도움이 되는 적은 거의 없다.

사람들은 주식 가격의 단기적 변동 폭이 큰 투자 대상에만 정신을 판다. 그러면서 작은 변화가 오랫동안 누적되면 큰 경쟁력으로 바뀔 수 있다는 사실을 잊어버린다. 어느 해에 주가가 갑자기 50% 치솟은 기업(요즘 잘나가는 기술 기업)과 주가가 10% 오른 기업(고리타분한 화장품 기업)을 비교해보라. 사람들 대부분은 기술 기업에만 투자를 원하고 화장품 기업의 주식에는 눈길을 주지 않는다. 하지만 장기적 가치 제안의 관점에서 훨씬 우월한 투자 대상은 바로 후자다.

비즈니스와 투자의 세계에서 '복리'는 가장 핵심적이고 소중한 개념이다. 복리의 위력은 단기적으로는 눈에 잘 띄지 않지만, 이를 장기적으로 확대하면 효과가 엄청나다. 예를 들어 우리가 1만 달러를 투자한 어느 기업의 주식에서 매년 10%의 수익과 7%의 수익이 발생하는 두 가지 시나리오를 생각해보자. 1년 뒤에는 두 시나리오에서 발생하는 수익의 차이가 300달러에 불과하다. 하지만 25년 뒤에는 그 차이가 5만 4,000달러로 벌어진다. 다시 말해 어떤 주식에서 매년 10%의 수익이 발생한다면 25년 뒤에는 7%의 수익이 발생하는 주식과 비교했을 때 무려 2배의 투자 실적이 창출된다는 뜻이다.

단기적 성과에만 집중하는 투자자들은 짧은 시간 안에 높은 수익 성장률이 기대되는 주식을 찾아 나선다. 어떤 기업이 20년간 연평균 9%씩 수익이 성장했고 2%를 배당금으로 지급해서 투자자들에게 매년 11%의 투자 수익을 안겨줬다고 가정해보자. 이런 실적이 계속 유지될 것으로 전망되고 주식의 가격이 적당하다면 그 기업에 투자하는 편이 다른 곳에 투자하는 것보다 훨씬 좋은 전략일 수 있다. 하지만 오직 단기적 성과에 초점을 맞추는 투자 문화 속에서, 투자자들은 급격한 수익 성장의 비전을 늘어놓은 기업을 찾아 그들의 불투명한 미래에 투자하고 싶은 욕구를 느낀다.

게다가 단기적으로 주식을 사고파는 투자자들은 거래 수수료나 세금처럼 적지 않은 비용을 별도로 치러야 한다. 하지만 이 비용들은 눈에 잘 띄지 않는다. 한 차례의 주식 거래에서 발생한 부대 비용은 전체 거래액과 비교했을 때 무척 사소해 보인다. 더구나 사람들은 그 비용이 본인 주머니에서 빠져나가는 돈이라고 생각지 않고 자신의 통제를 벗어나 당연히 내야 하는 돈으로 여기며 이를 잊어버린다.

이런 이유로 장기적인 투자는 수익성이 높아도 실천하기가 쉽지 않다. 퀄리티 투자자들은 몇 분기의 실적보다 몇 년의 실적이 더 중요하다는 사실, 그리고 장기적인 게임에서는 섣부르고 경박한 투자를 일삼는 사람보다 꾸준하고 끈기 있게 투자하는 사람에게 승리가 돌아간다는 사실을 기억할 필요가 있다.

단기적 사고방식을 극복하기는 기관 투자자보다 개인 투자자가 더 쉽다. 기관 투자자들은 단기적 문화를 스스로 양성하고 강화하는 경향이 있다. 고객이나 조언자들은 한 차례의 분기별 실적이나 연간 실적을 바탕으로 투자 성과를 측정하기 때문에, 그런 고객들을 위해 일하는 포트폴리오 관리자들도 똑같이 행동할 수밖에 없다. 분기 또는 연간 투자 실적에 따라 자신들에게 유입되는 투자금이 큰 폭으로 오르내린다는 사실을 잘 아는 기관 투자자들은 단기간에 수익을 낼 만한 투자처에 집중적으로 돈을 쏟아붓는다. 분석가들은 훌륭한 장기적 실적을 안겨줄 기업을 면밀하게 조사하기보다는 단기적 성장의 기회가 있는 투자 대상만을 찾아 나선다.

기관 투자자들이 단기적 사고방식을 극복하려면 모든 관련자를 위해 정반대의 집단 문화를 배양해야 한다. 가령 고객들을 교육하고, 직원들을 훈련하고, 고위층 의사 결정자들을 위해 적절한 보상 구조를 구축할 필요가 있다.

단기적 실적 부진 받아들이기

퀄리티 투자 전략은 시간이 흐를수록 효과를 발휘하지만, 그 과정에서 불가피하게 일정 기간 실적 부진을 겪을 수밖에 없다. 퀄리티 투자자들은 자본 수익률이 낮고, 이익이 박하고, 주기의 변동 폭이 큰 산업에 투자하는 일을 극도로 꺼린다. 하지만 주식 시장의 분위기가 확실성보다 미래의 희망을 택하는 쪽으로 기울어질 때는 그런 기업들도 종종 혜택을 입는다. 이런 업계에서는 거시 경제적 상황이 조금만 개선돼도 수익성이 현저히 증가하기도 한다. 주식 시장이 그런 기업들을 선호하는 방향으로 움직인다면 퀄리티 기업들로 포트폴리오를 채운 투자자들의 투자 성과는 상대적으로 저조해 보일 수 있다.

물론 그런 시나리오가 흔치는 않다. 아마도 열 번 중 두세 번 정도일 것으로 생각된다.[36] 2013년 유럽의 주식 시장에서도 비슷한 상황이 벌어졌다. 투자자들은 유럽 경제의 회복세를 타고 큰 혜택을 볼 것으로 예상되는 기업들의 주식을 사들이기 위해 앞다퉈 경쟁했다. 그래서 어떤 일이 생겼을까? 퀄리티 기업들의 주식보다 이른바 '저품질' 주식들의 가격이 폭등하는 결과가 빚어졌다. 그렇게 일시적인 실적 부진이 닥치면 투자자들이 잠시 고통을 겪을 수 있다. 하지만 우리는 과거의 경험으로부터 그럴수록 기존의 투자 원칙을 충실히 지켜야 한다는 사실을 배웠다. 투자 철학을 무시하고 단기적 수익 데이터나 유행에 편승해서 이득을 얻으려는 시도가 장기적 성공으로 이어지는 경우는 드물다. 우리도 그런 식의 투자를 몇 번 시도했지만, 대개 부실한 성과를 내는 데 그쳤다.

전통적으로 퀄리티 기업들은 경기가 활황일 때 시장의 평균 성장률을 훨씬 능가하는 실적을 올림으로써 잠시 부진했던 시기를 몇 배 이상 보상하는 투자 성과로 돌려주었다. 높은 수익률, 비즈니스의 안정성, 탄탄한 재무제표와 함께 확고한 비즈니스를 이어가는 기업은 투자자들에게 높은 가치를 제공한다. 글로벌 금융 위기가 발발했을 때 벌어진 일이 그 사실을 입증한다. 시장 전체적으로 수많은 기업의 가치가 처참하게 쪼그라들었지만, 그런 가운데서도 퀄리티 기업들은 경쟁자들을 한참 앞서는 실적을 올렸다.

수량 데이터에 집착하지 말고 정성적으로 판단하라

'수량화'에 집착하는 투자 문화 속에서도 투자 대상 기업을 좀 더 주관적으로 판단하려 노력하는 퀄리티 투자자들은 한 가지 중대한 도전 요소를 극복해야 한다. 투자 업무는 대부분 숫자로 이뤄진다. 실적 데이터도 수량화되어 있고, 회계도 숫자가 전부이며, 시장의 움직임도 퍼센티지 같은 수치로 표시된다. 수량화 중심의 투자 문화는 숫자를 분석하는 데 능하고 숫자를 신뢰하도록 훈련받은 인재들을 끌어들인다. 물론 우수한 수량화의 능력은 투자자들에게 소중한 자산일 수 있다. 하지만 숫자에 대한 과도한 집착으로 인해 정성적 분석 기반의 합리적 담론이 빛을 잃는 경우도 적지 않다.

  기업을 분석하다 보면 어쩔 수 없이 성장률 예측이나 기업 가치 추산과 같은 수치적 평가를 하게 된다. 겉으로는 그런 수치들이 기업의 실체를 가장 잘 드러내는 증거처럼 보이지만, 이는 경영진이 임의로 결정한 회계 항목이나 자의적인 할인율처럼 수없이 많은 주관적 판단의 결과물일 뿐이다. 더구나 그 숫자에는 우리가 지금까지 살펴본 퀄리티 기업들의 빌딩 블록과 패턴, 그리고 함정(산업 구조, 가격 결정력, 경기의 주기성 등) 같은 요소가 전혀 반영되어 있지 않다. 또 수익 예측 모델에만 전적으로 의존해서 기업의 가치를 평가하는 투자자는 그 과정에서 자신도 모르는 심리적 편견을 표출할 수도 있다. 가령 기존의 가설을 확증하는 방향으로 정보를 해석하고자 하는 확증 편향(confirmation bias)도 그중 하나다.

투자자들은 수량적 데이터의 효용성은 인정하되 여기에 너무 집착하지 말고 그 데이터에 본질적 한계가 있음을 알아야 한다. 투자자가 양적 평가와 질적 평가 사이에서 균형을 잡다 보면 때로 난감한 상황에 빠지기도 한다. 가령 투자 대상 기업의 질적인 평가는 긍정적이지만, 주가 수익률(Price Earning Ratio, PER, 어떤 기업의 주가가 수익의 몇 배가 되는지를 나타내는 지표. 이 수치가 높을수록 주가가 고평가되어 있다는 뜻이다-옮긴이)이 너무 높거나 수익 성장률이 마이너스일 때는 이를 어떻게 판단해야 할지 확실치 않을 수 있다. 개인 투자자보다 기관 투자자들이 단기적 사고에 더 잘 빠지는 것처럼, 개인보다는 기업이 양적 평가를 더 중시하는 경향이 있다.

투자 과정에 개입하는 의사 결정자의 수가 많을수록 다양한 정보를 고려하지 않고 오직 숫자만을 바라보는 경향이 있다. 숫자는 전달하고, 비교하고, 논평하기가 쉽다. 분석가, 경영진, 이사들은 투자 대상 기업의 반복 매출 현황이나 그 기업이 업계에서 차지하는 위치를 지적하기보다 주당 순이익이 얼마이고 주가 수익률이 몇 배수인지를 따지며 자신의 관점을 방어하려 한다. 어떤 기업이 얼마나 훌륭한지를 설명하기보다 어떤 주식이 저렴하다고 말하는 편이 훨씬 쉬우니까 말이다.

흥미진진한 직업도 따분할 때가 있다

주식 투자자들에게는 살 만한 주식을 고르는 일이 마치 보물찾기와도 같다. 그들은 숨겨진 가치로 가득한 주식을 발견해서 금덩어리가 채워진 상자를 열고 하루아침에 돈방석에 앉는 꿈을 꾼다. 이런 사고방식은 시장에서 저평가된 주식은 매우 드물고 찾기도 힘들다는 시장 효율성(market efficiency, 효율적 시장 가설이라고도 불리며, 어떤 재화의 가격에는 그 재화에 관련된 모든 정보가 이미 반영되어 있다는 이론을 말한다-옮긴이)의 개념과도 일맥상통한다. 그런 주식들을 찾아내려면 발 빠른 조사 작업을 진행하던가, 또는 적어도 새로운 각도에서 투자 대상을 바라봐야 한다. 이렇게 생각하는 사람들에게 투자란 아직 발견되지 않은 보물을 찾아 나서는 지적인 탐구의 여정과 다름없다.

하지만 퀄리티 기업들은 이런 '숨겨진 금덩어리' 같은 특징과는 대개 거리가 멀다. 그들은 세상을 뒤흔들 만한 혁명적인 제품을 판매하지 않는다. 사실 최고 기업들의 비즈니스는 대부분 매우 단순하며 지난 수십 년 동안 줄곧 해온 일을 계속할 뿐이다. 게다가 그 기업들의 '퀄리티'는 모든 사람이 익히 알고 있다. 에르메스나 로레알이 훌륭한 기업이라고 말하면 많은 투자자가 고개를 끄덕일 것이다. 따라서 일반적인 기준에서의 '퀄리티'는 그들의 주가에 이미 반영되어 있으므로 그 기업들의 주식이 시장에서 프리미엄 가격으로 거래되는 것이다. 하지만 우리 생각에는 그렇게 높은 가격도 이 기업들이 보유한 퀄리티의 가치에는 훨씬 미치지 못하는 경우가 종종 있다.

    이런 형편에도 불구하고, 현대의 투자자들은 눈앞에 분명히 존재하는 퀄리티 기업들에 관심을 두기보다 새롭게 등장한 인기 있는 스타트업, 지금까지는 실적이 부진했으나 조만간 성장세로 돌아설 기업, 업계에 혁명을 가져올 신규 경쟁자 같은 투자 대상을 찾아내기 위해 안간힘을 쓴다. 퀄리티 투자에 성공하기 위해서는 자극적이고 흥미진진해 보이는 뭔가를 발견하고자 하는 유혹에서 벗어나야 한다. 그 말은 때로 좀 더 평범한 눈으로 따분하게 분석 업무를 수행할 필요도 있다는 뜻이다.

2

매입의 실수

똑똑한 사람은 본인의 실수를 통해 배우고 현명한 사람은 남들의 실수를 통해 배운다는 말이 있다. 우리는 똑똑한 사람과 현명한 사람 둘 다가 되려는 목표를 세워야 한다. 우리가 실수를 저지른 뒤에 취해야 할 최선의 자세는 먼저 실수를 인정하고, 그런 일이 다시 반복되지 않도록 실수로부터 교훈을 얻는 것이다.

퀄리티 투자자들은 마크 트웨인(Mark Twain)이 한 말처럼("역사는 똑같이 반복되지 않지만, 종종 비슷한 흐름을 보인다"라고 말했다-옮긴이) 시장 상황이나 투자 시나리오는 똑같이 반복되지는 않아도 맥락이 서로 비슷하다는 사실을 기억할 필요가 있다.

우리는 이런 친숙함에 힘입어 자신이 저지른 실수를 몇 가지의 카테고리로 나누어 분류하고, 이를 유념함으로써 미래에 같은 실수가 발생할 확률을 줄일 수 있다. 4부 2장에서는 투자자들이 주식 매입에 관한 의사 결정을 내릴 때 저지를 수 있는 몇몇 실수를 하나씩 살펴보기로 한다.

하향식 관점

기본적으로 퀄리티 투자는 투자 대상 기업과 그 기업이 속한 산업 분야의 구체적인 상황에 초점을 맞추는 '상향식(bottom-up)' 의사 결정의 과정이라고 생각할 수 있다. 다시 말해 해당 기업에 전적으로 특화된 요인이나 미시 경제적 요인에 따라 투자 여부를 결정해야 한다는 뜻이다. 이런 접근 방식을 이미 사용하는 투자자도 많지만, 한편으로 적지 않은 사람이 '하향식(top-down)' 분석법을 채택하는 것도 사실이다. 그들은 국제 무역, 물가 상승률, 환율 같은 일반적이고 거시적인 관점에서 투자 대상을 바라본다.

퀄리티 투자 과정에서 흔히 발생하는 실수 중 하나가 이런 하향식 관점을 상향식 분석보다 우위에 두고 의사 결정을 내리는 것이다. 특히 중대한 거시 경제적 상황이 발생해서 주가가 일시적으로 폭락하거나 투자자들이 무역, 인플레이션, 환율 같은 외부적인 요인에 노출되어 곤란을 겪는 시기에 종종 그런 실수가 벌어진다. 물론 이런 상황이 기업이나 업계에 미치는 충격을 고려하면, 거시 경제적 트렌드도 세심하게 관찰해야 한다. 하지만 하향식 분석이 상향식 분석을 밀어내고 주인 자리에 앉을 때, 투자자들은 전혀 엉뚱한 이유로 특정 기업이나 산업을 선택하는 결과를 낳을 수 있다.

하향식 사고방식으로 인해 생겨날 수 있는 두 번째 실수는 투자자가 확신이 부족한 상태에서 투자를 결정하는 것이다. 퀄리티 투자자가 어느 기업의 지분을 장기적으로 보유하려면 주식을 매입할 때부터 시장 변동성을 꿋꿋이 견뎌내겠다는 확신을 품어야 한다. 하지만 투자를 결정한 이유가 불투명하고 통제 불가능한 거시 경제적 환경 때문이라면, 투자자가 그 기업이나 산업에 대해 확신을 품기는 어렵다. 특히 원자재의 가격이 급락하거나 환율이 역전되는 등 일시적인 어려움이나 예상치 못한 충격이 닥칠 때, 기존의 투자 취지를 관철하기는 더욱 난감해진다. 그 결과 투자자들은 잘못된 주식을 매입하는 실수뿐 아니라 그렇게 사들인 주식을 너무 성급하게 팔아버리는 실수를 저지르게 된다. 심지어 가격이 높을 때 매입하고 낮을 때 매각하는 최악의 수렁에 빠질 수도 있다.

다음 주 월요일의 낙관주의

낙관주의는 투자 실수를 가장 많이 유발하는 원인 중 하나다. 일반 투자자들뿐만 아니라 퀄리티 투자자들도 낙관주의로 인해 종종 곤경에 빠진다. 법정에 출두한 상습범은 판사에게 자기가 잘못을 뉘우치고 있으며 앞으로 더 나은 사람이 될 테니 관대한 처분을 내려 달라고 사정한다. 지금부터 술도 끊고, 일자리도 얻고, 올바른 삶을 살겠다는 것이다. 검사나 판사는 그 말을 믿고 싶어 한다. 그러나 범죄자들은 종종 그 믿음을 배신한다. 기업의 세계에서도 마찬가지다. 경영에 어려움을 겪는 수많은 기업의 경영자가 비슷한 곡조의 노래를 부른다. 그들은 투자자들을 향해 좋은 시절이 코앞에 다가왔고, 모든 문제는 이미 해결됐으며, 조만간 신제품을 출시하거나 훌륭한 기업을 인수하겠다고 다짐한다. 그토록 희망에 가득한 말이라면 누구라도 믿고 싶어 할 것이다. 우리는 그런 근거 없는 희망을 '다음 주 월요일의 낙관주의(next-Monday optimism)'라고 부른다.

한 번 어려움에 빠진 기업이나 문제로 얼룩진 산업은 앞으로도 계속 그런 상태에 머무를 확률이 높다. 다시 말해 그 기업이 어려운 상황에서 회복되거나 업계의 문제점이 해결되어 경기가 활황세로 돌아설 가능성은 크지 않다. 하지만 기업을 정상화하기 위해 안간힘을 쓰는 경영진이나 고문들은 귀가 솔깃한 전략을 내놓으며 투자자들의 낙관주의를 유도한다. 예를 들어 항공 산업에서는 거의 10년 주기로 이런 일이 반복되며, 철강 산업에서도 21세기가 시작된 직후 몇 년 동안 비슷한 상황이 벌어졌다.

다음 주 월요일의 낙관주의에 빠진 기업이나 산업이 투자자들을 계속 실망에 빠뜨리는 이유는 그들의 취약성이 어떤 경영자도 통제할 수 없는 외부적 요인에서 비롯됐기 때문이다. 경영 정상화나 구조조정 프로그램을 통해 상황을 조금 개선할 수도 있겠지만, 기업의 운명을 궁극적으로 결정짓는 것은 업계를 둘러싼 환경이다. 구조적으로 문제가 있는 기업이 반짝 실적을 낼 만한 시기를 정확히 예측할 수 있는 투자자라도, 그 시기가 언제 끝날지를 여전히 내다봐야 한다. 그 말은 주식을 매입하는 시점과 매각하는 시점에 대한 의사 결정이 모두 필요하다는 뜻이다. 그렇지 않으면 두 번의 실수를 저지를 수도 있다.

과도한 자신감

과도한 자신감(overconfidence)은 수많은 투자 실수를 빚어내는 근본 원인이다. 어떤 사람들은 풍부한 배경지식을 자랑하며 이 업계에서 가장 훌륭한 투자처가 어딘지 줄줄 늘어놓는다. 하지만 그런 전문가들도 과도한 자신감의 리스크를 완전히 피해갈 수는 없다. 사람들은 운전대를 잡을 때든 이성과 로맨스에 빠질 때든 자신의 지식이나 능력을 과대평가하는 경향이 있다. 투자의 세계에서도 과도한 자신감은 다양한 방식으로 표출된다. 특히 숫자의 근본적인 한계에도 불구하고 특정 기업의 매출이나 수익을 예측하는 수치에 과도하게 집착하는 투자자가 한둘이 아니다.

자신이 소유한 지식과 경험의 한계를 넘어 다른 곳을 기웃거리면 오류를 저지를 위험성이 커진다. 만일 어떤 기업의 운명이 자체적인 통제의 범위를 벗어난 외부적 요인에 의해 좌우된다면, 그 기업의 주식에 투자하는 일은 위험하다. 정부가 특정 의약품을 승인할 것이라 믿고 제약 기업의 주식을 사고, 관련 법령이 통과되리라는 믿음으로 게임 기업의 지분을 매입하고, 철광석 가격이 오를 것이라는 희망을 바탕으로 광산 기업에 자금을 투자하는 사람들이 바로 그런 투자자들이다.

정치적 의사 결정은 대개 정치가들의 자의적 판단에 따라 이뤄진다. 전문적인 애널리스트들조차 정부의 행동이 특정 주식의 가치에 어떤 영향을 미칠지 예측하기는 어렵다. 원자재 가격의 등락 위험에 노출된 기업들도 마찬가지다. 이런 외부 요인으로 인한 변수들이 눈앞에 존재하는 상황에서는, 투자자들이 투자 성과를 예측하는 데 실수를 저지를 확률이 높다.

수많은 투자 실수가 투자자 자신의 예측 능력에 대한 환상에서 시작된다. 특히 IT처럼 급격하게 변화하는 산업 분야에서는 그런 현상이 더 심하다. 어떤 투자자가 특정 기술 분야(인공지능이든 로봇 공학이든)에 대해 지식이 풍부하다면, 그 분야에서 활동하는 기업들의 단기적 성과를 어느 정도는 예측할 수 있을지 모른다. 하지만 시간의 범위가 넓어질수록 업계의 역동성이나 가변성으로 인해 예측의 신뢰도는 하락하기 마련이다.

예측 능력에 대한 환상은 거대한 복합 기업 또는 분산화된 금융 기관처럼 조직적으로 복잡한 기업에서 빈번히 등장하는 경향이 있다. 물론 산업 및 재무 전문가들은 이런 기업들의 정보를 어렵지 않게 얻어낼 수 있으며, 그런 대기업 중에서도 퀄리티 기업의 특징을 지닌 곳도 있다. 하지만 그 엄청난 규모와 복잡성으로 인해 전문가들도 그곳에 투자했을 때의 성과를 오직 부분적으로 예측할 수 있을 뿐이다. 예를 들어 지멘스는 지능형 전력망, 의료 진단 장비, 공장 자동화에 이르기까지 19개의 사업 부문으로 이뤄진 대기업이다. 지멘스가 퀄리티 기업인지 아닌지 판단하고 싶어 하는 투자자는 많겠지만, 이 기업의 엄청난 규모와 복잡성을 생각하면 그 판단이 오류로 판명될 가능성은 매우 크다.

익숙지 않은 곳에서 길을 잃고 헤매지 않도록 특정 기업이나 산업에 대해 확고한 지식 기반을 쌓는 일은 물론 중요하다. 그렇게 안정적인 지식 기반을 구축한 투자자는 갑작스러운 일이나 혼란스러운 상황이 닥쳤을 때 더 합리적으로 대응할 수 있을 것이다. 하지만 과도한 자신감의 위험성을 인지하는 일도 그에 못지않게 중요하다. 잘 아는 분야일수록 자신의 예측 능력을 실제보다 더 높이 평가할 우려가 있기 때문이다.

부채

투자의 실수 중 많은 부분이 부채의 리스크를 간과하는 데서 비롯된다. 부채는 사람들을 유혹한다. 평소에는 과도한 레버리지를 경계하는 투자자조차 부채의 부정적인 측면보다 긍정적인 측면을 강조하는 사람들에게 속아 넘어간다. 레버리지는 어떤 식으로든 합리화가 가능하다. 경영진이나 조언자들은 아무리 부채 비율이 높더라도 이를 엄격하게 통제하고 관리하면 기업이 부채로 인해 곤경에 빠질 리스크를 차단할 수 있다고 말한다.

기업이 부채를 차입하면 이자율, 계약 내용, 상환 일정 등이 빚을 낼 때마다 달라지고 기업의 가치 창출에 대한 통제력이 경영진으로부터 대출 기관으로 넘어간다. 그런 기업에 투자한 주주들은 피해를 볼 수밖에 없다. 특히 최종 사용자 시장의 주기에 따라 명암이 갈리는 기업은 그런 현상이 더욱 심하다. 경기의 주기는 늘 예상을 빗나가기 때문에, 돈을 빌려준 사람과 빌린 사람 모두 합리적인 레버리지 비율과 과도한 레버리지 비율 사이의 경계선을 계산하는 데 오류를 범하게 된다.

부채 수준과 관련된 투자의 실수는 대개 다음 두 가지 상황에서 발생한다. 첫째, 부채가 많고 영업 레버리지도 높은 기업(즉 고정비의 비중이 큰 기업)은 경기가 좋을 때 상대적으로 더 낮은 비용으로 매출을 올린다. 따라서 현금이 두둑해지고 빌린 돈도 여유 있게 갚을 수 있다. 하지만 경기가 하락할 때는 고정비 부담으로 인해 현금 흐름에 문제가 생기고 부채 상환에도 어려움을 겪게 된다. 부채의 이런 양면성을 무시하는 투자자는 아무리 투자 경험이 많아도 큰 곤경에 빠질 수 있다.

부채로 인해 발생할 수 있는 두 번째 리스크는 유통업처럼 건물이나 시설 임대 비용의 비중이 큰 산업 분야와 관련이 있다. 유통업체들은 경기가 상승할 때 건물주와 임대 계약을 맺고 매장을 늘리면서 빠르게 사업을 확장한다. 그들은 호황이 이어지는 시기에는 매장 임대 비용이 일종의 부채라는 사실을 간과한다. 그러나 경기가 하락하면 계약 조건은 그대로인 채 매출과 현금 흐름은 줄어들게 된다.

투자자들이 부채와 관련된 실수를 저지르는 시기는 대부분 경기가 좋을 때다. 경제 상황이 호전되면 평범한 기업도 눈부신 실적을 올린다. 그렇게 거품으로 가득한 시기에는 모든 기업의 기업 가치가 하늘을 찌르고, 투자자들은 부채 비율처럼 사소해 보이는 문제는 적당히 타협하고 넘어간다. 바로 그런 상황 속에서 치명적인 실수가 터지는 것이다. 부채의 부정적 측면을 외면하는 것보다 더 위험한 일은 없다.

3
보유의 실수

퀄리티 투자의 필수 요건 중 하나는 훌륭한 기업의 주식을 매입하고 이를 장기간 보유하는 것이다. 하지만 한때 훌륭했던 기업이 영광스러운 날을 뒤로하고 몰락하기 시작할 때도 무사안일주의에 빠져 상황을 인식하지 못하는 투자자도 적지 않다. 우리는 그런 사람들을 '끓는 물속의 개구리(boiling frog)'라고 부른다. 개구리가 뜨거운 물속에 빠지면 소스라치게 놀라 튀어나오지만, 처음부터 차가운 물속에 들어간 개구리는 솥이 달궈지고 물 온도가 점점 올라가도 그 자리에 남아 있다고 한다(아이러니하게도 과학적으로 진행된 실험에서 이 말은 사실이 아닌 것으로 밝혀졌다). 어떤 기업도 천하무적일 수는 없다. 우리는 그동안 투자한 기업들이 쇠퇴할 조짐이 있는지 많은 시간과 노력을 들여 주의 깊게 관찰한다. 그래야만 물이 끓기 전에 서둘러 솥 밖으로 뛰어나올 수 있기 때문이다. 4부 3장에서는 '끓는 물속의 개구리' 문제 외에도 단기적 시야, 자기 합리화, 그리고 자기가 투자한 기업에 감정적으로 집착하는 실수 등을 살펴본다.

끓는 물속의 개구리

어떤 기업이 한 분기나 한 해 만에 위대한 기업에서 평범한 기업으로 추락하는 경우는 드물다. 대개 그런 일은 몇 년 이상의 시간을 거치며 점진적으로 일어나기 마련이다. 다시 말해 한순간의 결정적 계기로 인해 퀄리티 기업이 부실 기업으로 돌변하는 일은 흔치 않다. 만일 그런 식의 몰락이 눈앞에서 빠르고 분명하게 일어난다면, 우리는 뜨거운 물에 떨어진 개구리가 물 밖으로 뛰쳐나오듯 그 기업의 주식을 곧바로 처분할 수 있을 것이다. 하지만 그렇지 않은 경우라면, 투자자들은 기업의 점진적 쇠퇴를 분석할 수 있는 도구를 스스로 개발해서 무사안일주의에서 벗어나고 나날이 쌓여가는 문제를 정면으로 바라봐야 한다.

가령 어떤 기업에 수익성 경보(profit warning)가 울린다는 말은 그 기업의 내부에 구조적이고 고질적인 문제가 존재한다는 잠재적 증거일 수 있다. 우리가 유럽의 기업들을 자체적으로 조사한 바에 따르면 대규모의 수익성 경보가 발령된 기업(즉 주가가 10% 이상 떨어진 기업) 중 약 3분의 1은 1년 이내에 더 큰 규모로 투자 수익이 하락했다.[37]

상대적으로 안정화된 산업 분야에서 활동하는 기업이라도 그곳에서 수익성 경보가 울린다면 조직 내부에 심각한 문제가 생겼다는 신호일 수 있다. 따라서 투자자들은 이 기업의 현재 상황이 원래의 투자 취지를 충족하는지 전면적으로 재검토해야 한다. 또 수익성 경보가 한 번 발령되면 그런 일이 재차 발생할 가능성이 크기 때문에, 비록 그 기업에서 원래의 투자 취지를 벗어나는 아무런 구조적 변화가 없더라도 투자자들은 그 주식을 얼마나 많이 보유하는 편이 적당한지

되짚어볼 필요가 있다.

　기업의 몰락은 사소한 일이 계획대로 흘러가지 않으면서 시작된다. 성장이 더뎌지고, 원인을 알 수 없는 수익 차질이 발생하고, 경쟁자들의 압박이 가중되고, 자본 비용이 늘어난다. 각각의 문제는 하나씩 따로 떼어놓으면 그렇게 심각하게 보이지 않는다. 경영진은 문제가 발생한 원인을 그럴듯한 말로 포장하고, 다시는 같은 일이 생기지 않을 것이라고 일축하며 넘어간다. 하지만 기업 여기저기서 하나씩 문제가 생겨난다는 말은 조만간 훨씬 큰 문제가 한꺼번에 터져 나올지 모른다는 신호일 수 있다. 일이 터진 다음에 상황을 바로잡거나 손실을 만회하기에는 때가 늦다. 작은 문제라도 철저하게 확인하는 자세가 필요하다.

테스코: 끓는 물속의 개구리

테스코는 영국 식료품 유통 산업의 최강자로 오랫동안 군림했다. 이 기업은 1995년에서 2007년까지 놀라운 성장을 거듭하며 영국 시장에서 30%가 넘는 점유율을 차지했다. 가장 근접한 경쟁자의 2배가 넘는 시장 점유율이었다. 테스코는 비식품 분야의 비즈니스도 대규모로 구축했고, 온라인 식품 유통 비즈니스를 새로 개척했으며, 해외 시장에도 대대적으로 진출해서 높은 수익을 올렸다. 또 매년 두 자릿수의 매출 성장률을 기록했고, '운영의 탁월성(operational excellence)'을 가장 잘 보여주는 기업의 모범 사례로서 사람들 입에 오르내렸다.

우리가 테스코에 투자한 2007년에도 이 기업의 시장 리더십은 확고했다. 강력한 경쟁 우위를 바탕으로 시장 점유율을 계속 높여갈 것으로 보였고 해외 시장에서의 사업 확장 전망도 긍정적이었다. 하지만 시간이 지날수록 이는 잘못된 판단이었다는 것이 밝혀졌다. 그 뒤로 테스코의 시장 점유율은 크게 추락했으며 수익률도 6%에서 1%로 주저앉았다. 영국 시장에서의 영업 이익은 과거 최고점을 찍었던 수준과 비교해서 약 5분의 1로 쪼그라들었다. 게다가 2014년에는 이익을 부풀리기 위해 약 4억 달러 규모의 분식 회계를 했다는 스캔들에 휩싸이기도 했다. 한때는 그토록 성공적이었던 시장의 선두 주자가 어떻게 그런 수렁에 빠지게 됐을까?

그 원인 중 하나는 지나치게 열정적으로 해외 시장을 확대한 데 있었다. 테스코는 아시아나 동부 유럽 같은 해외 시장에서도 성공적으로 비즈니스를 구축할 수 있으리라는 자신감에 불탔다. 테스코는 전 세계 곳곳에서 대형 슈퍼마켓들을 늘려나갔고, 아직 개발이 덜 된 유통 시스템이나 전통적인 상권에 의존해서 물건을 구매하던 현지 고객들을 유혹했다. 그들이 진출한 해외 시장에서 유통 매출의 성장 잠재력은 대단히 컸다. 테스코의 경영진은 빠른 속도로 사업을 확장하기만 한다면 영국 시장에서의 성공 모델을 해외 시장에서도 그대로 재현할 수 있으리라 믿었다.

이 기업은 엄청난 규모로 사업을 확장해나갔다. 영국의 슈퍼마켓 체인에서 출발한 테스코는 전체 매장 면적의 약 3분의 2를 국외에 건설하고 그룹 매출의 약 3분의 1을 해외 시장에서 거둬들이는 다국적 기업으로 변신했다. 경영진은 그토록 신속하고 강력한 성장에 고무됐을 테지만, 이런 급격한 해외 시장 확대 전략은 기업의 전략적 초점, 경영 자원, 자본 등을 여러 곳으로 분산시키는 결과를 가져왔다. 해외 시장에서 새로 설립했거나 인수한 기업들이 기대만큼의 자본 수익률을 내지 못하자 테스코는 중국, 일본, 미국을 포함한 전 세계 시장에서 수많은 영업점을 폐쇄 또는 매각하거나 사업 규모를 축소해야 했다. 엎친 데 덮친 격으로 영국 시장에서는 그동안 테스코에 우호적이었던 경쟁 환경도 바뀌기 시작했다. 오랫동안 지속됐던 고질적인 문제를 해결한 경쟁자들은[모리슨(Morrison)은 세이프웨이(Safeway)를 인수한 뒤 계속된 혼란에서 벗어났고, 세인즈버리(Sainsbury)와 아스다(Asda)도 사업 전략을 개선했다] 앞다퉈 시장 공략에 나섰고, 알디(Aldi)와 리들(Lidl) 같은 초저가 할인 매장들도 등장했다. 돌아온 경쟁자들에게 시장을 내주게 된 테스코는 고객들에 대한 투자를 줄이면서 영업 이익을 늘리는 길을 택했고, 그러면서도 해외 시장 확대를 위해 과도한 자본 투자를 계속했다. 국내 경쟁자들은 시장이 성장하는 속도보다 더 빠르게 매장을 늘려갔으며 초저가 할인 매장들은 영국 식료품 시장의 10%에 가까운 점유율을 확보하게 됐다.

이 기업의 CEO로 오랫동안 재직했던 테리 리히(Terry Leahy)는 테스코가 영국 식료품 시장에서 여전히 높은 지명도를 유지하던 2011년 회사를 떠났다. 오늘날 테스코는 2015년 영국의 소비자들을 대상으로 실시한 '선호 식료품 기업 조사'에서 꼴찌를 기록할 정도로 브랜드 이미지가 추락했다.[38] 이 회사는 여러 부정적 요인(과도한 사업 확장, 영국의 핵심 소비자들을 향한 전략적 초점 상실, 경쟁자들의 공세에 대한 무력한 대응)의 복합적인 충격을 무시하는 실수를 저지름으로써 부실한 경영 실적을 올렸고, 투자자들에게도 부실한 수익을 돌려주었다. 우리는 테스코의 문제가 최악으로 치닫기 전인 2012년 중반 이 기업의 지분을 최종적으로 처분했지만, 우리가 출구 전략을 실행에 옮기기 전부터 개구리는 솥 안에서 서서히 익어가고 있었다.

시장의 변화를 외면하는 사람들

퀄리티 투자는 좋은 기업의 주식을 선택해서 이를 오랫동안 보유하는 일을 의미하지만, 개중에는 자기가 투자한 기업에 중대한 어려움이 닥쳐도 무사안일주의에 빠져 꼭 해야 하는 일을 빠뜨리고 넘어가는 투자자가 있다. 말하자면 기업이 몰락으로 치닫기 전에 주식을 매각하는 데 실패한다는 뜻이다. 투자자들은 자신이 자금을 지원한 기업이 실적 부진에 빠지면, 이를 순간적인 현상으로 치부하고 싶은 유혹을 느낀다. 그들은 기업의 성장이 멈춰도 이를 구조적인 문제보다 일시적인 문제로 생각하고, 새로운 경쟁자가 등장해도 핵심 사업에는 위협이 되지 않는다고 믿는다. 이런 태도는 한편으로 장기적인 투자관을 낳을 수도 있고, 한편으로 관점의 사각지대를 만들어낼 수도 있다. 개별적인 문제도 면밀한 조사가 필요하지만, 몇몇 범주의 문제는 기업이 저지른 훨씬 중대한 실수의 한 부분일지도 모른다.

첫째, 시장의 급격한 변화를 초래하는 기술 발전은 소비자나 유통망에 생각보다 훨씬 심각한 영향을 미칠 수 있다. 미국과 유럽의 전화번호부 제조 기업들은 시장에서 오랫동안 독점적 지위를 누리다가 불과 몇 년 사이에 공룡처럼 홀연히 사라졌다. 투자자들은 투자 대상 기업이 시대적 변화에 대응해서 기존의 비즈니스 모델을 보호할 수 있는지 잘 살펴보고 이에 대해 세심한 질문을 던져야 한다.

둘째, 경제 환경의 변화로 인한 비즈니스의 침체는 예상보다 오래 지속되는 경향이 있다. 단기적 전망이 밝지 않은데도 몇 분기 뒤에는 실적이 곧 개선될 것이라 예상하는 기업들은 투자자들에게 사실을 말하는 게 아니라 희망을 전하는 것뿐이다. 경기가 바닥을 헤매다가

12개월 안에 금세 회복되는 산업은 그리 흔치 않다.

셋째, 고객들의 주머니 사정이 좋지 않은 기업은 조만간 고객들의 뒤를 따르게 될 가능성이 크다. 경제적 어려움에 빠진 고객들이 너도 나도 예산을 줄이기 때문이다. 독일의 현금 자동 입출금 기계(ATM) 제조업체 윙코 닉스돌프(Wincor Nixdorf)는 2008년 금융 위기가 닥친 뒤에도 금융 시장이 어려움에 빠진 것과 소비자들이 현금을 찾는 일 사이에는 아무런 관계가 없으며, 기업은 계속 성장할 것이라고 투자자들을 안심시켰다. 하지만 은행들이 비용을 줄이면서 ATM 기기 구매 대수는 전보다 훨씬 줄어들었다.

"그 말이 옳아. 그렇지만"

투자의 실수는 투자자가 특정 기업의 주식을 계속 보유하기 위해 자신의 의사 결정을 방어하는 과정에서 비롯되기도 한다. 예를 들어 우리 기업에서는 투자 포트폴리오 검토 회의를 진행할 때, 동료 한 명이 선의의 비판자가 되어 다른 동료에게 그가 담당하는 기업의 주식을 보유해서 얻을 수 있는 이점이 무엇인지 질문한다. 그 주식을 담당하는 직원이 입을 열기 시작하면, 모든 사람은 어김없이 "그 말이 옳아. 그렇지만(yes, but)"이라는 말을 듣게 된다. 문제를 인정하면서도 비판의 타당성을 부인한다는 뜻이다.

다시 말해 담당자가 어떤 기업의 주식을 계속 보유해야 하는 이유를 "그 말이 옳아. 그렇지만"이라는 말로 설명하기 시작했다면, 이는 자신도 실수가 있음을 알고 있으나 그 사실을 인정하고 싶지는 않다는 의미로 해석할 수 있다. 게다가 그렇게 대답하는 사람은 특정 주식을 계속 보유해야 할 이유를 상향식 퀄리티 투자의 관점이 아니라 거시 경제적 변수에서 찾는 경우가 많다. 이 실수의 문제점은 '하향식 관점'을 다룰 때 이미 설명한 바 있다.

하향식 관점은 대부분 다음 두 방향으로 전개된다. "그 말이 옳아. 그렇지만 지금은 시장에 조금 문제가 있어" 또는 "그 말이 옳아. 그렇지만 지금은 주가가 많이 내렸어". 하지만 이 두 종류의 발언은 처음의 투자 취지가 퇴색되고 있으며, 담당자가 뻔한 말을 되풀이하고 있다는 표시일 뿐이다. 어떤 기업에 문제가 생기면 시장은 곧바로 알아차린다. 따라서 그 기업 주식의 주당 수익률도 그만큼 감소할 것이다. 특정 기업의 주식을 계속 보유함으로써 발생하는 수많은 투자 실수는 그런 식으로 자신의 입장을 옹호하는 태도에서 비롯된다. 만일 어떤 사람이 "그 말이 옳아. 그렇지만"이라고 말하며 어떤 기업의 주식을 계속 보유하고 있다면, 그의 결정은 십중팔구 투자 실수로 이어질 것이다.

회계 조작의 경고음

모든 투자자는 비즈니스의 언어라고 할 수 있는 회계 용어에 친숙해질 필요가 있다. 재무 보고서에는 퀄리티 기업의 자질을 평가할 수 있는 자산 회전율이나 수익률 같은 기본적인 숫자 외에도 앞으로 그 기업이 수익 성장률, 현금 흐름, 자본 수익률 등을 얼마나 달성할지 예측할 수 있는 수많은 단서가 포함되어 있다. 또 재무 보고서를 살펴보는 도중에 그 기업이 회계 장부를 교묘하게 조작하고 있음을 알게 되기도 한다. 물론 그런 기업은 퀄리티 투자 대상에서 제외해야 한다.

투자자들에게 닥치는 고질적 위험 요소 중 하나가 투자 대상 기업이 이익을 조작하는 것이다. 2012년 학계의 연구 결과에 따르면 상장 기업 다섯 개 중 한 개는 평균 10% 내외로 이익을 늘리거나 줄여서 발표한다고 한다.[39] 회계 조작은 다양한 방식으로 이뤄진다. 예를 들어 아직 발생하지 않은 매출을 장부에 미리 기록해 인식 시점을 조작하고,[40] 총수익을 부풀리고,[41] 비용을 부적절하게 자본화하고,[42] 예비비를 줄여서 이익을 늘리고,[43] 현금 흐름을 인위적으로 조작하는 수법[44] 등을 꼽을 수 있다. 물론 기업이 장부를 그런 식으로 처리한 데는 그만한 이유가 있을지도 모른다. 하지만 우리의 경험상 그 이유가 합리적인 범위를 벗어나기 시작하면 이를 무시하는 일은 큰 실수로 이어질 수 있다. 회계 조작의 경고음은 기업이 몰락한다는 강력한 신호라고 봐야 한다.

엘렉타: 회계 조작의 경고음

엘렉타(Elekta)는 1970년대 초 세계 최초로 방사선 수술법을 개발해서 큰 명성을 쌓은 스웨덴의 신경외과 교수 라르스 렉셀(Lars Leksell)에 의해 설립됐다. 이 기업의 주력 비즈니스는 암 환자의 종양을 줄이고 암세포를 파괴하기 위해 정확한 양의 방사선을 조사(照射)할 목적으로 설계된 방사선 치료 기기를 판매하고 서비스하는 것이었다.

엘렉타는 퀄리티 투자자들이 투자 대상으로 고려할 만한 여러 가지 특징이 있었다. 반복 매출의 비중도 높았고, R&D 역량도 출중했으며, 과점화된 시장에서 꾸준히 시장 점유율을 늘려나갔다. 신규 시장으로 사업을 확장할 준비도 성공적으로 마친 듯했다. 그동안 이 기업이 달성한 놀라운 사업 실적도 이 특징을 뒷받침했다. 연평균 매출 및 수익 성장률은 10%가 넘었고, 주가도 함께 성장해서 2004년부터 2013년까지 약 15배나 올랐다.

하지만 엘렉타의 재무제표에서는 이상한 점이 눈에 띄었다. 장부에 기록된 매출액에 비해 실제 매출액이 훨씬 적었던 것이다. 그러다 보니 매출이 현금으로 전환되는 비율도 그만큼 낮아질 수밖에 없었다.

자세히 들여다보면 이 기업이 아직 청구서를 발행하지 않은 거래액의 상당 부분을 수입으로 미리 계상했다는 사실을 알 수 있었다. 게다가 그렇게 계상한 금액이 늘어나는 비율은 전체 매출액이 증가하는 비율보다 훨씬 높았다. 아마도 이 기업은 2012년을 시작으로 갈수록 많은 금액을 선매출로 잡기 시작한 듯했다. 다시 말해 그들은 고객이 물건을 수령하고 기업이 청구서를 발행한 뒤에 매출을 기록하는 것이 아니라, 고객에게 물건을 실어 보내자마자 곧바로 장부에 매출로 기록한 것이다. 이런 회계상의 변화가 우리에게 경고음을 울린 이유는 기업이 매출을 인식하는 시점을 경영진이 자의적으로 해석하고 있다는 의미였기 때문이다.

또 우리는 엘렉타의 매출액이 늘어나는 속도보다 미수금이 증가하는 속도가 더 빠르다는 점도 발견했다. 이는 기업이 매출 증가라는 혜택을 얻기 위해 고객들에게 물품 대금을 결제하는 기간을 연장해줌으로써 돈을 떼일 위험도를 높였다는 뜻이었다. 청구서를 보내기도 전에 장부에 미리 매출을 기록하고, 청구서를 받은 고객들이 대금을 지급하는 기간도 늘어났다는 것은 매출의 '퀄리티'가 낮아진다는 신호였다.

게다가 엘렉타는 R&D에 투입한 자금 중에 점점 많은 부분을 장부상의 이익을 늘리는 데 활용하는 듯했다. 즉 R&D 금액을 비용으로 처리하는 시기를 이번 회계 기간이 아니라 다음 기간으로 계속 미뤘다는 뜻이다. 이런 방법을 사용하면 현재의 수익률을 높이는 데는 도움이 되겠지만, 언젠가는 그 비용을 처리해야 한다. 물론 그들이 R&D 비용을 그런 식으로 처리해야만 하는 합리적인 이유가 있을 수도 있다. 가령 R&D 비용과 매출을 조금 더 긴밀하게 연결할 의도였는지도 모른다. 하지만 이 기업에서 발생한 회계상의 여러 경고음과 함께 생각해보면, 이는 우리에게 충분히 의심을 불러일으킬 만한 일이었다.

마지막으로 우리는 엘렉타의 고위 경영진이 2012년과 2013년 사이에 많은 양의 주식을 처분했다는 사실을 포착했다. 아마도 그때가 이 기업의 주식을 매각해야 하는 최적의 시점이었는지도 모른다. 아닌 게 아니라 그들은 적절한 시기에 주식을 팔았다. 그 뒤 2년 동안 엘렉타의 숨겨진 문제가 드러나면서 주가는 폭락했다. 회계 조작의 경고음은 기업의 문제를 미리 알려주는 조기 경보 시스템일 수 있다. 투자자들의 각별한 주의가 필요한 대목이다.

소유 효과

엄격한 조사와 분석을 거쳐 특정 기업의 주식을 매입하고 이를 오랫동안 보유하는 퀄리티 투자자들은 행동경제학자들이 '소유 효과(endowment effect)'라고 이름 붙인 편견에 빠질 수 있다. 이는 사람들이 자기가 소유한 대상에 너무 집착한 나머지 여기에 과도한 가치를 부여하는 심리를 뜻한다.

퀄리티 투자자들이 이런 심리적 편견에 빠지기 쉬운 이유는 치밀한 사전 조사를 통해 수많은 기업을 걸러내는 과정에서 자신이 투자한 기업에 대한 소유 효과가 증가하기 때문이다. 투자자들은 자기가 구매한 주식에 대해 소유 의식을 품을 뿐 아니라 스스로 수행한 분석이나 판단에도 애착을 느낀다. 이런 감정적 유대감은 시간이 지나면서 더 강해지고, 주식 보유 기간이 길어질수록 더 끈끈해진다. 기업의 수익성이 저하된다는 사실을 입증하는 수많은 부정적 사건이 발생함에도 투자자가 그 기업의 주식을 꼭 쥐고 팔지 않는다면, 그는 소유 효과에 빠져 있을 가능성이 크다. 이런 심리적 편견과 맞서 싸우는 전략 중 하나는 내가 신규 투자자라면 오늘 그 기업의 주식을 구매한다는 결정을 내릴지 스스로 질문하는 것이다.

소유 효과는 이 책에서 살펴본 여러 도전 요소나 실수처럼 때로 퀄리티 투자자들에게 긍정적인 효과로 작용하기도 한다. 가령 소유 효과에 빠진 투자자는 많은 사람이 주식을 팔아야 한다고 압력을 가하는 와중에도 꿋꿋하게 이를 보유하기도 한다. 그러므로 투자자들은 정신을 바짝 차리고 이렇게 서로 모순되는 상황을 주의 깊게 검토할 필요가 있다. 아무리 장기적인 투자 전략을 우선시하는 투자자라도 세상의 모든 것은 변한다는 사실을 인정하는 조화로운 사고방식을 지녀야 한다. 정도의 차이는 있어도 모든 기업의 상황은 언젠가 달라지기 마련이다. 그런 변화의 양상을 유심히 관찰하는 일은 투자 프로세스의 중요한 일부다.

4

기업 가치 평가와 시장의 주가

기업 가치 평가의 효과는 강력하다. 애널리스트들이 어떤 기업의 주가가 저렴하다고 말하는 순간, 투자자들은 그 기업의 주식을 사고 싶은 유혹을 느낀다. 그들은 기업 가치 평가가 단순한 예측치에 불과하다는 사실을 알아도 아랑곳하지 않으며, 그 기업이 여러 세력으로부터 거센 도전을 받거나 경쟁자들의 압박에 놓여 있어도 이를 애써 무시한다. 퀄리티 투자 전략을 구사하기 위해서는 기업의 '퀄리티'를 첫 번째로 강조하고 기업 가치는 두 번째로 생각해야 한다.[45] 4부 4장에서는 전통적인 기업 가치 평가 방식의 몇몇 문제점을 조명하고, 주식시장이 퀄리티 기업들의 주식을 저평가하는 이유를 알아본다.

전통적인 기업 가치 평가 방식의 한계

지난 10년간 노보 노디스크의 주식 가격(주당 수익의 20배 내외로 거래)은 기업이 속한 산업이나 시장을 고려하면 상대적으로 비싼 것처럼 느껴졌다. 그러나 이 기업의 주식이 겉으로는 비싸게 보였을지 몰라도, 어떤 투자자가 지난 10년 중 아무 때나 노보 노디스크의 주식을 매입했다면 결과적으로 높은 수익을 올렸을 것이다. 재무 분석가들은 노보 노디스크의 매력적이고 안정적인 재무적 성과에서 창출되는 수익 성장을 늘 과소평가했다. 노보 노디스크의 사례는 기업 가치를 따지기보다 퀄리티 분석에 우선순위를 두는 일이 얼마나 합리적인 선택인지를 잘 보여준다.

현금 흐름 할인법(Discounted Cash Flow, DCF, 미래의 영업 활동에서 기대되는 현금 흐름을 적절한 할인율로 할인해 현재의 기업 가치를 산출하는 방법-옮긴이)을 포함한 전통적인 기업 가치 평가 방식에는 많은 한계점이 있다. 미래의 현금 흐름을 비교적 예측하기가 쉬운 기업들도 마찬가지다. DCF 모델의 가장 큰 문제점은 현재 시장에서 거래되는 주가의 앵커링 효과(anchoring effect, 사람에게 처음 투입된 정보가 의식 또는 무의식적으로 의사 결정이나 판단에 계속 영향을 주는 효과를 말한다-옮긴이)에 얽매일 수밖에 없다는 것이다. 만약 특정 기업의 기업 가치를 평가한 DCF 분석의 결과치가 시장 가격과 현격한 차이(가령 30% 이상 또는 이하)를 보인다면, 판매자 측의 애널리스트는 책상 앞으로 돌아가 몇몇 변수를 조정해서라도 DCF 모델의 결과치를 시장의 주가와 비슷하게 맞춰낼 게 분명하다. 이는 DCF 방법론의 객관성에 의구심을 품게 하는 대목이다. 우리의 경험에 따르면 경직된 앵커링 효과에는 많은 오류의 소지가 따른다. 로레알의 경우를 생각해보라. 1990년의 기업 가치는 50억 달러에도 미치지 못했다. 로레알의 매출이 아무리 놀라운 속도로 성장한다 해도 그로부터 25년 뒤에 이 기업의 기업 가치가 1,100억 달러를 넘으리라고 예상한 사람은 거의 없었다.

퀄리티 투자(가치 투자로 대표되는 다른 투자 전략들도 마찬가지지만)의 개념이 실제 가치보다 낮은 가격으로 주식을 사들이는 일을 의미한다고 하지만, 퀄리티 투자자들은 '싸구려' 주식 앞에서 너도나도 손사래를 친다(물론 해당 기업에 대한 철저한 상향식 분석 결과로 그 기업의 상황이 퀄리티 투자의 취지에 잘 들어맞는다고 판명된다면 이야기가 다르다). 비슷한 맥락에서 '가치'라는 기준에 집착하는 투자자들은 수치화된 실적에 지나친 비중을 부여하는 경향이 있다. 그들은 단순한 예측치에 불과한 수치를 명백하고 확고한 사실로 해석하면서 로레알 같은 기업의 주식을 매입할 기회를 놓쳐버린다. 적정 가격보다 비싼 금액을 치르고 주식을 매입하고 싶은 투자자는 없겠지만, 기업 가치보다 기업의 퀄리티를 우선순위에 두고 투자 대상 기업을 평가하면 장기적 기회를 포착하는 데 도움이 된다.

퀄리티 기업의 주가 프리미엄은 실제 가치보다 낮다

어떤 투자 전략도 마찬가지겠지만, 퀄리티 투자에서도 투자자가 과도한 돈을 치르고 주식을 매입할 리스크는 늘 존재한다. 하지만 그런 일이 벌어질 가능성은 생각만큼 크지 않다. 퀄리티 기업의 주식 가치는 기업의 매출 성장 속도와 비교했을 때 상대적으로 과장된 듯이 보일 수도 있다. 이보다 더 낮은 가격에 주식이 거래되면서도 성장률이 더 높을 것으로 예상되는 기업도 많기 때문이다. 하지만 그런 기업의 성장률은 단지 높을 것으로 '예상될' 뿐이다. 주식 시장에서는 사람들이 예상하는 성장률과 기업이 실제 달성하는 성장률 사이에는 큰 차이가 있다. 심지어 전문가들의 예측치를 종합적으로 분석해봐도 그들이 발표하는 숫자는 실제 수치와 10% 이상의 꾸준한 격차를 보인다는 사실을 알 수 있다. 중요한 사실은 퀄리티 기업들이 달성하는 실적이 전문가들의 예측치를 넘어서는 경우가 경쟁자들보다 훨씬 빈번하다는 것이다.[46]

투자자들이 퀄리티 기업의 기업 가치가 너무 높다고 생각할 때, 우리는 그 기업의 주식을 '내일의 주식(tomorrow stock)'이라고 부른다. 우리가 이 책에서 소개한 퀄리티 기업들이 하나같이 훌륭한 기업이라는 데는 대다수 투자자가 동의하리라고 믿는다. 단지 투자자들은 그 기업들의 주식을 좀 더 싼 가격에 사들이기를 원하기 때문에, 혹시 '내일'이 되면 주가가 내릴지도 모른다고 기대한다.

문제는 그런 날이 좀처럼 찾아오지 않는다는 것이다. 퀄리티 기업이 기존의 경영 성과를 꾸준히 유지하는 한 기업의 상대적 기업 가치가 낮아지는 일은 거의 없다. 만일 그런 날이 정말 도래한다면, 이는 경제 전반에 큰 혼란이 발생했거나 시장이 대대적인 조정 국면에 접어든 경우일 것이다. 물론 그렇게 혼란스러운 환경 속에서 요행히 매입 기회를 잘 포착한 투자자는 높은 수익을 올릴 수도 있겠지만, 기업의 기업 가치가 매력적일 때 상대적으로 높은 가격을 치르고 주식을 매입하는 일도 충분히 합리적인 투자라고 할 수 있다. 1965년 이후로 버크셔 해서웨이의 주식(이 책이 출간된 해를 기준으로 한 주에 20만 달러가 넘는다)을 매입할 기회를 놓친 수만 명의 투자자에게 물어보라.

투자자들이 너무 비싼 가격을 치르고 주식을 매입할 위험성은 주식 시장이 퀄리티 기업의 주식 가치를 대체로 저평가한다는 사실로 인해 상쇄될 수 있다.[47] 겉으로는 어느 기업의 기업 가치가 너무 높은 듯이 보일 때도 시장에서 거래되는 주식의 가격은 그 기업이 실제로 창출하는 가치를 온전히 포착하지 못하는 경우가 많다. 이런 현상의 원인은 다음 몇 가지로 설명할 수 있다. 첫째, 시장은 단기적 실적을 바탕으로 주가를 결정하는 경향이 있다. 둘째, 전문가들이 주장하는 '평균 회귀'의 원칙이 경쟁력이 강한 기업에는 자동으로 들어맞지 않는다. 셋째, 퀄리티 기업이 꾸준히 달성하는 수익성의 긍정적 측면이 시장에서는 실제보다 낮게 평가된다.[48] 이 요인들을 하나씩 살펴보기로 하자.

퀄리티 기업들은 장기간에 걸쳐 꾸준히 성장을 지속하지만, 주식 시장은 기업의 단기적 실적에 지나친 비중을 두는 경향이 있다. 투자자, 애널리스트, 펀드 관리자 같은 사람들은 분기나 연간 실적에 따라 평가와 보상을 받는다. 따라서 그들은 다음 분기나 다음 해에 곧바로 시장의 성장률을 뛰어넘는 투자 실적을 올릴 만한 주식을 사냥함으로써 주변의 요구에 대응하려 한다. 미국의 뮤추얼 펀드 기업들이 주식을 보유하는 평균 기간이 1950년~1960년대의 6년에서 최근 1년 미만으로 줄어들었다는 사실은, 단기적 실적 중심의 투자 문화가 이 사회에 얼마나 뿌리 깊게 자리 잡고 있는지 잘 보여주는 증거라고 하겠다.[49] 또 주식의 시장 가격을 움직이는 요인과 장기적 기업 가치를 견인하는 요인을 비교해봐도 단기적 투자의 분위기를 분명히 파악할 수 있다. 1년 이하의 단기적 움직임만을 바라봤을 때, 주가가 등락하는 요인의 80%는 기업의 경영 성과가 아니라 주가 수익률의 변화로 설명할 수 있다.⁵⁰ 반면 주식에서 장기적인 투자 수익이 발생하는 진정한 요인은 매출과 수익의 성장이다. 오직 단기적 수익만을 추구하는 투자자들에게는 이 80%라는 숫자가 기업의 주가 수익률을 적절히 평가하는 일이 얼마나 중요한지 입증하는 증거일 수 있다. 따라서 이들은 특정 주식의 주가 수익률 변동에 영향을 미칠 만한 정보라면 아무리 사소해도 눈에 불을 켜고 분석하지만, 기업의 장기적 수익성이나 실적의 예측 가능성 등은 부차적인 요인으로 취급한다.

퀄리티 기업의 주가가 저평가되는 또 다른 이유는 투자의 세계에 만연한 '평균 회귀'의 가설 때문이다. 이는 어느 기업이 평균치를 뛰어넘는 이례적인 매출 상승률이나 자본 수익률을 달성하더라도 그 수치가 조만간 평균에 가까운 수준으로 되돌아올 것이라는 믿음을 뜻한다.⁵¹ 수많은 연구 결과가 증거를 제공하듯이, 우리도 기업들의 비범한 성과가 평범한 수준으로 회귀하는 경향이 있다는 점에는 전적으로 동의한다. 하지만 이 가정을 모든 기업과 산업에 무분별하게 적용할 수는 없다.

개방적이고 경쟁적인 시장에서 활동하는 기업이 예외적으로 우수한 경영 성과를 장기간 유지하기가 어려운 것은 사실이다. 하지만 반복 매출, 우호적인 중개자, 유료 도로, 가격 결정력, 브랜드 경쟁력을 포함해서 우리가 이 책에서 다룬 여러 가지 패턴을 보유한 퀄리티 기업들은 그런 운명을 종종 벗어난다. 그들은 풍부한 현금 흐름, 높은 영업 이익 및 수익률, 탁월한 매출 성장 같은 실적을 꾸준히 달성할 뿐 아니라 심지어 기존의 성과를 능가하기도 한다. 이런 퀄리티 기업들에 집중하는 투자자는 현금 흐름 예측의 오류를 줄일 수 있고, 투자금을 날려버릴 리스크도 낮출 수 있다. 비록 그런 접근 방식이 투자의 오류나 실수를 완전히 막아주지는 못하겠지만, 잠재적 투자 손실의 빈도와 규모를 줄이는 일은 승리자를 선택하는 일만큼이나 중요하다.

  높은 투자 수익률을 꾸준히 유지하는 기업은 세간의 예측치를 훨씬 초과하는 장기적 수익을 올리곤 한다. 물론 그런 기업의 프리미엄 주가에는 탁월한 경영 성과에 대한 기대치가 어느 정도 반영되어 있겠지만, 그 가격은 종종 실제의 성과에 미치지 못한다. 이는 퀄리티 기업의 주가가 종종 저평가되는 이유이기도 하다.

5

정확한 투자 프로세스 구축 및 실수 줄이기

투자자는 대상 기업에 대한 지식이 풍부할수록 더 훌륭한 투자 결정을 내릴 수 있다. 따라서 모든 투자 업무의 첫 번째 단계는 상세하고 근본적인 분석 작업이 되어야 한다. 이 작업의 목표는 자신이 투자를 고려하는 기업에 대해 세상의 누구보다(내부 관계자들을 제외하고) 정확한 정보와 지식 체계를 구축하는 것이다. 그 목표를 쉽게 달성해주는 지름길은 없다. 분석 작업을 제대로 진행하기 위해서는 재무 보고서를 포함한 모든 공공 정보를 꼼꼼히 검토해야 함은 물론이고 경쟁자, 고객, 공급업체, 전직 직원 같은 독립적인 정보의 원천도 다양하게 추적해야 한다.

지적 탐구의 가장 기본적인 방법론은 특정 주제를 다양한 각도에서 관찰함으로써 자신이 목표로 하는 투자 대상의 전체적인 그림을 그려내는 것이다. 20세기 최고 투자자의 한 사람으로 꼽히는 필립 피셔(Philip Fisher)는 1958년에 펴낸 투자의 고전 《위대한 기업에 투자하라》에서 이런 접근 방식에 '소문 수집하기 방법론(scuttlebutt method)'이라는 이름을 붙였다.[52] 이런 조사 방법론을 성공적으로 실천하기 위해서는 탐구심 강한 마음, 폭넓은 독서 욕구, 광범위하게 정보를 수집하고자 하는 의욕 등이 필요하다. 요컨대 투자 대상 기업의 조직 구성원들뿐 아니라 다양한 정보원으로부터 자료를 수집하고, 겉으로 잘 드러나지 않는 세밀한 곳까지 구석구석 조사하는 적극적인 태도야말로 투자를 성공으로 이끄는 데 도움이 된다.

우리 기업의 경우는 이 목표를 달성하기 위해 별도의 시장 조사 팀을 운영함으로써 산업 동향과 소비자 트렌드를 관찰하고 시간의 흐름에 따르는 시장의 구조적 변화를 분석한다. 또 소셜 미디어(우리는 2010년부터 소셜 미디어를 분석해왔다)와 각 산업 분야에서 출판되는 전문지도 요긴하게 활용한다. 특히 전문지는 일반인들이 잘 모르는 분야에서도 반드시 발간되기 마련이다. 예를 들어 청각학(聽覺學) 분야에서는 〈히어링 저널(The Hearing Journal)〉이 대표적인 전문 매체다. 그런 보조적인 조사 도구들은 투자 결정에 별다른 도움이 되지 않거나 핵심적인 데이터를 전달하지 않을 때도 있지만, 이들이 생산하는 사소한 정보는 차후의 분석 프로세스에 일관성을 제공하며 수많은 정보의 조각들을 앞뒤가 들어맞게 하는 역할을 하기도 한다.

실수 줄이기

투자에서 실수가 벌어지는 것은 불가피한 일이다. 하지만 실수의 원천을 미리 차단하거나, 과거의 실수 및 현재의 왜곡된 편견 등을 돌이켜보고 이를 개선할 수 있는 도구를 세심하게 설계해서 실수를 줄이려고 노력할 필요가 있다. 특히 체크리스트를 활용하면 투자자가 고려해야 하는 중요한 사안들을 일목요연하게 정리하고 확인할 수 있어서 투자의 합리성을 확보하는 데 도움이 된다. 투자는 매우 복잡한 일이라서 어떤 체크리스트도 투자에 관한 모든 상세 사항과 위험 요인을 빠짐없이 포착할 수는 없다. 그러나 체크리스트를 한 항목씩 검토하면 퀄리티 투자 원칙이 잘 지켜지고 있는지, 또 현재의 투자 결정이 단기적 성장이나 낮은 기업 가치 같은 '하향식' 요인에 영향을 받지 않았는지 되돌아볼 수 있을 것이다.

체크리스트에는 투자 대상 기업이 반드시 갖춰야 하는 자질과 기업 실사 과정에 필요한 주요 단계가 빠짐없이 담겨 있어야 한다. 또 이전의 실수에서 얻은 교훈도 꼼꼼히 기재하고 주기적으로 갱신할 필요가 있다.

또 하나의 유용한 도구는 '관성 분석(inertia analysis)'이다. 이는 투자 포트폴리오에서 실제로 달성된 성과와 그 포트폴리오에 손을 대지 않고 그대로 놓아두었을 때 어떤 성과가 났을지를 가상으로 비교해보는 분석 방식이다. 투자자들은 두 가지 시나리오의 성과를 서로 비교함으로써 자신이 내린 투자 결정으로 인해 전체 포트폴리오의 가치가 얼마나 상승했는지(또는 하락했는지) 알 수 있다. 이 분석 연습은 때로 아무 일도 하지 않는 것도 긍정적인 투자 행위가 될 수 있음을 투자자에게 상기시켜준다. 또 어떤 투자 결정이든 이를 행동으로 옮기지 않았을 때와 비교해 실적을 평가해준다는 점에서 투자 실수를 줄이는 데도 도움이 된다.

투자자들은 과거에 저지른 실수를 분석해서 그런 일이 벌어진 원인을 파악하고 실수가 발생한 맥락과 패턴을 포착할 수 있다. 특히 이런 사후 검증 방식은 어떤 일을 '실천함으로써' 저지른 실수와 '실천하지 않음으로써' 저지른 실수를 포함한 폭넓은 형태의 실수를 종합적으로 분석하는 데 효과적이다. 예를 들어 투자자가 특정 주식을 매수하거나 매각했다면, 또는 이와 반대로 행동했다면 어떤 결과가 빚어졌을지 분석해서 가상의 상황을 평가해보는 것이다. 자신의 오류를 솔직하게 인정하는 것이 어려운 것처럼, 자기 자신을 손금 들여다보듯 파헤치는 일도 쉽지만은 않다. 하지만 실수를 줄이는 데는 큰 도움이 된다.

마지막으로 중요한 실천 사항은 자신이 소유한 심리적 편견을 인지하고 여기에 맞서 싸우는 것이다. 심리학자 겸 행동경제학자 대니얼 카너먼(Daniel Kahneman)이 《생각에 관한 생각》에서 요약했듯이, 투자의 세계에서는 확증 편향, 사후 확신 편향, 결과 편향 같은 인지적 오류가 수없이 발생한다.[53] 투자자들이 퀄리티 기업을 평가하는 과정에서도 이와 같은 심리적 편견이 작용할 수 있다. 자신의 심리적 편견에 적절히 대응하는 것은 투자자들에게 닥치는 수많은 도전 요소 중에서도 가장 해결하기가 어려운 과제지만, 그러면서도 쉬지 않고 지속해야 하는 작업이다. 심리적 편견의 영향력을 줄이는 가장 기본적인 방법은 투자 대상 기업의 실적을 따지기보다 이미 확립된 투자 프로세스를 정확히 밟아나가는 데 최선을 다하는 것이다. 다시 말해 시장이 아무리 심하게 요동쳐도 기본적인 투자 원칙을 꿋꿋이 지켜나가야 한다는 뜻이다. 물론 단기적 성과에 목숨을 거는 투자의 세계에서 그런 선택이 쉽지는 않을 것이다. 이는 우리에게 괴테(Goethe)의 격언을 상기시키는 대목이다. "생각하기는 쉬우나 행동하기는 어렵다. 그러나 세상에서 가장 어려운 일은 생각에 따라 행동하는 것이다."

나가는 말

투자자들은 획기적 혁신, 최근의 매출 성장, 기업의 규모 같은 요인들을 바탕으로 위대한 기업의 정의를 내리고 가장 존경받는 기업에 투자하기 위해 서로 경쟁한다. 하지만 퀄리티 투자자들은 비즈니스의 수익성을 장기적으로 유지하는 기업이 가장 위대한 기업이라고 단호하게 정의한다. 예외적인 경영 성과는 절대 오래 지속되지 못한다는 재무 이론, 즉 평균을 뛰어넘는 성과가 조만간 평범한 수준으로 돌아간다는 이론은 일반적인 관점에서는 옳을 수 있다. 하지만 퀄리티 투자자들은 그런 일반적 규칙을 거스르는 기업에 투자의 초점을 맞추고, 평균 회귀라는 통계적 힘을 극복할 기업을 찾아 나선다.

퀄리티 기업은 매력적인 산업 구조와 독특한 경쟁 우위 패턴에 힘입어 지속적으로 높은 성장률을 기록하고 장기간에 걸쳐 강력한 자본 수익률을 달성한다. 인내력 강한 투자자들은 이런 복합적인 패턴 덕분에 큰 가치를 수확한다. 우리가 아무리 '지속성'을 강조해도 기업은 변한다. 게다가 늘 긍정적인 방향으로 변하는 것도 아니다. 그런 변화의 조짐을 조기에 포착하는 일은 처음부터 퀄리티 기업을 찾아내는 일 못지않게 투자 성과를 내는 데 있어서 중요하다.

투자의 세계에서는 경험이 무척 값진 자산이다. 과거의 실수와 성공을 돌이켜보면 어떤 일이 효과가 있었고 어떤 일이 잘못됐는지 판단하는 데 도움이 된다. 정해진 지침을 단순히 따라 하는 것만으로 투자 업무를 해낼 수 있다면 그런 실용적인 학습은 아무런 가치가 없을 것이다. 규칙과 원칙이 가장 큰 효과를 발휘하는 때는 경험을 통해 배우고, 그 경험에서 얻은 교훈을 현실에 채택하고자 하는 의욕과 결합하는 순간이다. 퀄리티 투자는 고정적인 처방전이 아니라 평생에 걸친 학습의 과정이다. 우리는 "지식에 투자하는 것이 가장 높은 이자를 거둬들일 수 있는 길이다"라는 벤저민 프랭클린(Benjamin Franklin)의 말에 동의한다.

감사의 글

우리는 이 책의 내용이 한 걸음씩 진화하는 과정에서 매 단계에 걸쳐 중요한 역할을 맡아준 리처드 피어스(Richard Pearce)에게 진심으로 감사의 말을 전한다(자신의 유머 감각을 끝까지 지켜낸 데 대해서도 고맙다고 말하고 싶다).

커닝햄은 뛰어난 편집 전문가인 스테퍼니 쿠바(Stephanie Cuba)와 행정 업무를 도와준 릴리언 화이트(Lillian White)에게 심심한 감사의 뜻을 표한다.

에이데와 하그리브스는 해리먼 하우스 출판사의 마일스 헌트(Myles Hunt), 크레이그 피어스(Craig Pearce), 수잰 툴(Suzanne Tull)에게 특별한 감사의 말을 전한다. 현명한 조언과 꼼꼼한 교열 작업으로 이 책을 완성하는 데 도움을 준 앨리스 워(Alice Waugh)에게도 감사를 표한다. AKO 캐피털의 동료들에게도 깊은 고마움의 말을 전한다. 특히 지혜로운 상담자 역할을 맡아준 곰 토마센(Gorm Thomassen)과 물심양면의 도움과 지도를 통해 감동적인 리더십을 보여준 니콜라이 탄젠(Nicolai Tangen)에게도 큰 감사의 말을 올린다. 그들의 원대한 비전, 그리고 실수에서 배움을 얻고자 하는 끝없는 학습의 욕구가 없었다면 이 책은 탄생하지 못했을 것이다. 마음 깊이 감사를 전한다.

부록

AKO 캐피털은 영국의 투자 기업이다. 2005년 10월 니콜라이 탄젠에 의해 설립됐으며 2015년을 기준으로 100억 달러 전후의 금액을 롱온리 펀드(long-only fund, 주식을 매수만 하는 펀드-옮긴이) 및 롱숏 펀드(long-short fund, 가격이 상승할 것으로 예상되는 주식은 매수하고, 하락할 것으로 예상되는 주식은 공매도하는 펀드-옮긴이)에 투자하고 있다. 이곳에 자금을 투자한 투자자들은 세계 유수의 기부금 펀드, 자선 재단, 기관 투자자, 국부 펀드 등이다. AKO 캐피털은 지금까지 대략 34억 달러의 수익을 투자자들에게 돌려줬다.

AKO 캐피털은 2006년 최우수 유로헤지 유럽 주식 펀드와 최우수 신규 유럽 펀드의 후보자로 올랐다. 2009년, 2010년, 2012년, 2014년에는 자산 운용 규모가 5억 달러를 초과한 최우수 유럽 펀드 후보자로 선정됐고 2012년에는 이 상을 받기도 했다.

AKO 캐피털은 설립 이후부터 시장 평균 성장률의 2배가 넘는 연평균 성장률을 기록했고(MSCI 유럽의 평균 성장률이 3.9%인 데 반해 AKO 캐피털의 성장률은 9.4%였다), 2006년부터 2014년까지 9년 동안 여덟 차례나 시장을 능가하는 투자 실적을 거뒀다.⁵⁴ 더 자세한 정보가 필요한 독자는 www.akocapital.com을 참조하기를 바란다.

AKO 재단(AKO Foundation)은 AKO 캐피털의 사업 수익금에서 자금을 지원받는 영국의 자선 단체다. 이 재단은 교육 현황을 개선하고 예술을 촉진하는 프로젝트들에 자금을 지원하는 데 활동의 초점을 맞추며, 설립 이후로 지금까지 약 5,000만 달러의 기금을 모집했다.

이 책의 판매로 인해 AKO 캐피털에게 돌아가는 인세는 AKO 재단에 기부된다.

주

1. 2005년 10월 1일부터 2015년 9월 30일까지 AKO 캐피털 유한회사의 A2 셰어 클래스 펀드(롱숏 펀드)의 투자 실적과 MSCI 유럽 지수를 현지 환율로 계산한 수치다.
2. 2005년 10월 1일부터 2015년 9월 30일까지 AKO 캐피털의 회계 장부에 기록된 자료에 따르면 이 기업은 투하 자본 수익률(ROIC) 기준으로 MSCI 유럽 지수의 연평균 상승률 7.7%(조정 전) 또는 8.4%(베타값 조정 후)를 초과하는 수익을 올렸다. 이 수치는 AKO 캐피털의 내부 기록을 사용해서 계산했다.
3. Robert M. Pirsig, *Zen and the Art of Motorcycle Maintenance: An inquiry into Values* (William Morrow & Company, 1974).
4. Warren Buffett, Letter to Berkshire Hathaway Shareholders, 1992, reprinted Warren E. Buffett and Lawrence A. Cunningham, *The Essays of Warren Buffett: Lessons of Corporate America* (Carolina Academic Press, 3rd ed. 2013), 107.
5. Clifford S. Asness, Andrea Frazzini and Lasse H. Pedersen, 'Quality Minus Junk', in CFA Digest, vol. 44, 2013 (www.cfainstitute.org/learning/products/publications/dig/Pages/dig.v44.n1.18.aspx).
   연구자들은 이 조사에서 퀄리티 기업들의 특징이 얼마나 오랫동안 유지되는지 실험한 결과로 그 특징들이 10년에 걸쳐 일관되게 지속됐음을 밝혀냈다.

또 그들은 퀄리티 기업들의 주가가 더 높은 이유는 수익성과 성장률 때문이라는 사실도 발견했다. 하지만 그 기업들이 투자하기에 '안전한' 기업인가의 문제는 주가와의 상관관계가 혼재되어 나타나는 양상을 보였다. 심지어 다른 요인들을 배제하고 순수하게 '안정성'과 '주가'의 관계만을 비교했을 때 양자는 마이너스의 상관관계를 보이기도 했다. 그 말은 시장이 퀄리티 기업을 인식하거나 찾아내더라도 그 기업의 '예측 가능성'에는 프리미엄 가격을 치르지 않는다는 뜻일 수 있다. 또 프리미엄 주가가 그 기업의 가치를 정확하게 반영하는 것도 아니다.

6   Paul B. Carroll and Chunka Mui, *Billion Dollar Lessons* (Portfolio, 2008).
저자들은 책의 한 장(章)을 전부 할애해서 롤업 전략의 실패를 이야기한다. 특히 너무 빠른 속도로 인수 거래를 진행하다가 자칫 사기의 함정에 빠져들 수도 있다는 점을 강조한다. 그들은 기업 통합이나 실적 개선에 관한 교본이 완비되지 않은 상태에서 이뤄지는 롤업은 대부분 바람직한 실적으로 이어지지 못한다고 말한다, 61. "때로 롤업은 몇 팀의 록 그룹을 하나로 묶어 오케스트라를 조직하려는 시도처럼 보인다."

7   Mark L. Sirower, *The Synergy Trap* (Simon & Schuster, 2007), 14.
"프리미엄 가격을 치르고 기업을 인수한 수많은 사람이 실현하기가 불가능한 수준의 실적 개선을 요구한다. 최고의 경영진이 최고의 상황에서 기업을 운영해도 그런 실적은 낼 수 없다."
맥킨지가 2004년 수행한 연구(Scott Christofferson, Rob McNish and Diane Sias, 'Where Mergers Go Wrong', McKinsey on Finance, 2004)에 따르면 인수합병 이후에 비용 절감 부분에서 시너지 효과를 내는 데 성공한 기업은 전체의 60% 정도였다. 비록 예상보다 오랜 시간이 걸리기는 했으나 대다수 기업이 비용 목표를 달성했다. 하지만 매출 부분의 시너지 효과는 얘기가 전혀 다르다. 인수합병 거래의 약 70%가 매출 시너지 목표를 달성하는 데 실패했다. 인수 기업이 초기의 목표를 과도하게 설정하는 이유는 기업 실사를 부실하게 진행하고, 시장 성장률을 지나치게 낙관적으로 예측하며, 인수합병의 반(反)시너지 효과를 과소평가하기 때문이다. 맥킨지에 따르면 인수합병을 통해 새로 탄생한 기업은 원래 양측이 보유했던 고객의 약 2~5%를 잃는다고 한다.

8   Peter Lynch, *One Up On Wall Street: How To Use What You Already Know To Make Money In The Market* (Simon & Schuster, 2000).

9   Alice Bonaime, Kristine Hankins and Bradford Jordan, 'The Cost of Financial Flexibility: Evidence from Share Repurchases', ssrn.com, 2015.

10 PWC, *Global Working Capital Review 2013*, 26.

11 CROCCI는 부채를 제외하고 순수하게 현금 대 현금의 세후 수익률만을 측정한 지표다. 이 수치를 계산할 때의 분모(총 투하 현금)는 유형 자산 구매 비용, 무형 자산 구매 비용, 운전 자본, 감가상각 누계액, 설비 리스 비용(연금 채무 또는 자산은 제외) 등을 합친 금액이다. 분자는 부채를 제외한 현금 흐름(Debt-Adjusted Cash Flow, DACF)이다. 이는 리스 비용을 반영한 세후 운전 현금 흐름에서 자금 조달 비용을 제외한 금액을 뜻한다.

12 CFROI는 크레디트 스위스가 자체적으로 개발한 자본 수익률 측정 지표로서, 현금 흐름을 기반으로 기업의 수익성을 평가하는 방법이다.

13 크레디트 스위스의 홀트 연구진은 이런 기업들이 지속적인 경쟁 우위 기간(Competitive Advantage Period)을 누린다는 뜻에서 그들의 주식을 'eCAP'라는 약어로 표시한다. eCAP 주식이란 8%를 초과하는 CFROI가 5년 이상 지속되는 주식을 뜻한다. eCAP 주식을 보유한 기업은 유럽 주식 시장의 약 12%에 해당한다. eCAP 주식은 소비재 및 건강 관리 산업에 많이 분포되어 있으며, 원자재 산업이나 공익 사업(utilities) 분야에서는 찾아보기가 어렵다.

14 Ian Little, 'Higgledy-Piggledy Growth', in *Bulletin of the Oxford University Institute of Economics and Statistics*, 1962.

15 Bryant Matthews and David A. Holland, 'Prepared for Chance: Forecasting Corporate Growth', February 2015.

16 〈블룸버그〉 데이터 참조.

17 예를 들어 AKO 캐피털의 투자 포트폴리오에 속한 기업들은 2009년~2014년 사이에 전반적으로 기대치를 충족하는 수익 성장률을 기록했다. 물론 모든 기업이 매년 이런 실적을 거둔 것은 아니지만, 전체적으로 기대치를 초과하는 수익을 달성했다. 이 기업들의 주당 순이익(EPS)은 연평균 10% 성장했다(같은 기간 유럽 주식 시장의 주당 순이익 상승률은 연평균 1%를 살짝 넘는 수준

에 그쳤다).

18 골드만삭스의 〈SUSTAIN〉 보고서 중 2013년 4월 발간된 Nick Hartley의 'A renewal of vows' 기사 참조.

19 Ulrike Malmendier and Geoffrey Tate, 'Superstar CEOs', in *The Quarterly Journal of Economics* 124:4 (MIT Press, November 2009), 1593-1638.

20 Del Jones, 'Some Firms' Fertile Soil Grows Crop of Future CEOs', *USA Today*, 9 January 2008.

21 Phil Rosenzweig, *The Halo Effect, How Managers Let Themselves Be Deceived* (Pocket Books, 2008).

22 John G. Dawes, 'Cigarette Brand Loyalty and Purchase Patterns: An Examination Using US Consumer Panel Data', University of South Australia - Ehrenberg-Bass Institute, 2012.

23 2014년 암베브의 브라질 맥주 시장 점유율은 약 68%였다.

24 Donald A. Hay and Derek J. Morris, *Industrial Economics and Organization: Theory and Evidence* (Oxford University Press, 1991), 200.
"산업의 구조와 제품 가격의 관계는 매우 불분명하다. 만일 둘 사이에 연관성이 존재한다고 해도 겉으로 명백하게 드러나거나 비즈니스의 수익성을 좌우하는 강력한 힘으로 작용할 가능성은 크지 않다. (…) 가격 형성 과정에는 산업의 구조가 영향을 미칠 수도 있겠지만, 시간의 흐름에 따른 가격 변화의 패턴에는 핵심적인 역할을 담당하는 것 같지 않다."

25 이 사업부는 2014년 11월 EQT 파트너스(EQT Partners)에 매각됐다.

26 인공항문이란 체내의 노폐물을 몸 밖으로 내보낼 목적으로 외과적 수술을 통해 신체에 인공적으로 뚫은 구멍을 말한다. 이 시장의 리더는 전 세계 시장의 35~40%를 점유한 덴마크의 콜로플라스트(Coloplast)다. 이런 틈새시장에서 활동하는 전략이 기업에 얼마나 큰 혜택을 돌려주는지는 콜로플라스트의 높은 CFROI(2014년의 24%)와 영업 이익률(30% 이상)을 보면 알 수 있다.

27 AKO 캐피털의 시장 조사 팀이 두 차례에 걸쳐 직접 수행한 소비자 여론 조사도 이 주장을 뒷받침한다. 2013년 8월, 우리는 경제적 형편이 넉넉한(즉 가계 소득이 연 20만 달러를 넘는) 21세~74세 사이의 미국인 1,000명을 대상으로

조사를 진행했다. 조사 대상의 절반이 넘는(전체의 55%) 응답자가 경제 상황이 나빠져서 소비 심리가 위축된다 해도 외모(머리카락, 피부, 화장)를 관리하는 비용을 줄일 생각은 전혀 없거나 거의 없다고 답변했다. 주머니 사정이 나쁠 때 비용을 줄일 의도가 이보다 더 없는 분야는 '교육'이 유일했다. 우리는 2015년 8월에도 월 가계 소득이 1만 6,000위안(한화 약 300만 원-옮긴이)이 넘는 중국의 '매우 부유한' 소비자 711명을 대상으로 여론 조사를 실시했다. 중국의 응답자들은 소비 심리가 하락하면 외모를 꾸미는 데 쓰는 돈을 어느 정도 줄이겠다고 답변했다. 하지만 여기서도 외모 관리 비용은 경제가 어려워도 줄일 의도가 없는 비용 중에 두 번째를 차지했다. 첫 번째는 역시 교육비였다.

28 P. Peeters, J. Middel and A. Hoolhorst, 'Fuel effciency of commercial aircraft. An overview of historical and future trend', 2005 (airneth.nl).

29 원서의 출간 시점을 기준으로, 이 기업은 70개국 160개 지역에서 1만 1,000명의 서비스 전문 인력을 고용 중이다.

30 인터뷰 기사 참조. Louella-Mae Eleftheriou-Smith, 'Ryanair's Michael O'Leary: Short of committing murder, bad publicity sells more seats', 1 August 2013 (marketingmagazine.co.uk).

31 McKinsey & Company, 'The Five Attributes of Enduring Family Businesses', 2010.

32 McKinsey & Company, 'Perspectives on Founder- and Family-Owned Businesses', 2014; and 'Family Firms: Business in the blood', in *The Economist*, November 2014.

33 Cristina Cruz Serrano and Laura Nuñez Letamendia, 'Value Creation in Listed European family firms (2001-2010)', *Academy Management Journal* (2015).

34 'The unsung masters of the oil industry', *The Economist*, June 2012.

35 사필로는 2005년 12월 주당 60유로가 조금 넘는 가격으로 주식 시장에 재상장됐다. 이 시점 이후로 사필로의 주가는 80% 넘게 하락했다.

36 우리는 크레디트 스위스의 홀트 연구진의 데이터를 역순으로 테스트해서 투자자들이 eCAP 주식(매우 높은 수준의 CFROI를 5년 이상 유지하는 주식)을

보유하는 전략을 구사했을 경우 지난 20년 중 15년을 글로벌 시장의 평균 성장률을 능가하는 실적을 올렸을 것이라는 결론에 도달했다. 이는 골드만삭스의 SUSTAIN 팀에서 조사한 내용과도 맥락이 일치한다. 이 팀은 특정 산업에 속한 기업들을 실적 기준으로 사분위로 나눴을 때, 그중 최우수 그룹에 속한 기업들은 시장의 평균 성장률을 훨씬 뛰어넘는 수준으로 일관된 실적을 올린다는 연구 결과를 발표했다.

37 AKO 캐피털은 2004년 1분기부터 2013년 2분기까지(금융 위기가 발생한 2007년과 2008년은 제외) 644개 기업을 대상으로 주식에 수익성 경보가 발령된 사례를 조사해서 다음과 같은 사실을 밝혀냈다.

* 수익성 경보의 내용이 심각할수록 그 주식의 후속 투자 실적(즉 수익성 경보가 발령된 직후 주가의 급격한 하락분을 제외하고 그 뒤에 이어지는 투자 실적)은 주식 시장의 평균 지수보다 더 떨어진다. 특히 기업이 발표한 숫자로 인해 초기 주가가 10% 이상 하락한 기업의 경우에는 그런 양상이 더욱 심하다.

* 수익성 경보가 자주 발령되는 기업일수록 가장 최근에 발령된 수익성 경보 이후의 투자 실적이 나쁘다. 가령 첫 번째 수익성 경보가 발령된 뒤 1년 안에 두 번째 10%의 수익성 경보가 올린 주식은 수익성 경보가 한 번만 발령된 주식보다 더 나쁜 투자 실적을 생산할 확률이 높다.

* CFROI가 낮은 기업은 그렇지 않은 기업과 비교해서 수익성 경보를 더 자주 발령할 뿐 아니라 후속 투자 실적도 나쁘다. 수익성 경보가 발령된 이후에 발생하는 차이는 매우 현격하다. 다른 조건이 모두 같을 때 CFROI가 높은 기업(15% 이상)은 CFROI가 낮은 기업(5% 이하)에 비해 수익성 경보 이후의 투자 실적이 10% 이상 높았다.

* 대규모의 수익성 경보(초기 주가 10% 이상 하락)를 발령하는 기업의 3분의 1은 그 뒤 1년 안에 한 차례 이상의 대규모 수익성 경보를 내린다. 뒤이어 발생하는 수익성 경보는 이전의 경보에 비해 평균적으로 규모가 더 크다.

* 최근 CEO가 교체된 기업은 CEO가 바뀌지 않은 기업보다 수익성 경보를 조금 더 자주 내리는 경향이 있다.

* CEO가 교체된 이후에 수익성 경보를 발령한 기업의 주식은 시장의 평균 주가 지수를 능가하는 투자 실적을 올리는 경향이 있다.

38   6,800명의 응답자를 대상으로 한 Market Force Information 여론 조사. 2015년 6월 〈더 그로서(The Grocer)〉 잡지에 게재.

39   Ilia Dichev, John Graham, Campbell Harvey and Shivaram Rajgopal, 'Earnings Quality: Evidence From the Field' (working paper), 2012.

40   조기 매출 인식: 기업들은 리베이트를 주거나 더 관대한 대금 지불 조건을 제시해서 고객들이 이번 회계 기간에 필요한 양보다 더 많은 제품을 구매하도록 유도하고, 이를 통해 매출 인식 시점을 앞당기려는 경향이 있다. 그런 방법을 사용하면 이번 회계 기간의 매출은 늘어나겠지만, 미래의 어느 기간의 매출은 줄어들 수밖에 없다. 어느 순간 미수금이 갑자기 증가하는 모습이 눈에 띈다면 기업이 그런 일을 벌이고 있다는 신호일 수 있다. 매출 인식 시점을 조작하는 관행은 완료율 기준 방식(percentage-of-completion method, 대형 건설 공사나 프로젝트에서 사업이 최종적으로 마무리된 뒤에 회계 처리를 하는 것이 아니라 공사의 완료율에 따라 수익과 비용을 기록하는 회계 방식-옮긴이)을 채택한 기업에서 흔히 나타난다. 그런 기업의 경영진은 매출의 시기, 금액, 형태 등을 자율적으로 결정할 권한을 갖는다. 이 경우 회계 조작의 신호음은 공사 진행률 대비 장부상에 기록된 매출액, 고객에게 청구된 금액, 사전 청구액(이연 매출) 등에서 발견할 수 있다.

41   부풀려진 총수익: 총수익을 부풀리는 가장 흔한 방법은 과잉 생산이다. 어떤 기업이 제품이나 서비스를 과도하게 생산하면 더 많은 생산 단위에 고정 비용이 분산되어 총수익이 늘어난다. 기업의 재고 수준(매출 원가와 차기 회계연도의 매출과도 관련이 있다)이 눈에 띄게 증가했다는 말은 제품이 과잉 생산됐고 총수익이 부풀려졌다는 뜻일 수 있다. 게다가 재고 수준이 너무 높으면 생산이 지체될 뿐 아니라, 제품이 노후화되어 판매가 어려워지거나 시장 가격을 할인해야 하는 상황이 벌어지면서 미래의 수익에 차질이 생길 수 있다.

42   부적절하게 자본화한 비용: 기업들은 운영 비용을 자산으로 기록함으로써 일시적으로 영업 이익을 늘리기도 한다. 부적절하게 자본화하는 경우가 가장 많은 항목은 R&D 비용, 소프트웨어 개발 비용, 고객 유치 비용, 장기 프로젝트에 투입되는 인건비나 간접비 등이다. 특정 회계연도에 뚜렷한 이유 없이 전체 비용 대비해서 자본화한 비용이 급증하는 현상은 기업이 비용을 부적절하

게 자본화하고 있음을 시사하는 전형적인 조짐이다.

43 예비비 줄이기: 예비비 줄이기는 가장 보편적인 수익 관리 기법의 하나다. 기업은 악성 부채나 회수 불능 미수금 같은 문제에 대비해서 사업 실적이 좋을 때 예비비를 미리 편성해둔다. 기존에 적립된 예비비 일부를 소득으로 처리하거나 예비비를 새로 채워 넣는 일을 중지하면 장부상의 이익은 늘어나게 된다. 특정 회계 항목(가령 악성 부채를 위한 예비비의 경우는 미수금 항목)에서 예비비가 줄어들었다면, 이는 지속 불가능한 이익의 증가를 의미할 뿐이다. 미국인들은 그런 관행을 '쿠키 단지에서 예비비 꺼내 쓰기'라고 부른다.

44 현금 흐름 인위적 조작: 현금 흐름을 조작하는 가장 흔한 수법으로는 고객에게 받을 미수금 채권을 다른 업체에 매각하고, 미지급금의 지급 기한을 늘리고, 비용을 부적절하게 자본화하는 방법 등이 있다. 일부 기업은 미수금 채권을 다른 기업에 매각함으로써 고객이 물건값을 치르기도 전에 미수금을 현금으로 바꾸고 영업이 이뤄진 회계 기간에 창출되는 현금의 액수를 부풀린다. 다시 말해 미수금을 받을 권리를 다른 투자자(대부분 은행)에게 넘기고 그 대가로 수수료를 제외한 현금을 받는 것이다. 그들은 이런 관행을 통해 현금 흐름을 일시적으로 증가시킬 뿐 아니라 매출이 '미리' 발생한 것처럼 가장한다. 물론 미수금 채권을 사고파는 일은 많은 업계에서 표준화된 관행이므로, 이를 면밀하게 검토하는 일은 어려우면서도 중요한 작업이다.

어떤 기업들은 미지급금의 지급 기한을 연장함으로써 돈을 지급할 의무를 다음번 회계 기간으로 이월하고 이번 회계 기간의 현금 흐름을 일시적으로 부풀린다. 물론 이런 현금 흐름 관리 기법은 투명한 회계 절차를 통해 이뤄지지만, 개중에는 운영 현금 흐름을 인위적으로 늘리거나 안정화할 목적으로 이런 방법을 사용하는 기업도 있다. 또 비용을 부적절하게 자본화한다는 말은 운영 비용을 자산으로 처리해서 일시적으로 영업 이익을 늘리고 현금 흐름을 부풀린다는 뜻이다.

45 기업 가치 평가의 기본 개념은 간단하지만 이를 실전에 적용하기는 어렵다. 이론적으로 말하면 특정 재무 자산의 가치는 그 자산의 미래 현금 가치를 현재의 적정 할인율로 할인한 금액이 될 것이다. 하지만 이런 이상적인 계산법은 현실에서 곧바로 벽에 부딪힌다. 재무 자산의 미래 현금 가치를 예측하기

가 극도로 어렵기 때문이다. 따라서 이상적인 계산법에 가장 가깝게 다가서는 길은 미래의 현금 흐름을 예측하기 쉬운 기업들과 함께 일하고 나머지는 투자 대상에서 과감히 배제하는 것이다.

재무 이론과 주식 시장의 관행에 따르면, 모든 기업은(심지어 과거 현금 흐름이 크게 널뛰기했던 전력이 있는 기업도) 적정 할인율을 선택함으로써 현재의 기업 가치를 평가할 수 있다고 한다. 가장 보편적인 방법의 하나가 그 주식의 베타값, 즉 시장 전체의 변동성에 대한 해당 주식의 전통적인 가격 민감도를 바탕으로 적정 할인율을 선택하는 것이다. 하지만 베타는 높은 유명세에도 불구하고 수많은 사람에게 비판받는 측정 방식이다. 과거의 주가 변동성이 미래의 현금 흐름을 예측하는 기준이 된다는 확정적인 증거가 없기 때문이다. 개인 기업에 투자한 주주들도 그런 도구들을 사용해서 비즈니스의 리스크를 평가하지 않는다.

어떤 경우에도 투자자에게 닥칠 수 있는 최악의 리스크, 즉 투자금을 영원히 날려버릴 리스크를 할인율을 계산해서 예측하거나 보상할 수는 없다. 만일 투자자가 매입한 주식의 가치가 도저히 회복할 수 없을 만큼 잠식됐다면, 그 원인은 해당 기업을 철저히 분석하지 못한 데 있을 것이다. 다시 말해 투자자가 그 기업의 미래를 전망할 때 미처 생각지 못한 문제가 있었기 때문이다. 이런 사고방식을 출발점으로 삼는다면, 베타 같은 자의적인 도구를 사용해서 불규칙한 현금 흐름 패턴을 예측하려고 노력하기보다 미래의 현금 흐름을 예측하기가 어려운 기업에는 애초에 투자를 피하는 것이 훨씬 합리적인 선택이다.

46 골드만삭스의 〈SUSTAIN〉 보고서 중 2013년 4월 발간된 Nick Hartley의 'A renewal of vows' 기사 참조.

47 Chuck Joyce and Kimball Mayer, 'Profits for the Long Run: Affrming the Case for Quality', GMO 2012.

이 연구는 1965년~2012년 사이에 미국의 대기업 1,000개를 대상으로 '퀄리티'와 연관된 재무적 변수들이 투자 실적에 미친 영향을 조사하는 방식으로 진행됐다. '퀄리티'를 나타내는 요인들로는 낮은 레버리지, 높은 수익성, 낮은 수익 변동성, 낮은 베타값 등이 사용됐다. 연구자들은 전체 연구 대상을 사분위로 나눠 그중 경영 성과가 가장 우수한 그룹의 투자 실적을 자신들이 선정한 기준치와 비교했다. 그 결과 앞에서 나열한 요인들은 해당 회계 기간에 연구자들의 기준치보다 더 우수한 연간 실적을 투자자들에게 안겨줬음이 밝혀졌다. '낮은 레버리지'는 기준치보다 0.8% 높은 실적을 올렸고, '높은 수익성'과 '낮은 수익 변동성'은 기준치보다 0.4% 높은 실적을 거뒀다. 그리고 용어 자체가 시장 전체의 평균 수익성보다 낮은 실적을 뜻하는 '낮은 베타값'은 연구자들이 선정한 기준치를 0.5% 능가하는 연간 실적을 달성했다.

48 주식 시장이 퀄리티 기업의 주가를 왜곡된 방식으로 책정하는 또 다른 이유는 자산을 줄곧 쌓아두기만 하는 투자 전략에 높은 가치를 부여하는 시대적 풍조 때문이다. 전 세계의 주식 시장은 투자 자금의 거의 전부를 운용 자산(assets under management)으로 묶어두는 롱온리 전략 위주의 기관 투자자들이 점령 중이다. 과거의 투자 실적이 우수한 자산 관리자들에게는 더 많은 자금이 몰려들기 마련이다. 하지만 투자 자금은 주식 시장이 하락할 때보다 상승세에 놓일 때 더 많이 유입된다. 따라서 자산 관리자들의 관점에서는 상승 장세에서 투자 실적을 올리는 편이 하락 장세에서 실적을 올리는 것보다 훨씬 많은 돈을 벌어들일 수 있는 길이다. 따라서 기관 투자자들은 상승 장세에서 주식 시장의 평균치보다 투자 실적이 더 높이 치솟을 가능성이 있는 주식(베타가 높은 주식)을 찾는 데 목을 매고, 상승 장이나 하락 장에서 모두 꾸준한 투자 실적을 안겨줄 주식(베타가 낮은 주식)은 외면한다.

베타가 높은 주식을 향한 기관 투자자들의 편향성은 퀄리티 기업들의 주가가 시장에서 저평가되는 데 또 다른 원인을 제공한다. 퀄리티 기업들의 주식은 예측 가능한 성장률과 꾸준한 수익성 덕분에 대부분 베타가 낮다. 이 분야를 조사한 연구에 따르면, 투자자들은 베타가 낮은 주식을 구매할 때보다 훨씬 높은 가격을 치러서라도 베타가 높은 주식을 구매할 용의가 있다고 한다. 다음 자료 참조. Frazzini and Pedersen, 'Betting Against Beta', 9 October 2011. 이런 현상이 발생하는 이유는 기관 투자자들 대부분이 레버리지를 활용해서 투자를 집행하는 데 한계가 있기 때문이다. 그러다 보면 베타가 높은 주식을 사들여서 기준치보다 높은 투자 수익을 올리는 데 초점을 맞출 수밖에 없다. 이런 풍조는 베타가 낮은 주식보다 베타가 높은 주식에 인위적으로 수요가 집중되는 현상을 낳는다.

49   Datastream 데이터 참조. 지난 5년 동안 미국 뮤추얼 펀드 기업들의 평균 주식 보유 기간은 줄곧 1년 이하에 머물렀다.

50   골드만삭스의 〈SUSTAIN〉 보고서 중 2011년 9월 6일에 발간된 'Returns and Alpha' 프레젠테이션 참조.

51   Eugene F. Fama and Kenneth R. French, 'Forecasting Profitability and Earnings', 2000, 161.
"비즈니스의 세계에는 경쟁적 환경에서의 수익성이 결국 평균으로 회귀한다는 강력한 고정관념이 존재한다."

52   Philip Fisher, *Common Stocks and Uncommon Profits* (Harper Bros, 1958).

53   Daniel Kahneman, *Thinking, Fast and Slow* (Farrar, Straus and Giroux, 2011).

54   2005년 10월 1일부터 2015년 9월 30일까지 AKO 캐피털 유한회사의 A2 셰어 클래스 펀드(롱숏 펀드)의 투자 실적과 MSCI 유럽 지수를 현지 환율로 계산한 수치다.

옮긴이 박영준

대학교에서 영문학을 전공하고 대학원에서 경영학을 공부한 후 외국계 기업에서 일했다. 바른번역 소속 전문 번역가로 활동 중이며 국제 정치, 경제, 경영, 자기계발, 첨단기술 등 다양한 분야의 책을 번역하고 있다.
옮긴 책으로는 《프로젝트 설계자》, 《나폴레온 힐과의 마지막 대화》, 《열두 개의 성공 블록》, 《존 맥스웰 리더십 불변의 법칙》, 《시간 해방》, 《컨버전스 2030》, 《우버 인사이드》, 《세상 모든 창업가가 묻고 싶은 질문들》, 《포춘으로 읽는 워런 버핏의 투자 철학》, 《언러닝》 등이 있다.

글로벌 우량 기업을 활용한 스마트한 성공 투자 전략
퀄리티 투자

제1판 1쇄 발행 | 2024년 12월 20일
제1판 3쇄 발행 | 2025년 3월 4일

지은이 | 로렌스 커닝햄·토르켈 에이데·패트릭 하그리브스
옮긴이 | 박영준
펴낸이 | 김수언
펴낸곳 | 한국경제신문 한경BP
책임편집 | 최승헌
교정교열 | 이근일
저작권 | 박정현
홍　보 | 서은실·이여진
마케팅 | 김규형·박도현
디자인 | 이승욱·권석중

주　소 | 서울특별시 중구 청파로 463
기획출판팀 | 02-3604-556, 584
영업마케팅팀 | 02-3604-595, 562　FAX 02-3604-599
H | http://bp.hankyung.com　E | bp@hankyung.com
F | www.facebook.com/hankyungbp
등　록 | 제 2-315(1967. 5. 15)

ISBN 978-89-475-4989-9　03320

책값은 뒤표지에 있습니다.
잘못 만들어진 책은 구입처에서 바꿔드립니다.